Arbeits- und Industriesoziologie

Campus Studium

Sozialwissenschaftliche Studienbibliothek, Band 3
Herausgegeben von Johannes Berger (Mannheim)

Heiner Minssen, Prof. Dr., ist Inhaber des Lehrstuhls für Arbeitsorganisation und Arbeitsgestaltung am Institut für Arbeitswissenschaften der Ruhr-Universität, Bochum.

Heiner Minssen

Arbeits- und Industriesoziologie

Eine Einführung

Campus Verlag
Frankfurt/New York

Bibliografische Information der Deutschen Nationalbibliothek
Die Deutsche Nationalbibliothek verzeichnet diese Publikation in der Deutschen Nationalbibliografie; detaillierte bibliografische Daten sind im Internet unter http://dnb.d-nb.de abrufbar.
ISBN 978-3-593-38192-3

Umschlaggestaltung: Guido Klütsch, Köln
Gedruckt auf säurefreiem und chlorfrei gebleichtem Papier.
Printed in Germany

Besuchen Sie uns im Internet: www.campus.de

Inhalt

Vorwort

Eine lesbare Einführung in die Arbeits- und Industriesoziologie, die sich eignet für Studierende, aber auch für Kollegen[1] aus anderen Disziplinen (nicht nur) der Soziologie, die sich über den Stand des Faches informieren wollen – so lautete der Auftrag. Das ähnelt ein wenig dem bekannten Ansinnen einer Quadratur des Kreises. Schließlich darf der eine Adressatenkreis nicht über-, der andere nicht unterfordert werden. Ob diese Quadratur gelungen ist, mag das Publikum entscheiden.

Johannes Berger, Maria Funder, Hartmut Hirsch-Kreinsen, Herrmann Kotthoff, Andrea Maurer, Walther Müller-Jentsch und Uwe Wilkesmann haben einzelne Passagen mit kritischen Anregungen kommentiert. Ein Gutachter, der (leider) anonym blieb, hat mir mit seiner detaillierten Kritik sehr geholfen. Ich danke ihnen allen sehr für diese nicht selbstverständliche kollegiale Unterstützung. Manche ihrer Vorschläge habe ich übernommen, andere nicht; jedenfalls sind sie, aber das ist ohnehin klar, nicht verantwortlich zu machen für das vorliegende Produkt. Barbara Willmann hat für andere kaum leserliche handschriftliche Notizen in das Manuskript übertragen, akribisch den Druckfehlern hinterhergespürt und das Manuskript in eine Form gebracht, wie es der Verlag wünschte.

Barbara Blümel und Dietrich Groh haben mir sehr großzügig ihr Haus auf der griechischen Insel Paros zur Verfügung gestellt. Im Schatten des hundertjährigen Eukalyptus konnte ich mit Blick auf das Mittelmeer dem Manuskript einen letzten Schliff geben. Auch ihnen habe ich sehr zu danken.

---

1 und selbstverständlich auch für Kolleginnen; der Einfachheit halber verwende ich hier und im Folgenden die männliche Form.

Ein letzter, aber umso intensiverer Dank gilt meiner Frau Eike Albertz; ohne ihre emotionale Unterstützung und ohne ihre Bereitschaft, abendliche oder sonntägliche Freizeitvergnügungen auch ohne mich zu unternehmen oder gleich ganz zu verschieben, wäre mir vieles schwerer gefallen.

Bochum, im November 2005

1. Einleitung

Die Geschichte der deutschen Arbeits- und Industriesoziologie beginnt in diesem Buch erst mit dem Ende des Zweiten Weltkrieges. Dies ist historisch zwar nicht ganz korrekt; üblicherweise startet man mit Karl Marx oder Max Weber (auf die natürlich auch ich Bezug nehmen werde). Doch es liegen genügend Einführungstexte vor (Lutz/Schmidt 1977; Burisch 1973; Fürstenberg 1977), die die Vorkriegszeit in der gebotenen Ausführlichkeit behandeln. Zudem entspricht dies einer Phaseneinteilung, die sich im Anschluss an Braczyk u. a. (1982) in der Industriesoziologie weitgehend durchgesetzt hat.

Demzufolge können die fünfziger Jahre als die Gründungsphase der deutschen Industriesoziologie bezeichnet werden, die sechziger als die Latenzphase und die siebziger als die Renaissancephase. Dem folgen dann, so Naschold (1997), die achtziger Jahre als die »Hochphase von Forschung und Diskussion in der deutschen Industriesoziologie«. Dies bedeutet nicht, dass es danach bergab gegangen wäre, doch im Zuge der rasanten Veränderungen des deutschen Produktionsmodells sind frühere Gewissheiten der Industriesoziologie fragwürdig geworden (Hirsch-Kreinsen 2000) – was indes kein Nachteil sein muss, sondern eher ein Ansporn für weitere theoretische Überlegungen und die Erschließung neuer Themenfelder.

Diese Phasen werden mit Ausnahme der Latenzphase in dieser Einführung behandelt, wobei freilich ein Schwergewicht auf die Forschungsergebnisse der jüngeren Zeit gelegt wird. Der zentrale Gegenstandsbereich der Arbeits- und Industriesoziologie ist, wie im nächsten Kapitel ausführlicher dargelegt werden wird, die Transformation von Arbeitskraft in Arbeit. Dazu werden Befunde, Thesen und Diskurse ausgewählter Themenbereiche vorgestellt, die in der Fachwelt unter dem Aspekt der Transformationsproblematik für wichtig gehalten werden. Dies erfordert »Mut zur Lücke«; angezielt ist ein Überblick über Themenschwerpunkte, kein Gesamtabriss der arbeits- und industriesoziologischen Debatte der letzten fünfzig Jahre.

Es gibt in der Industriesoziologie keinen gesicherten Wissensbestand wie beispielsweise in den Naturwissenschaften, so dass eine Einführung sich gewissermaßen von selbst schreiben könnte. Zwar herrscht unter Industriesoziologen Einverständnis darin, dass die Massenproduktion ein wesentliches Kennzeichen moderner (westlicher) Gesellschaften ist und dass in der letzten Dekade tiefgreifende Reorganisationen auch in den Unternehmen der Massenproduktion vonstatten gegangen sind, doch dieses Einverständnis ist ein Einverständnis auf sehr allgemeiner Basis. Einigkeit besteht schon nicht mehr in der Interpretation dieser Sachverhalte etwa in Bezug auf die Chancen und die Risiken für die davon Betroffenen oder das deutsche Produktionsmodell insgesamt. Deswegen müssen unterschiedliche Theorieansätze und daraus folgende unterschiedliche Interpretationen von Empirie in dieser Einführung ihren Niederschlag finden.

»Mut zur Lücke« bedeutet auch, dass manche Themenstellungen, obwohl keineswegs unwichtig, nicht aufgenommen wurden, obwohl sie Gegenstand der zeitgenössischen Diskussion sind. Dazu zählen vor allem der Diskurs über Globalisierung und die Forschungen zu Netzwerken, ebenso der Komplex der industriellen Beziehungen, dem zumindest kein eigenständiges Kapitel gewidmet ist, auch wenn Gewerkschaften und Betriebsräte selbstverständlich ein Thema dieses Buches sind. Zu diesen Themenkomplexen gibt es leicht erhältliche Einführungen und Überblicksbände (Globalisierung: Schmidt/Trinczek 1999a; Netzwerke: Fischer/Gensior 1995, 2002; Windeler 2001; industrielle Beziehungen: Müller-Jentsch 1997). Angesichts des mir zur Verfügung gestellten Platzes musste ich mich entscheiden, worauf ich leichter verzichten konnte. Denn statt dessen sind Themenfelder aufgenommen, von denen zukünftig weiterer Forschungsertrag zu erwarten ist und die in früheren Lehrbüchern keine Rolle spielten. Dazu gehören in erster Linie das Thema »Management« und »Dienstleistungsarbeit«, aber auch die Debatte um eine »Entgrenzung von Arbeit«.

Eine weitere Lücke besteht in der notwendigen Auswahl und damit in der Begrenzung der herangezogenen Studien. Die deutsche Arbeits- und Industriesoziologie zeichnet sich durch ihre umfangreiche empirische Forschung aus; theoretische Überlegungen ohne Versuch einer empirischen Fundierung gibt es nicht. Das ist ein unbezweifelbares Pfund, doch die Forschung hat derart viele empirische Studien auch zu Detailproblemen hervorgebracht, dass es völlig unmöglich ist, sie alle in angemessener Weise zu berücksichtigen. Auch hier musste also eine Auswahl getroffen werden. Zwar hatten und haben manche Studien einen derartigen Einfluss auf den industriesoziologischen Diskurs, dass ihre Erwähnung außer Frage steht, doch darüber hinaus ist die Auswahl durchaus subjektiv, abhängig von den Schwerpunkten, die mir wichtig erscheinen.

Nachdem nun kurz dargelegt worden ist, was der Leser nicht erwarten darf, ist es an der Zeit, einen Abriss über den Inhalt zu geben. Das Buch startet in **Kapitel zwei** mit der Frage nach dem Gegenstandsbereich der Arbeits- und Industriesoziologie und dessen Bedeutung. Zwar hat *Industrie*arbeit keine prägende Kraft mehr für moderne Gesellschaften, gleichwohl wird durch *Erwerbs*arbeit nach wie vor Einkommen und Wohlstand zugewiesen. Demnach ist die Arbeits- und Industriesoziologie *keine* Soziologie nur der Industriearbeit – dann würde sie auf Dauer an Bedeutung verlieren –, sondern sie untersucht die Formen und Folgen einer Transformation von Arbeitskraft in Arbeit, also der Transformation der Fähigkeit zu arbeiten in tatsächliche Arbeit, und behandelt damit ein zentrales Feld soziologischer Gegenwartsanalyse.

Das **dritte Kapitel** beschreibt das »scientific management« von Taylor, das lange Zeit eine Leitlinie von Rationalisierung und eine Art Negativfolie für industriesoziologische Bewertungen darstellte. Dabei beschränke ich mich auf die Grundzüge, da es zu diesem Problemkomplex mittlerweile eine Vielzahl von Übersichtsabhandlungen gibt. Dem folgt im **vierten Kapitel** ein Überblick über ausgewählte, mittlerweile klassische Studien zu den Auswirkungen des technischen Wandels auf die Arbeitsbedingungen, zum Zusammenhang zwischen Arbeitssituation und Arbeiterbewusstsein sowie zu den Gewerkschaften im Spagat zwischen Mitgliederinteressen und Einbindung in das kapitalistische System.

Im **fünften Kapitel** wird der Betrieb als soziales System vorgestellt. Es geht um den sozialen Nahbereich, um die Frage der Bedeutung von Kontrolle ebenso wie um die Bedeutung von Konsens, um die Bedeutung von Politik ebenso wie um die Bedeutung von oftmals informellen Regeln, wodurch auch die Frage nach der oftmals recht umstandslos vorausgesetzten Rationalität von Entscheidungen in Betrieben aufgeworfen ist.

Mit der »systemischen Rationalisierung« und den »neuen Produktionskonzepten« werden im **sechsten Kapitel** zwei Diagnosen, zum Zeitpunkt ihrer Veröffentlichung durchaus Prognosen, der Rationalisierungsdynamik vorgestellt, die auch ein Interpretationsraster darstellen für die tiefgreifenden Reorganisationsprozesse seit den neunziger Jahren, die als operative und strategische Dezentralisierung im **siebten Kapitel** beschrieben werden. Die Folgen und die Bewertung dieser Prozesse sind Themen der zeitgenössischen industriesoziologischen Diskussion; dieser Diskurs wird im **achten Kapitel** zusammengefasst unter den Aspekten einer Subjektivierung von Arbeit, der Herausbildung eines neuen Typus von Arbeitskraft, dem Arbeitskraftunternehmer, den durch flexible Arbeitssysteme veränderten Anforderungen an die Gestaltung des Lohn-Leistungs-Verhältnisses und den veränderten Anforderungen an die betriebliche Interessenvertretung.

Das **neunte Kapitel** widmet sich einer Beschäftigtengruppe, die bisher nicht im Fokus des industriesoziologischen Interesses stand, die in Zukunft aber weitere Aufmerksamkeit erfahren wird: den Managern. Beschrieben werden ihre Karrierewege und ihre Arbeitssituation, ihre speziellen Probleme mit der Vereinbarkeit von Familie und Beruf sowie ihr Bedarf an Beratung, womit auch die Frage aufgeworfen ist, ob eine derartige Beratung ein Betätigungsfeld für Industriesoziologen sein könnte. Nach dem wegen der nur schmalen Basis empirischer Forschungsergebnisse aus industriesoziologischer Feder kurzen **zehnten Kapitel** über die Tertiarisierung der Gesellschaft schließt das Buch mit einem kurzen Rück- und Ausblick.

Alle Kapitel lassen sich einzeln lesen; wo Bezug genommen wird auf andere Kapitel, ist dies ausgewiesen. Außerdem sind dem Buch ein Glossar und ein ausführliches Register beigefügt.

2. Die Bedeutung von Arbeits- und Industriesoziologie und ihr Gegenstandsbereich

Mit »Arbeits- und Industriesoziologie« wird eine soziologische Disziplin bezeichnet, die die Formen und Folgen unterschiedlicher Arten von Arbeit in Betrieben und Verwaltungen und deren Wechselwirkungen mit der Gesellschaft insgesamt untersucht. Es handelt sich nicht um zwei Teildisziplinen, sondern um ein Fach, das oftmals auch einfach nur »Industriesoziologie« genannt wird.

Dieses Fach hat eine große Tradition in der Soziologie. Vor gut zwanzig Jahren reklamierten Braczyk u. a. (1982: 17) selbstbewusst, mit Industriesoziologie immer auch zugleich **allgemeine Soziologie** zu betreiben. Dies war allerdings an die Bedingung geknüpft, dass die moderne Gesellschaft gleichgesetzt werden konnte mit der Industriegesellschaft, also einer Gesellschaft, die gekennzeichnet war durch einen spezifischen Typus von Arbeit, eben Industriearbeit. Diese wurde in der Regel von Männern ausgeübt, durch eine tayloristische Organisation von Arbeit als Voraussetzung der Massenproduktion und ein darauf bezogenes System von industriellen Beziehungen, Ausbildung und Arbeitsmarktregulierung. Mit diesem Verständnis von Industriegesellschaft stand ein Konzept der Gesellschaftsanalyse zur Verfügung, das allenthalben geteilt wurde und das vor allem versprach, mit empirisch gesättigten Aussagen über den industriellen Sektor zugleich Rückschlüsse auf die Gesellschaft insgesamt ziehen zu können.

So einfach ist die Lage heute nicht mehr, denn eine wesentliche Bedingung ist nicht mehr erfüllt: Gesellschaft ist kaum noch allein über industrielle Produktion und Industriearbeit zu erklären. Zunehmend wird in Zweifel gezogen, ob moderne Gesellschaften überhaupt noch als Industriegesellschaft begrifflich angemessen zu erfassen sind; mittlerweile gibt es eine Vielzahl von konkurrierenden Angeboten, seien es nun die Risikogesellschaft, die Wissensgesellschaft, die Organisationsgesellschaft, die Erlebnisgesellschaft oder gleich die funktional differenzierte moderne Gesellschaft (vgl. die Zusammenstellungen bei Schimank/Volkmann 2000; Kneer u. a. 2001). Zudem steht ein überzeugendes und im Fach allgemein akzeptiertes Theorieangebot, das den Anspruch auf Interpretation der empirischen Befunde im Rahmen einer Gesellschaftstheorie einzulösen vermag, nicht mehr zur Verfügung, seit mit der Erosion der Industriegesellschaft auch die Marxsche Theorie, die eine solche »Großtheorie« darstellte, viel von ihrer Überzeugungskraft verloren hat.

Deswegen sind die Ambitionen bescheidener geworden. Deutschmann (2002: 48) etwa erklärt das Projekt einer Theorie »der« Gesellschaft zum »Wunschtraum« und empfiehlt eine Beschränkung auf Theorien mittlerer Reichweite. Es gibt, wenn auch vereinzelt, Versuche, moderne soziologische Theorieentwürfe für industriesoziologische Fragestellungen nutzbar zu machen – etwa die »reflexive Modernisierung« von Ulrich Beck (Pries 1991; Deutschmann u. a. 1995), die Systemtheorie Luhmannscher Provenienz (Wehrsig/Tacke 1992; Tacke 1997), auch Überlegungen des »interpretativen Paradigmas« (Bosch 1997) oder des »negotiated-order«-Ansatzes (Müller-Jentsch u. a. 1997). Freilich können derartige Anleihen den Verlust von Gewissheiten, den der Bezug auf eine »Großtheorie« nun einmal bietet, nur in Grenzen kompensieren.

Zusätzliche Verunsicherung wurde dadurch ausgelöst, dass der Arbeits- und Industriesoziologie die Relevanz ihres zentralen Untersuchungsgegenstandes bestritten wurde, und zwar die Bedeutung der **Erwerbsarbeit**. Offe (1983) hat nicht zu Unrecht darauf hingewiesen, dass die ehemals angenommene umfassende soziale Determinationskraft von Erwerbsarbeit soziologisch fragwürdig geworden ist, so dass es ebenso sinnvoll sei, nach dem Gesellschaftsbild des Arbeiters zu fragen wie nach dem des Mineralölverbrauchers oder Mehrwertsteuerzahlers. Dies bedeutet aber keineswegs, dass Arbeit bedeutungslos geworden wäre, wie es in der immer noch modischen Rede vom »Ende der Arbeitsgesellschaft« (Dahrendorf 1983) suggeriert wird. Arbeit ist nach wie vor zur Produktion von Gütern und Dienstleistungen erforderlich und damit der entscheidende Faktor für gesellschaftlichen Reichtum; und nach wie vor ist (Erwerbs-)Arbeit der zentrale Mechanismus, über den Einkommen, Status und Prestige zugewiesen werden. Dies belegt bereits ein kurzer Blick auf die Massen(erwerbs-)arbeitslosigkeit, die ja nur deswegen ein gesellschaftlich relevantes Problem darstellt, weil Erwerbsarbeit eben nicht nur materielles Einkommen, sondern auch Teilhabe am gesellschaftlichen Wohlstand bedeutet. Insofern mag Arbeit als soziologische Schlüsselkategorie für die Analyse moderner Gesellschaft an Strahlkraft eingebüßt haben, irrelevant ist sie deswegen keineswegs geworden.

Daraus ergibt sich dann auch die **Bedeutung der Arbeits- und Industriesoziologie**; sie beschäftigt sich mit einem Themenfeld und hat einen Gegenstandsbereich, in dem entscheidend über soziale Wohlfahrt und soziale Ungleichheit bestimmt wird. Einkommen, Karriere, gesellschaftliche Prosperität, letztlich die Sozialstruktur der Gesellschaft – all dies beruht nach wie vor auf Erwerbsarbeit.

Lange Zeit beschäftigte die Arbeits- und Industriesoziologie sich, wie gesagt, mit einem besonderen Typus von Erwerbsarbeit, nämlich der Industriearbeit, insbesondere der Arbeit im industriellen Großbetrieb. Dies wäre heute nicht mehr angemessen. Denn auch wenn es sicherlich voreilig war, das Ende der Arbeitsgesellschaft auszurufen, so darf doch nicht übersehen werden, dass sich der Gegenstandsbereich der Arbeits- und Industriesoziologie erheblich verändert hat. Arbeit hat ihr Gesicht gewandelt; sie ist nicht mehr gleichzusetzen mit Industriearbeit oder gar körperlich schwerer Arbeit im Bergbau und in der Stahlindustrie. Statt dessen wird zunehmend Arbeit zur Erzeugung von Dienstleistungen verrichtet. Dabei hat ein Typus von Arbeit an Gewicht gewonnen, der oftmals als »Wissensarbeit« bezeichnet wird. Dies ist zwar ein problematischer Begriff, da er im Gewand des Neuen daherkommt, obwohl auch körperliche Arbeit ohne Wissen nicht denkbar ist[2]. Richtig aber ist, dass **geistige Arbeit** wichtiger geworden ist, bei der Produktion von Gütern ebenso wie bei der Produktion von Dienstleistungen. Dies hat nicht nur die Arbeitsinhalte verändert, sondern auch die Bedingungen, unter denen

2 Vgl. dazu Kap. 10.

gearbeitet wird. Stärker als früher wird auf das Leistungsvermögen, das Engagement und die Selbststeuerungsfähigkeiten der Beschäftigten gesetzt. Diese »subjektive Modernisierung der Arbeitsgesellschaft« (Heidenreich 1996) hat zu erheblichen Veränderungen geführt, die von Schmidt (1999: 18f.) in einprägsamen Formeln zusammengefasst werden: »von Produkt zu Projekt«, »von Erledigung zu Erfolg«, »von Schweiß zu Adrenalin« etc.

So können wir zunächst einmal festhalten, was Arbeits- und Industriesoziologie *nicht* ist: Sie ist nicht per se allgemeine Soziologie; sie ist eine »Bindestrich-Soziologie« wie andere auch, die sich mit einem Ausschnitt sozialen Handelns beschäftigt; bei diesem Ausschnitt freilich handelt es sich um einen, wenn nicht sogar den für die Reproduktion der Gesellschaft zentralen Bereich. Und sie ist keine Soziologie »der« Industrie; Industriesoziologie ist eine Soziologie der Güterproduktion ebenso wie der Dienstleistungsproduktion.

Die Veränderungen im Forschungsfeld machen eine positive Gegenstandsbestimmung heute schwerer als früher. Brose (1998: 134) hat angesichts der fortschreitenden Prozesse der Tertiarisierung, sozialen Differenzierung und einer damit verbundenen, offensichtlichen Veränderung der Sozialstruktur nach dem »evidenten Forschungsgegenstand der Industriesoziologie« gefragt und dies ist zweifellos eine berechtigte Frage. Wegen der skizzierten Veränderungen des Untersuchungsfeldes kann zur Beantwortung der Frage nicht an frühere Versuche einer Gegenstandsbestimmung angeknüpft werden. Wir müssen deswegen einen anderen Zugang suchen und knüpfen dabei zunächst an Überlegungen zur Beziehung von Organisationen und ihrer Umwelt an.

Lange Zeit wurde dieses Verhältnis als ein deterministisches interpretiert: Organisationen, also Betriebe, Verwaltungen, Schulen, Krankenhäuser etc. (vgl. Müller-Jentsch 2003), verändern sich in Abhängigkeit von Veränderungen ihrer Umwelt; ein Wandel der Umweltbedingungen muss einen Wandel der Organisationsstrukturen nach sich ziehen. Das Verhältnis von Umwelt und Organisation wurde also kausal-deterministisch gefasst: Umwelt als unabhängige, Organisation als abhängige Variable. Aus der modernen Organisationsforschung ist jedoch mittlerweile bekannt, dass Organisationen sich eben nicht in dieser strikten und unmittelbaren Abhängigkeit von ihrer Umwelt wandeln, sondern dass sie selbst entscheiden, wie sie auf Umweltveränderungen reagieren. Umwelt stellt für soziale Systeme ein »Rauschen« dar, das erst dann zu Reaktionen führt, wenn dieses Rauschen organisationsinterne Irritationen hervorruft; ein Sachverhalt muss »auf die Entscheidungszusammenhänge des Systems bezogen werden« (Luhmann 1988: 173), bevor er organisationsintern als Entscheidungsproblem thematisiert wird. Die Umwelt ist also keine fixe Größe, sondern Organisationen »konstruieren« ihre Umwelt. Als ein relevantes Problem müssen Sachverhalte überhaupt erst einmal definiert werden, und zwar von durchsetzungsmächtigen Akteuren, die in der Lage sind, ihre Sichtweise für die Organisation verbindlich zu machen. In der Industriesoziologie ist dies gelegentlich (Pries 1991; Minssen 1992) als »Transformationsproblem« bezeichnet worden, um deutlich zu machen, dass die betriebliche Verarbeitung von Umwelteinflüssen ein »*konstruktiver Prozess* der stofflichen und sozialen Gestaltung von Wirklichkeit« (Pries 1991: 134; Hervorhebung im Original) ist.

Damit wird die begrenzte Unabhängigkeit – Luhmann würde sagen: die operative Geschlossenheit – von Betrieben betont und dies verschafft einen Zugang zu dem Gegenstandsbereich der Industriesoziologie. Betriebe haben nämlich drei Zugriffsbereiche, die im Sinne einer optimalen Kapitalverwertung gestaltbar sind, und zwar Technik, Organisation und Arbeit. Als »Transformationsproblem« formuliert, geht es vor allem um die **Transformation von Arbeitskraft in Arbeit**. Betriebe setzen Technik ein zur Effektivierung ihrer Produktion, sie organisieren die Arbeitsabläufe und sie beschaffen sich auf dem Arbeitsmarkt zureichend qualifiziertes Personal. Doch damit ist es nicht getan, die eigentlichen Probleme setzen dann erst ein; Betriebe müssen nämlich die Differenz zwischen Arbeitskraft und Arbeit bewältigen, das heißt die Differenz zwischen der **Fähigkeit zu arbeiten** und der Entäußerung dieser Fähigkeit, also **tatsächlicher Arbeit**. Schließlich bedeutet die Fähigkeit zu arbeiten keineswegs, dass auch wie gewünscht gearbeitet wird. Der Abschluss eines Arbeitsvertrages löst dieses Transformationsproblem nicht, denn in einem Arbeitsvertrag sind nur die allgemeinen Bedingungen der Verausgabung von Arbeitskraft (im Extremfall nur Arbeitszeit und Arbeitsentgelt) geregelt, nicht jedoch die Art und Weise, wie gearbeitet wird. Dies ist nicht einer unzureichenden Vertragsgestaltung, sondern dem Gegenstand selbst geschuldet; motiviertes Arbeiten kann vertraglich schlechterdings nicht vereinbart werden.

Die sich aus der **Unbestimmtheit des Arbeitsvertrages** ergebende Problematik einer Transformation von Arbeitskraft in Arbeit ist also das entscheidende Problem, das in Betrieben und Verwaltungen immer wieder neu gelöst werden muss. Erkannt wurde es bereits von Marx:

»Die eigentümliche Natur dieser spezifischen Ware, der Arbeitskraft, bringt es mit sich, dass mit der Abschließung des Kontrakts zwischen Käufer und Verkäufer ihr Gebrauchswert noch nicht wirklich in die Hand des Käufers übergegangen ist. Ihr Wert, gleich dem jeder andren Ware, war bestimmt, bevor sie in die Zirkulation trat, denn ein bestimmtes Quantum gesellschaftlicher Arbeit ward zur Produktion der Arbeitskraft verausgabt, aber ihr Gebrauchswert besteht erst in der nachträglichen Kraftäußerung. Die Veräußerung der Kraft und ihre wirkliche Äußerung, das heißt ihr Dasein als Gebrauchswert, fallen daher der Zeit nach auseinander« (Marx 1972: 188).

Die **Arbeitskraft** ist die einzige Ware, die der Lohnarbeiter besitzt; sie ist zudem nicht von seiner Person zu trennen. In einer kapitalistischen Gesellschaft wird er sie, da er sein Leben lang auf den Verkauf eben dieser einen Ware angewiesen ist, möglichst pfleglich zu behandeln suchen, um die Verkaufsfähigkeit seiner Ware zu erhalten; sein Interesse besteht darin, seine Arbeitskraft zu schonen. Dieses wiederum entspricht nicht dem Interesse des Unternehmers an der Nutzung des Gebrauchswerts dieser Ware; er will durch die Nutzung der Arbeitskraft einen möglichst hohen Mehrwert produzieren, indem er sie mehr arbeiten lässt als sie gekostet hat, und greift zu Strategien der Extensivierung (Verlängerung des Arbeitstages) und Intensivierung (Verdichtung der »Poren« des Arbeitstages) von Arbeit (ausführlicher dazu Deutschmann 2002: 104ff.).

Dass die Transformation von Arbeitskraft in Arbeit ein Problem darstellt, erschließt sich keineswegs nur vor dem Hintergrund Marxscher Überlegungen. So begründet etwa Luhmann (1985) den gleichen Sachverhalt damit, dass Personen zur Umwelt sozialer Systeme gehören; dies gilt auch für formalisierte soziale Systeme, also Betriebe oder Verwaltungen. Sie benötigen deswegen Regeln, um Zugehörigkeit zu erkennen. Dies sind, so Luhmann (1988), Mitgliedschaftsregeln, durch die klar definiert ist, wer dazugehört und wer nicht; man tritt Organisationen formell bei und aus ihnen auch wieder aus. Allerdings bleiben auch bei Mitgliedschaft Probleme offen. Denn Mitgliedschaft umfasst nie die ganze Person. Jede Person ist zugleich Mitglied mehrerer Organisationen, also nicht nur des Betriebes, in dem Geld verdient wird, sondern auch noch beispielsweise in Gewerkschaften oder politischen Parteien. Zudem kann jede Person mehr als das, was in der jeweiligen Organisation abverlangt wird. Bei Mitgliedschaft handelt es sich also nie um Vollmitgliedschaft, um Vollinklusion. Organisationen entwickeln Luhmann zufolge deswegen Programme, um gewünschtes Verhalten zu konditionieren. Die Tatsache einer vertraglich vereinbarten Mitgliedschaft sagt also noch nichts aus über tatsächliches Handeln, und Konditionierungsprogramme können Handeln vielleicht lenken, aber nicht bis ins Detail steuern.

Wie auch immer begründet: Betriebe haben das Problem zu lösen, »das Arbeitsvermögen in wirkliche Arbeit umzusetzen« (Berger/Offe 1982: 351), und vor allem: in möglichst viel und an den betrieblichen Zielen ausgerichtete Arbeit umzusetzen. Strategien der Organisierung und der Technisierung sind auch auf die Bewältigung dieses Problems gerichtet, aber sie stellen letztlich nur flankierende Maßnahmen dar. Dass die Transformation von Arbeitskraft in Arbeit ein immer wieder zu lösendes Problem ist, hat seine Ursache darin, dass Arbeiter und Angestellte – wie alle Menschen – auch »opportunistisch« sind; sie neigen dazu, sich ihren Vorteilen entsprechend zu verhalten, also beispielsweise Leistung zurückzuhalten, Pausen eigenmächtig zu verlängern oder zu spät zum Dienst zu erscheinen. Das tun sie nicht ununterbrochen, doch ein solches Verhalten ist eben auch nicht ausgeschlossen, und gerade das ist der entscheidende Punkt: Arbeiter und Angestellte müssen auch arbeiten *wollen*; sie dürfen nicht nur körperlich anwesend sein und »Dienst tun«, sie müssen auch bereit sein, sich zu engagieren. Jeder Arbeitsprozess würde bei einem Dienst nach Vorschrift nach kurzer Zeit kollabieren. Jede Produktion, und sei sie noch so effizient organisiert und technisiert, ist auf dieses »Mitmachen« angewiesen. Eine Produktion selbst am Fließband wäre nicht möglich, wenn die Arbeiter nicht immer wieder kleinere Störungen, die in jedem hochtechnisierten System an der

Tagesordnung sind, selbsttätig ausbügeln würden, und auch die Verfahrensvorschriften in einer Verwaltung räumen Ermessensspielräume ein, die so oder anders genutzt werden können. Die Transformation von Arbeitskraft in Arbeit ist eine ständige Herausforderung, vor der jeder Großbetrieb, jeder Handwerksbetrieb und jede Verwaltung steht.

Die lakonische Frage von Berger (1995): »Warum arbeiten die Arbeiter?«, ist durch den Abschluss eines Arbeitsvertrages also keineswegs beantwortet und genau auf diese Frage sucht die Arbeits- und Industriesoziologie eine Antwort – nicht im Sinne von Ratschlägen, wie Arbeiter zum Arbeiten zu bewegen sind, sondern im Sinne einer Analyse der in den Betrieben und Verwaltungen verfolgten Strategien, mit denen das Transformationsproblem bewältigt werden soll. Sie fragt danach, unter welchen Voraussetzungen und mit welchen Folgen gearbeitet wird, wie Betriebe und Verwaltungen Arbeiter und Angestellte dazu bringen, den betrieblichen Ansprüchen gemäß zu arbeiten, und welche Risiken, aber auch Chancen sowohl für Betriebe und Verwaltungen als auch für die Beschäftigten mit unterschiedlichen Formen einer Transformation von Arbeitskraft in Arbeit verbunden sind. Es geht der Arbeits- und Industriesoziologie also darum, »den Kauf und Verkauf von Arbeitskraft sowie ihren Einsatz als einen sozialen Prozess zu analysieren« (Deutschmann 2002: 49). Wie wir sehen werden, fallen die dazu vorgelegten Befunde im Zeitverlauf ganz unterschiedlich aus; während früher die Transformationsproblematik vor allem als Herrschafts- und Kontrollthematik behandelt wurde, haben mittlerweile Kooperationsbezüge verstärkte Aufmerksamkeit gefunden.

Die Art, wie Betriebe und Verwaltungen diese Transformationsproblematik angehen und bewältigen, hat nun erhebliche gesellschaftliche Folgen, da sie eine wesentliche Ursache sozialen Wandels ist. Wenn entsprechend tayloristischen Maximen (vgl. Kap. 3) die Arbeitsaufgaben tief gegliedert werden, sodass für deren Erledigung nur Anlernqualifikationen erforderlich sind, hat das Rückwirkungen auf den Arbeitsmarkt; wenn im Unterschied dazu qualifiziertes Personal nachgefragt wird, um integrierte Aufgaben zu erledigen, ist die Berufsbildung gefordert. Und wenn die Transformationsproblematik gewissermaßen externalisiert wird, indem Produktionsstandorte geschlossen und in anderen Ländern wieder eröffnet werden, liegen die Folgen ohnehin auf der Hand.

Die Transformation von Arbeitskraft in Arbeit kann also aus unterschiedlichen Perspektiven untersucht werden. Geht es um die Frage, welche Folgen die unterschiedlichen Formen der Transformationen für die Arbeitssituation der Arbeitenden haben, dann wird eine **arbeitssoziologische** Perspektive angelegt. Wenn danach gefragt wird, aus welchen Gründen und mit welchen Friktionen Betriebe zu ihren jeweiligen Strategien gelangen, um die Transformation von Arbeitskraft in Arbeit zu bewältigen, dann steht eine **betriebssoziologische** Perspektive im Vordergrund. Und wenn die Folgen für die Branche, den Arbeitsmarkt oder den Wirtschaftsstandort akzentuiert werden, dann handelt es sich eher um eine **industriesoziologische** Untersuchung. Doch sind dies nicht klar abgrenzbare Fragestellungen, sondern unterschiedliche Schwerpunktsetzungen in einem gemeinsamen Forschungsprogramm; insofern schließt Arbeits- und Industriesoziologie auch Betriebssoziologie ein. Dieses Forschungsprogramm zielt auf die Analyse der Formen und des Wandels einer Transformation von Arbeitskraft in Arbeit und deren Folgewirkungen nicht nur für die Arbeitenden, sondern für die moderne Gesellschaft insgesamt[3].

Wenn wir diese Überlegungen zusammenfassen, können wir als **Untersuchungsfeld der Arbeits- und Industriesoziologie** Folgendes festhalten:

Die Arbeits- und Industriesoziologie analysiert in allen Bereichen von Erwerbstätigkeit die unterschiedlichen Formen und die Folgen der Transformation von Arbeitskraft in Arbeit. Diese Transformation ist ein sozialer Prozess, der nicht nur (durchaus ungeplante) Folgen für die Gestaltung von Arbeit, sondern für die Gesellschaftsstruktur insgesamt hat.

Nun ist dieser Gegenstandsbereich kein exklusives Betätigungsfeld von Arbeits- und Industriesoziologen; auch andere Wissenschaften

3 Wegen des Bezuges auf die Gesellschaft wird seit den fünfziger Jahren des letzten Jahrhunderts unter den im Fach Tätigen oftmals als Kurzbezeichnung für die Disziplin nur »Industriesoziologie« verwandt.

wie etwa die Betriebswirtschaftslehre beschäftigen sich damit. Von dieser unterscheidet die Arbeits- und Industriesoziologie sich in zumindest zweifacher Hinsicht: erstens wird in der Betriebswirtschaftslehre das Transformationsproblem in gewisser Weise als gelöst unterstellt. Mit der Modellannahme des **Homo oeconomicus** hat man ein Muster sozialen Handelns zur Verfügung, das betriebliche Vorgänge zu erklären erlaubt. Sind die ökonomischen Kalküle des Arbeiters befriedigt, wird er, rational, wie er nun einmal ist, so arbeiten, wie man es von ihm verlangt – was allerdings (dies ist der Betriebswirtschaftslehre durchaus bewusst) noch nicht sicherstellt, dass dieser rationale Arbeiter seinen Arbeitsvertrag auch *gewissenhaft* erfüllt; doch mit geeigneten Maßnahmen der Entgeltgestaltung und der Personalführung und -motivation, kurz: mit intelligentem *Human-Resource-Management* sowie einer effizienten Koordination des Produktionsprozesses ist das Problem in den Griff zu bekommen. Die Arbeits- und Industriesoziologie hingegen thematisiert die Kontingenzen und die nicht-intendierten Folgen sozialen Handelns; ihr Bezugspunkt ist nicht das Individuum im Arbeitsprozess, sondern sie hat die Strukturen im Blick, innerhalb derer die Individuen handeln und die durch ihr Handeln möglicherweise unbeabsichtigt erzeugt werden. Was der Betriebswirtschaftslehre völlig selbstverständlich ist, nämlich die Tatsache sozialer Ordnung, ist für die Arbeits- und Industriesoziologie (und für jede andere Soziologie auch) gerade der zu erklärende Sachverhalt.

Zweitens ist die Arbeits- und Industriesoziologie eine Wissenschaft, die sich der **Fremdbeschreibung** verpflichtet fühlt, während für die Betriebswirtschaftslehre eine Selbstbeschreibung typisch ist (vgl. zu dieser Unterscheidung Kühl 2003). Letztere hat zu ihrem Gegenstandsbereich einen affirmativen Bezug; sie fragt danach, was in der Wirtschaft als relevant angesehen wird und versucht Lösungen in Form von Handlungsempfehlungen zu entwickeln. Die Arbeits- und Industriesoziologie hingegen zeichnet sich durch den »fremden Blick« aus; unabhängig von Versuchen, Lösungen für Probleme in ihrem Untersuchungsfeld zu entwickeln, geht es in erster Linie um den kritisch-diagnostischen Blick, der auf Basis wissenschaftsimmanenter Kriterien eher aus der Retrospektive eine Analyse auch der nicht-intendierten Folgen einer Transformation von Arbeitskraft in

Arbeit anstrebt. Deswegen ist die Arbeits- und Industriesoziologie im Unterschied zur Betriebswirtschaftslehre keine »praktische« Wissenschaft[4], die Rezepturen zur Verfügung stellen könnte. Sie ist damit freilich auch keine »unpraktische« Wissenschaft; doch ihre Stärke liegt in der Diagnose. Industriesoziologen »können« es nicht besser als Betriebspraktiker, aber sie können dem Betriebspraktiker die Voraussetzungen und die Folgen seines Tuns erklären.

Diese Einschränkung gilt nicht nur für die Arbeits- und Industriesoziologie, sondern für die Soziologie insgesamt und somit auch für alle anderen »Bindestrich-Soziologien«; die Familien der Familiensoziologen beispielsweise sind vermutlich ebenso häufig von Scheidungen betroffen wie die Familien der Nicht-Familiensoziologen. Doch ist dies keine Schwäche, sondern eine Stärke; denn gerade der »fremde Blick«, die Nicht-Verpflichtetheit gegenüber dem Untersuchungsfeld ermöglicht Analysen, die bei einer Selbstbeschreibung kaum möglich wären.

Orientierungsfragen:

1. Worin besteht das Transformationsproblem und weswegen ist es zentral für die Arbeits- und Industriesoziologie?
2. Warum konnte die Industriesoziologie früher als Teil der allgemeinen Soziologie gelten und heute nicht mehr?
3. Warum ist die Arbeitsgesellschaft nicht am Ende?
4. Was unterscheidet die Arbeits- und Industriesoziologie von anderen Wissenschaften wie beispielsweise der Betriebswirtschaftslehre, die sich ebenfalls mit Problemen der Erwerbstätigkeit befassen?
5. Welche Bedeutung hat Erwerbsarbeit in der modernen Gesellschaft?

4 Was freilich nicht ausschließt, dass auch Industriesoziologen als Berater tätig sind; vgl. dazu Kap. 9.5.

3. Das »scientific management« von Taylor: eine Leitlinie der Rationalisierung und ihre Kritik

Arbeiter »bummeln« – das war die Beobachtung von Fredrick Winslow Taylor, einem Ingenieur in einem Stahlwerk der nordamerikanischen Bethlehem Steel Company zu Beginn des zwanzigsten Jahrhunderts. Dieses »Bummeln« war möglich, weil allein Arbeiter über das erforderliche Erfahrungswissen, die »Faustregeln« verfügten, die zur Erledigung der jeweiligen Arbeitsaufgabe erforderlich waren. Das »stillschweigende oder offene Übereinkommen der Arbeiter, sich um die Arbeit zu drücken, das heißt absichtlich so langsam zu arbeiten, dass ja nicht eine wirklich ehrliche Arbeitsleistung zustande kommt« (Taylor 1913: 12), war Taylor nicht nur persönlich ein Ärgernis – er muss wohl ein recht penibler Zeitgenosse gewesen sein –, es handelte sich auch um ungenutzte Produktivitätsressourcen. Um dem abzuhelfen, entwickelte Taylor ein System der wissenschaftlichen Betriebsführung (»scientific management«), das darin bestand, aus den Naturwissenschaften bekannte Methoden auf die Analyse des Arbeitsprozesses zu übertragen. Jedes Detail des Arbeitsprozesses soll durch **Experiment** und **Beobachtung** analysiert und mit Hilfe von Zeit- und Bewegungsstudien optimal zu einem Ganzen zusammengefügt werden, wobei dies auch eine Festschreibung von Pausen enthält, mit denen eine vorzeitige Ermüdung verhindert werden soll. Die auf diese Weise ermittelten Arbeitsabläufe werden den Arbeitern verbindlich vorgeschrieben, so dass sie zu einem bloßen Ausführungsorgan in einem effizient organisierten Produktionsprozess werden; sie sollen ihre oft auf wenige Handgriffe reduzierte Arbeit in der ihnen vorgeschriebenen Art und Weise erledigen und sich um anderes nicht kümmern. Die Transformationsproblematik sollte also durch rigide Vorschriften, durch Zwang und Kontrolle sowie durch eine Arbeitsorganisation gelöst werden, die eine Austauschbarkeit des Personals ermöglichte.

Dies sollte flankiert und unterstützt werden durch Anreize, mit deren Hilfe die Bereitschaft der Arbeiter zur Leistungsentäußerung gesteigert werden sollte. Taylor ging davon aus, dass **Arbeitsleistung** wesentlich durch Geld zu stimulieren ist; ein Arbeiter ist bereit, mehr zu leisten, wenn er für diese Mehrleistung mehr Geld bekommt, und deswegen schlug er vor, die Entlohnung an die Leistung zu koppeln. Zudem sei das nur gerecht; auch die Arbeiter sollten von den Erfolgen des »scientific management« profitieren. Dadurch wären, so hoffte Taylor, sowohl Arbeitgeber wie Arbeitnehmer durch sein System zufrieden gestellt.

Berühmt geworden ist der Arbeiter Smith. Er war, so wird berichtet, von großer Kraft, wenn auch nicht gleich ausgebildeter Intelligenz und mit der Verladung von Roheisen beschäftigt. Er schaffte dabei täglich die ohnehin schon nicht geringe Menge von 12 Tonnen, doch Taylor schienen darin noch erhebliche Produktivitätsreserven verborgen zu sein. Er machte Smith den Vorschlag, dessen Arbeit zu effektivieren, um eine höhere Leistung zu erzielen, und versprach ihm dafür einen höheren Lohn. Taylor beobachtete die Arbeitsausführung über mehrere Tage, stoppte die für einzelne Arbeitssequenzen benötigte Zeit und zerlegte die Arbeitssequenzen in viele Teilsequenzen. Diese Teilsequenzen wurden von ihm auf dem Papier wieder zu vollständigen Arbeitssequenzen zusammengefügt, die sich im Ablauf allerdings zum Teil von den bei Smith beobachteten Arbeitssequenzen unterschieden. Diese neuen Sequenzen wurden Smith verbindlich vorgeschrieben und er wurde darauf so trainiert, dass sie habitualisiert, also quasi-automatisch ausgeführt werden konnten; zugleich wurde er unterwiesen in der unter Leistungsaspekten sinnvollsten Art der Werkzeughandhabung, also etwa dem Griff, mit dem die Schaufel gefasst wurde. Das Resultat war eine Steigerung der Arbeitsleistung auf immerhin 48 Tonnen, also um vierhundert Prozent, von der auch Smith profitierte: er erhielt sechzig Prozent mehr Lohn.

Auch wegen dieser offensichtlichen Diskrepanz ist Taylors Anspruch auf »Versöhnung« von Kapital und Arbeit kritisiert worden; Gleiches gilt für seinen Anspruch auf Wissenschaftlichkeit, dem die mangelnde empirische Basis entgegengehalten wurde (vgl. Kieser 1999a). Doch hat dies der Durchschlagskraft des von ihm entwickelten Systems nicht die Wirkung genommen. Seine Prinzipien lassen sich in vier Punkten zusammenfassen:

- Trennung von Hand- und Kopfarbeit: durch die Scheidung von planenden und ausführenden Tätigkeiten sollen optimale Arbeitsabläufe ermittelt werden, deren Ausführungsdetails rigide vorgeschrieben werden;
- Leistungs- statt Festlohn (»Pensum-Bonus«): durch die Verknüpfung von Leistung und Entgelt sollen die Arbeitenden selbst ein Interesse an hoher Leistung haben;
- weit vorangetriebene Arbeitsteilung: durch die Zerlegung der Arbeit in einzelne Teilschritte soll eine hohe Spezialisierung bei der Ausführung dieser Teilschritte und damit ein hoher Leistungsgrad erzielt werden. Dies wiederum setzt voraus eine
- Auslese und Anpassung der Arbeiter: das Personal muss je nach zu erledigender Aufgabe sorgfältig ausgewählt und angelernt werden, um die Arbeitsaufgabe optimal zu erfüllen.

Unmittelbare Folge einer Realisierung tayloristischer Gestaltungsprinzipien war eine Ausweitung der **indirekten Bereiche**, also vor allem der Arbeitsvorbereitung und -planung; von diesen Bereichen hing entscheidend die effiziente Gestaltung des gesamten Produktionsprozesses ab. Hier wurden die Details des Arbeitsprozesses analysiert, es wurde die Arbeitsausführung festgelegt und die einzelnen Arbeiten aufeinander abgestimmt. Allerdings hatte dieses System noch einen erheblichen Mangel: Es erschloss Produktivitätsreserven insbesondere durch eine organisatorische und personalwirtschaftliche Optimierung, ließ aber die technische Grundlage des Produktionsprozesses weitgehend unbeachtet. Dies war der Beitrag von Henry Ford, der Präzisionsmaschinen und vor allem die **Fließbandfertigung** einführte – eine Methode, die er übrigens nicht erfunden, sondern aus den Schlachthöfen von Chicago übernommen hatte (vgl. Dankbaar 2002). Die wesentliche Neuerung bestand darin, dass die Arbeit jetzt gewissermaßen zu den Arbeitern kam, also in erheblichem Umfang Wegezeiten eingespart werden konnten. Durch die von Taylor übernommene **Standardisierung** der Arbeitsabläufe, durch eine möglichst weit vorangetriebene **Mechanisierung**, das heißt durch einen Ersatz von Arbeitern durch Maschinen sowie durch die **Konzentration auf ein Produkt** mit ebenfalls standardisierten Bauteilen war ein wichtiger Schritt zur Massenproduktion getan. Ford gelang es mit seinen Produktionsmethoden, ein Luxusgut, nämlich ein Auto, so zu verbilligen, dass es zu einem Massenkonsumgut werden konnte. Zwar gab es das berühmte Modell »Tin Lizzie« nur in einer Variation – »costumers may choose any colour, if it is black«, so lautete Fords Credo –, aber dadurch war das Auto so preiswert, dass es selbst von den Arbeitern gekauft werden konnte, die es produzierten, was zusätzlich dadurch unterstützt wurde, dass die Arbeiter bei Ford einen vergleichsweise hohen Lohn erhielten.

Ford hatte also nicht nur die Arbeitsorganisation, sondern auch den Absatzmarkt im Auge; durch kostengünstige Produktion sollte ein Produkt geschaffen werden, das für breitere Käuferschichten erschwinglich war. Dieses den Markt einbeziehende Produktionsregime wird als **Fordismus** bezeichnet: ein Produkt wird in hoher Auflage bei weitgehender Standardisierung der Bauteile für einen Massenmarkt hergestellt. Eine solche **Massenproduktion** erlaubt die Verwendung von Spezialmaschinen, für deren Bedienung keine umfangreichen Qualifikationen erforderlich sind; die Produktion wird nach tayloristischen Prinzipien organisiert, wobei das Fließband optimalerweise das Rückgrat darstellt.

Nun ist das Fließband nicht generell technische Grundlage der industriellen Produktion geworden; Fließfertigung ist nur dort realisierbar, wo – wie etwa in der Automobilindustrie oder in der Bekleidungsindustrie – ein Massenprodukt mit vergleichsweise wenig Variationen hergestellt wird;[5] in den Bereichen, die – wie etwa der Maschinenbau – seit jeher kundennahe Fertigung mit erheblichen Variationen betrieben haben, konnte eine Fließfertigung sich schon aus produktionstechnischen Gründen nie durchsetzen. Gleichwohl wird das 20. Jahrhundert von manchen als **fordistische Ära** bezeichnet, um mit diesem Begriff die historisch neuartige Verbindung von Markt, Arbeitsorganisation und Technik hervorzuheben, die eine zu-

5 Wobei die Betonung auf »vergleichsweise« liegt: Die Fließbandproduktion in der Montage moderner Automobilfabriken verhindert keineswegs einen erheblichen Reichtum an Ausstattungsvarianten. Diese aber setzen auf einer standardisierten Plattform auf.

vor unbekannte Massenproduktion und einen zuvor ebenfalls unbekannten Massenkonsum ermöglichten.[6]

Ähnliches gilt für die durch Taylors »scientific management« beschriebene personalwirtschaftliche Grundlage: Auch diese ist in Reinform nur in bestimmten Branchen umgesetzt worden, weil ihre Realisierung einen relativ gleichförmigen Arbeitsablauf erfordert, der wiederum möglichst hohe Stückzahlen und eine möglichst geringe Variantenvielfalt und Produktkomplexität voraussetzt. In vielen Bereichen industrieller Produktion, vor allem aber im Bereich der Dienstleistungen war dies jedoch nie gegeben. Zudem hat sich die Vorstellung, Arbeitsabläufe vollständig standardisieren zu können, als Fiktion herausgestellt; es bleiben immer Nischen im Ablauf, die nicht vorab gefüllt werden können. Deswegen geht man von der Existenz »produktionsnaher Handlungsspielräume« (Lichte 1978) aus, die von den Arbeitenden genutzt werden können, sogar genutzt werden müssen, um kleinere Unregelmäßigkeiten im Arbeitsablauf auszugleichen, wenn der gesamte Prozess nicht ins Stocken geraten soll.

Die Bedeutung des Taylorismus liegt also nicht so sehr in seiner vollständigen Anwendung und Realisierung als vielmehr in seiner Funktion als **Leitlinie von Rationalisierung**; auch wenn tayloristische Prinzipien der Arbeitsgestaltung längst nicht in allen Bereichen industrieller Fertigung wirklich umgesetzt sind, haben sie doch erhebliche Bedeutung gehabt für die Maximen, unter denen Rationalisierung betrieben worden ist. Für die Industriesoziologie war der Taylorismus zudem wichtig als Negativfolie der Interpretation, als Maßstab, wie Arbeit nicht sein sollte; viele Überlegungen seit den achtziger Jahren des letzten Jahrhunderts widmeten sich der Frage, ob die beobachteten Veränderungen in der industriellen Produktion noch als spezifische Variante einer taylorisierten Fertigungsweise zu interpretieren sind oder schon als (erster Schritt in eine) post-tayloristische Weise der Fertigung.

Unter betrieblichen Praktikern wurde bis zum Ende des 20. Jahrhunderts von der Vorteilhaftigkeit einer weit vorangetriebenen Ar-

6 Dies ist freilich nur ein Ausschnitt des Fordismus genannten Akkumulationsregimes, das auch eine spezifische Ausprägung des Staates als Sozialstaat, geregelte Beziehungen zwischen Gewerkschaften und Arbeitgebern sowie das sogenannte Normalarbeitsverhältnis umfasst; vgl. dazu Kap. 8.4.

beitsteilung, einer Standardisierung der Arbeitsabläufe, einer strikten Trennung von planenden und ausführenden Tätigkeiten und einer Verknüpfung von Lohn und Leistung ausgegangen. Erst zum Ende des 20. Jahrhunderts ist deutlich geworden, dass diese »tayloristische Syndromatik« (Bechtle/Lutz 1989) an ganz bestimmte Voraussetzungen geknüpft war, die in Europa erst in der Nachkriegszeit, in den USA bereits seit den zwanziger Jahren vorherrschten, nämlich eine rasche Zunahme des Massenkonsums und eine lang anhaltende wirtschaftliche Expansion; nicht umsonst hat ein breiterer Übergang zu tayloristischer Organisation und zur Massenproduktion in Deutschland erst in den fünfziger Jahren eingesetzt, während dies in den USA schon in der Vorkriegszeit geschah. Als diese Voraussetzungen nicht mehr gegeben waren, sind auch die Nachteile tayloristischer Rationalisierung deutlicher geworden, und zwar unter Aspekten ökonomischer Effizienz; unter personalwirtschaftlichen Aspekten kannte man sie schon länger, spätestens seit den **Hawthorne-Experimenten**.

Diese Experimente (Roethlisberger/Dickson 1939) begannen 1924 und zielten, durchaus in der Tradition tayloristischer Überlegungen, auf die Analyse der Auswirkungen von Arbeitsumgebungseinflüssen auf die Arbeitsleistung. In den Hawthorne-Werken der Western Electric wurden die Auswirkungen der Beleuchtungsstärke auf die Arbeitsleistung von Arbeiterinnen untersucht, die Relais von Telefonanlagen montierten, also eine recht einfache und anspruchslose Tätigkeit ausführten. Wie es sich für eine ordentliche Versuchsanordnung gehört, wurden zwei Gruppen gebildet, eine Experimentiergruppe, in der die Versuche stattfanden, und eine Kontrollgruppe, in der keine Veränderungen vorgenommen wurden, so dass gemessen werden konnte, ob die in der Versuchsgruppe beobachteten Veränderungen tatsächlich auf die dort durchgeführten Maßnahmen zurückzuführen waren. Doch am »Anfang des ›historischen‹ Erfolges der Hawthorne Studies stand das Scheitern« (Lutz/Schmidt 1977: 126): alle Variationen der Beleuchtungsstärke führten zu Leistungssteigerungen der beobachteten Arbeiterinnen. Als die Beleuchtung verstärkt wurde, erhöhte sich, wie erwartet, die Arbeitsleistung in der Experimentiergruppe, allerdings auch in der Kontrollgruppe, in der die Beleuchtung unverändert geblieben war. Das gleiche Ergebnis bei einer weiteren Erhöhung der Beleuchtungsstärke in der Experimentiergruppe. Und als dann die Beleuchtung auch noch verdunkelt wurde, die Leistung aber gleichbleibend hoch blieb, und zwar in der Experimentiergruppe ebenso wie in der Kontrollgruppe, hinterließ dies – verständlicherweise – eine gewisse Ratlosigkeit, die jedoch nicht zu einem Abbruch, sondern zu einer Weiterführung der Untersuchungen bis in die dreißiger Jahre führte, mit der eine Forschungsgruppe um den Psychologen Elton Mayo beauftragt wurde (ausführlich dazu Burisch 1973: 44ff.; Lutz/Schmidt 1977: 126ff.; Kieser 1999b).

Diese Untersuchungen erbrachten vor allem zwei Ergebnisse: Zum einen wurde die Leistungssteigerung der Arbeitskräfte durch die Aufmerksamkeit erklärt, die diesen allein durch die Tatsache zuteil wurde, dass sie an einem wissenschaftlichen Experiment teilnahmen (der sogenannte **Hawthorne-Effekt**); wer im Unterschied zur bisherigen Arbeitssituation auf einmal Aufmerksamkeit erfährt, reagiert darauf mit höherer Motivation und Mehrleistung. Zum anderen wurden die **informellen Gruppen** entdeckt. So werden soziale Gruppen bezeichnet, die sich neben und außerhalb der formalen Organisationsstruktur aufgrund kooperativer Bezüge im Arbeitsprozess finden. In diesen informellen Gruppen existieren recht genaue Annahmen über eine »gerechte« Leistung; Abweichungen werden negativ sanktioniert. In den informellen Gruppen der Hawthorne-Werke entwickelten sich leistungsbestimmende Normen; Arbeiter, die zu viel leisteten, galten als »Sollbrecher« und solche, die zu wenig Leistung erbrachten, als »Gauner«. Roethlisberger/Dickson (1939) konstatierten, dass die von ihnen beobachteten Arbeiter nicht allein unter den Zielen produzierten, die das Management setzte; vor allem ältere Arbeiter orientierten sich an einer Norm der beschränkten Produktivität, um die Reproduktionsfähigkeit ihrer Arbeitskraft zu erhalten.

Nun bleibe dahingestellt, ob die Hawthorne-Studien »zum Wendepunkt der Industrie- und Betriebssoziologie geworden« (Burisch 1973: 46) sind; sie haben aber in zweifacher Hinsicht erhebliche Bedeutung gehabt. Zum einen ist die Entdeckung der Bedeutung menschlicher Beziehungen im Arbeitsprozess Ausgangspunkt einer Managementlehre, der »Human-Relations-Bewegung«, gewesen, die (vor allem in den USA) auf die Bedeutung hinwies, auch unter ökonomischen Aspekten den Arbeiter als Menschen ernst zu nehmen, was zu einem enormen Aufschwung der Organisationspsychologie an amerikanischen Universitäten führte (Kieser 1999b: 117f.). Zum anderen zeigte die Existenz von informellen Gruppen, dass der Ansatz von Taylors »scientific management«, eine Optimierung des

Produktionsprozesses durch die Optimierung des Arbeitsablaufs eines einzelnen Arbeiters anzustreben, zumindest verkürzt ist, da informelle Gruppen in starkem Maße das Arbeitsverhalten ihrer Mitglieder prägen.

Der Wirkung des Taylorismus als Leitidee von Rationalisierung tat dies jedoch nur wenig Abbruch. Dies heißt nicht, dass nicht bereits frühzeitig auch Kritik an tayloristischen Gestaltungsprinzipien deutlich gemacht worden wäre. So wurde, wie erwähnt, die fehlende wissenschaftliche Basis des Systems, aber auch die systematische Dequalifizierung der Arbeitskraft, die Reduktion des Menschen auf das Messbare etc. bemängelt (vgl. die Übersicht bei Kieser 1999a: 90ff.). Und auch Alternativen schälten sich mit der Zeit heraus:

Abbildung 1: Alternativen zum Taylorismus[7]

Tayloristischer Modus	Funktionale Alternativen
• Standardproduktion	• Produktvielfalt
• Fließband	• Modulfertigung / Fertigungsinsel
• Typgebundene Technisierung (»Einzweckmechanisierung«)	• Typunabhängige Technisierung (»flexible Automation«)
• Unqualifizierte Massenarbeit	• Qualifizierte (Fach-) Arbeiter
• Niedrige Arbeitsmotivation (»Gleichgültigkeit«)	• Hohe Arbeitsmotivation (»Identifikation«)
• Konfliktive Arbeitsbeziehungen	• Kooperative Arbeitsbeziehungen
• Hierarchisches Management	• Partizipatives Management
• Vertikale Arbeitsteilung (Trennung Disposition-Ausführung)	• Vertikale Aufgabenintegration (»job rotation«)
• »Externe Kontrolle«	• »interne« Selbstregulation
• Horizontale Arbeitsteilung (extreme Zerlegung der Arbeitsausführung)	• Horizontale Arbeitsintegration (»job enlargement«)
• Arbeitsplatzbindung	• Arbeitsplatzwechsel
• Zwangstakt	• Entkopplung
• Zeitvorgabe	• Zeitsouveränität
• Einzelarbeit	• Gruppenarbeit

Nachhaltigere Wirkung in der industriellen Praxis erzielte dies freilich erst, als die Folgen restriktiver Arbeitsgestaltung auch für die Betriebe nicht mehr zu übersehen waren. Angesichts des in den sechziger Jahren herrschenden Arbeitskräftemangels stellten die damaligen

7 Quelle: Dohse u. a. (1989).

Reaktionen der Arbeiter auf taylorisierte Arbeitsabläufe – vor allem in der Automobilindustrie in Form von Absentismus und Fluktuation bis hin zur Sabotage – für die Unternehmen ein ernsthaftes Problem dar. Zugleich wurden damit die Bedingungen, unter denen gearbeitet wurde, zu einem öffentlichen Thema, auf das der Staat mit steuerfinanzierten Programmen reagierte, in den USA unter dem Label »quality of working life«, in Schweden unter dem Stichwort »Industrielle Demokratie« und in Deutschland als Programm »Humanisierung des Arbeitslebens«. Dieses führte zu einem erheblichen Bedeutungszuwachs der Industriesoziologie.

Orientierungsfragen:

1. Beschreiben Sie die vier Grundprinzipien des Taylorismus!
2. Was ist unter indirekten Bereichen zu verstehen und weswegen haben sie in einem tayloristisch organisierten Arbeitssystem eine besondere Bedeutung?
3. In welcher Weise trug Henry Ford zur Entstehung der Massenproduktion bei?
4. Was ist der Hawthorne-Effekt?
5. Was sind informelle Gruppen?

Weiterführende Literatur

Kieser, Alfred (1999a), »Managementlehre und Taylorismus«, in: Alfred Kieser (Hg.): Organisationstheorien, 3., überarbeitete und erweiterte Auflage, Stuttgart/Berlin/Köln, S. 65–109.

Kieser, Alfred (1999b), »Human Relations-Bewegung und Organisationspsychologie«, in: Alfred Kieser (Hg.): Organisationstheorien, 3., überarbeitete und erweiterte Auflage, Stuttgart/Berlin/Köln, S. 102–131.

Zwei Aufsätze mit einem guten und knappen Überblick über die Grundlagen des »scientific management« und die frühe Kritik an Taylors Überlegungen.

Taylor, Frederick Winslow (1913), Die Grundsätze wissenschaftlicher Betriebsführung, Oldenbourg 1913 – Reprint der autorisierten Ausgabe, neu herausgegeben und eingeleitet von Walter Bungard und Walter Volpert, Weinheim 1995.

Die Überlegungen und Ziele von Taylor im Original – lesenswert auch wegen des darin deutlich werdenden Menschenbildes.

4. Klassische Debatten: Themenstellungen der Industriesoziologie in Deutschland von der Gründungsphase bis zur Renaissancephase[8]

Fast alle Soziologen der Nachkriegsgeneration arbeiteten – zumindest zeitweise auch – als Industriesoziologen. Die Industriesoziologie war gewissermaßen die Königsdisziplin der Soziologie, da angesichts des rapiden Industrialisierungsprozesses eine Beschäftigung mit industrieller Arbeit auch Aufklärung über allgemeine gesellschaftliche Entwicklungsprozesse versprach. In dieser **Gründungsphase**, also in den fünfziger Jahren, waren die institutionellen Voraussetzungen für (industrie-)soziologische Forschung freilich denkbar schlecht; als feste Zusammenhänge gab es lediglich das Institut für Sozialforschung (IfS) in Frankfurt, die Sozialforschungsstelle (sfs) in Dortmund sowie das Wirtschaftswissenschaftliche Institut der Gewerkschaften in Köln, die jedoch allesamt in nicht unerheblichem Maße von Projektfinanzierungen abhängig waren. Ansonsten wurde Forschung durchgeführt von Forschergruppen, die jedoch nach Beendigung ihrer Studien oftmals wieder auseinander fielen.

Diese Situation änderte sich erst zum Ende der sechziger Jahre. Vor dem Hintergrund der damaligen Planungs- und Gestaltungseuphorie wurde der Soziologie eine wichtige Funktion für die angestrebte Reformpolitik zugeschrieben; sie avancierte auf diese Weise zu einer Art Leitdisziplin. Dies ging einher mit einer beträchtlichen Ausweitung der universitären Kapazitäten für soziologische Forschung und Lehre; von den zwischen 1947 und 1970 eingerichteten 69 Lehrstühlen für Soziologie entfielen allein 44 auf die Dekade 1960 bis 1970 (Kern 1982: 220). Davon profitierte auch die Industriesoziologie, von der in den Zeiten der sozial-liberalen Koalition wichtige

8 Im Folgenden wird keine auch nur halbwegs vollständige Übersicht angestrebt; vgl. statt dessen den in dieser Hinsicht nach wie vor unübertroffenen Handbuchartikel von Lutz/Schmidt (1977).

Erkenntnisse für die unter der Überschrift »**Humanisierung des Arbeitslebens**« (HdA) programmatisch verfolgte präventive Steuerung des technisch-organisatorischen Wandels erwartet wurde. Die dadurch ausgelöste Renaissancephase wurde zudem befördert durch das Schwerpunktprogramm »Industrie-, Betriebs- und Organisationssoziologie« der Deutschen Forschungsgemeinschaft, das auch eine finanzielle Konsolidierung der außeruniversitären Forschung mit sich brachte. Dies war ebenso die Zeit, in der zwei universitätsnahe, aber unabhängige Institute – das Institut für sozialwissenschaftliche Forschung (ISF) in München und das Soziologische Forschungsinstitut (SOFI) in Göttingen – gegründet wurden, die zusammen mit dem bereits bestehenden Frankfurter Institut für Sozialforschung in den folgenden Jahren erhebliche Bedeutung im industriesoziologischen Diskurs erlangen sollten.

Alle Forschungsförderer zusammen genommen konnte die Industriesoziologie in den siebziger Jahren auf fast 28 Mill. € Forschungsmittel zurückgreifen, während es in den sechziger Jahren gerade mal knapp 2 Mill. € gewesen waren (Kern 1982: 242). Von besonderer Bedeutung war dabei, zumindest unter finanziellen Aspekten, das erwähnte HdA-Programm, das 1974 eingerichtet wurde; es sollte zu einer Verbesserung von Arbeitsbedingungen insgesamt beitragen, womit keineswegs nur eine Verringerung negativer Folgen restriktiver Arbeitsgestaltung, sondern auch – und wohl in erster Linie – eine Verringerung von Gesundheitsgefährdungen am Arbeitsplatz gemeint war. Es ging aber eben auch, und hier kam die Industriesoziologie ins Spiel, um die »Krise des Taylorismus«, die vor allem in der Unflexibilität der Produktionstechniken, dem Mangel an Qualifikationen und Interaktionsmöglichkeiten der Arbeitnehmer, ihrer Arbeitsunzufriedenheit und der daraus resultierenden mangelnden Arbeitsmotivation und den unzumutbaren Arbeitsbelastungen in vielen Betrieben gesehen wurde (Pöhler/Peter 1982: 15).

Es ist hier nicht der Platz, die vielfältigen Metamorphosen dieses Programms nachzuzeichnen, es ist hier auch nicht der Platz, ein Resümee dieses Programms zu ziehen (vgl. dazu etwa Pöhler 1982). Festgehalten aber werden kann, dass dieses Programm eine ganze Generation von Industriesoziologen in Brot und Arbeit gebracht hat, da eine Vielzahl der durchgeführten Projekte auf industriesoziologischen Sachverstand angewiesen war, was zu einer erheblichen Ausweitung der empirischen Forschung führte.

Die im Rahmen von eher anwendungsorientierten Projekten des HdA-Programms, aber auch die außerhalb dieses Programms erhobenen Befunde erforderten die Reflexion auf der Folie einer soziologischen »Großtheorie«, um die vorfindlichen Ergebnisse in angemessener Weise interpretieren zu können. Dies nun war zu der damaligen Zeit insbesondere die Marxsche Theorie. Bereits in der Gründungsphase der Industriesoziologie, also der Nachkriegszeit, waren die meisten Industriesoziologen von einem starken sozialreformerischen Impetus gegen die restaurativen Tendenzen in der jungen Bundesrepublik geprägt. Dieser Impetus ging einher mit einem intensiven Bezug auf Karl Marx; das 13. Kapitel des ersten Bandes des »Kapital« (Marx 1972), also das Kapitel, in dem Technik und industrielle Fertigung analysiert werden, spielte, so Bahrdt (1982: 14) in einem ironisierenden Rückblick, für Industriesoziologen in der Gründungsphase etwa die gleiche Rolle wie der Römerbrief für die protestantischen Theologen. In der **Renaissancephase** wurde dieser Bezug auf Marx noch einmal erheblich verstärkt und blieb bis in die achtziger Jahre charakteristisch – oftmals explizit, immer aber implizit.

Die Arbeiter wurden, Marx folgend, ausschließlich als Besitzer der Ware Arbeitskraft interpretiert. Da von einem unauflösbaren **Gegensatz von Arbeit und Kapital** ausgegangen wurde, konnten Arbeiter nur durch die Ausübung betrieblicher Herrschaft zu angemessener Arbeit bewegt werden. Die Transformation von Arbeitskraft in Arbeit erschien deswegen als ein Problem von **Zwang und Kontrolle**, die in den Betrieben auf die Arbeiter ausgeübt wurden, um sie zum Arbeiten zu veranlassen.

Auch die Themensetzung der Industriesoziologie war, wie Brandt (1984) herausgestellt hat, wesentlich durch die Marxsche Analyse des Produktionsprozesses bestimmt. Insbesondere drei Themenbereiche standen im Vordergrund:

- erstens das Verhältnis von **technischem Wandel und Industriearbeit**; dies hatte seinen Ursprung in dem angesprochenen Kapitel des »Kapital« von Marx, in dem dieser die Intensivierung der Arbeit, die Dequalifizierung von Arbeit und die Vernichtung von Arbeitsplätzen als Folge des Einsatzes der Maschinerie analysiert;
- zweitens die Veränderungen im **Arbeiterbewusstsein**; »das gesellschaftliche Sein bestimmt das Bewusstsein«, so Marx in der »Deutschen Ideologie«, und das gesellschaftliche Sein wiederum ist seiner Auffassung nach wesentlich durch die Stellung im Pro-

duktionsprozess bestimmt, so dass eine Veränderung innerhalb des Produktionsprozesses auch Veränderungen im Bewusstsein der Produzenten erzeugen musste;

– drittens schließlich die Austauschbeziehungen zwischen Kapital und Arbeit; dabei wurde insbesondere untersucht, ob und in welcher Weise die **Gewerkschaften** geeignet waren, die kollektive Interessenvertretung der Arbeitnehmer zu organisieren.

4.1 Technischer Wandel und Industriearbeit

In den fünfziger Jahren galt der **technische Wandel** recht ungebrochen als technischer Fortschritt; technische Entwicklung führte, so wurde angenommen, gleichsam aus sich heraus zu gesellschaftlicher Entwicklung, und das wiederum hieß: zu gesellschaftlicher Emanzipation. Erst im folgenden Jahrzehnt mehrten sich die kritischen Stimmen. In dieser »Automationsdebatte« gingen die Meinungen weit auseinander: Während die einen sich von der Automation gewissermaßen die Befreiung von körperlich anstrengender, ja von entfremdeter Arbeit überhaupt erwarteten, befürchteten andere eine Reduzierung der Arbeitskraft auf ein Anhängsel von Produktionsanlagen, eine Zunahme sehr restriktiver Arbeitsbedingungen und letztlich eine Zunahme von Arbeitslosigkeit.

Bei allem Dissens über die Folgen der Automatisierung war man sich in einem Punkt freilich einig, nämlich in der Annahme, dass **Technik als exogener Faktor** einen erheblichen, wenn nicht sogar determinierenden Einfluss auf die Arbeitsbedingungen habe. Auch die frühen Studien zu Technik und Arbeit basierten auf dieser Grundüberzeugung. Methodisch war die Sache dann recht einfach, wie Lutz (1987a: 37) später beschrieben hat: Man nahm sich das Fallbeispiel eines besonders fortschrittlichen Technikeinsatzes und verglich diesen mit dem Zustand vor der letzten Innovation oder, noch besser, einem Einsatzfall gleicher Art, aber mit zurückgebliebener Technik. Für beide Fälle wurden möglichst genau die sozialen Verhältnisse (Arbeitsinhalte, Qualifikationsstrukturen, Arbeitsbewusstsein etc.) beschrieben und die Differenz zwischen beiden Fällen konnte als Folge der technischen Entwicklung interpretiert werden.

Diesem **Technikdeterminismus** folgte auch die klassische Studie »Technik und Industriearbeit« (Popitz u. a. 1957a), aus der Gründungsphase der Industriesoziologie.[9] Sie beruhte auf systematischen, akribischen Arbeitsplatzbeschreibungen in Stahlwerken des Ruhrgebiets und untersuchte die »Leistungsansprüche technischer Industriearbeit«; es ging darum, was »ein Arbeiter, der eine technische Industriearbeit ausführt, zu tun gezwungen« (Popitz u. a. 1957a: 37) ist. Dazu wurden zwei Formen der Kooperation unterschieden, die **teamartige** und die **gefügeartige** Kooperation. Die teamartige Kooperation findet an einer technischen Anlagc statt, die gewisse Dispositionsmöglichkeiten zulässt, die auch zur gegenseitigen Unterstützung genutzt werden können; zudem sind die einzelnen Arbeitsvollzüge nicht unmittelbar voneinander abhängig. Die gefügeartige Kooperation hingegen ist sehr viel stärker von der technischen Anlage abhängig; das »bedeutet, dass die Arbeitskräfte (...) *auf dem Umweg* über die technische Anlage kooperieren« (Popitz u. a. 1957a: 55; Hervorhebung im Original). Eine freie Beweglichkeit des Einzelnen wird weitgehend verhindert, Dispositionschancen sind nicht vorhanden und gegenseitige Unterstützung ist nicht möglich (vgl. die Gegenüberstellung bei Popitz u. a. 1957a: 66f.).

Diese gefügeartige Kooperation haben Popitz u. a. vor allem an den technisch modernen Anlagen vorgefunden. Da nun eine stetige Modernisierung der Produktionsanlagen unterstellt wurde, konnte davon ausgegangen werden, dass die gefügeartige Kooperation die teamartige ablösen wird (Popitz u. a. 1957a: 209), dass also die Möglichkeiten gegenseitiger Unterstützung sich verringern und die Formen von Kooperation sehr viel stärker von der technischen Anlage bestimmt werden. Dies geht einher mit einer Angleichung der Anforderungen, da »technische Intelligenz« zur Bewältigung der Arbeitsaufgaben für alle gleichermaßen notwendig wird: »Auch für den angelernten Industriearbeiter entsteht jener verhängnisvolle Circulus vitiosus von Erschlaffung, Bohnenkaffee und Nervosität, der aus allen Bereichen der industriellen Gesellschaft bekannt ist und der – wie die technische Intelli-

9 Einen Überblick über weitere einschlägige Studien bis zu den siebziger Jahren geben der bereits erwähnte Handbuchartikel von Lutz/Schmidt (1977) und auch das Einführungsbuch von Beckenbach (1991); bei Müller-Jentsch (1999) findet sich ein guter Überblick über die Debatte bis in die jüngere Zeit.

genz – zu den Kräften gehört, die eine Angleichung der Lebensformen bewirken« (Popitz u. a. 1957a: 212f.). Zugleich beobachteten die Autoren eine Konvergenz der »technischen« und »sozialen« Leistungen: »Einem Arbeiter, der eine moderne Maschine bedient, wird der Gedanke gar nicht kommen, der sinnfälligen Gesetzlichkeit dieser Maschine willkürlich zuwider zu handeln« (Popitz u. a. 1957a: 211). Dies wird zu einem Funktionsverlust, aber auch einer Versachlichung von Vorgesetztentätigkeiten führen, da Arbeitsteilung, Arbeitsorganisation und Arbeitsaufgabe nun als technische Anforderung, nicht mehr jedoch als Vorgesetztenentscheidung erscheint; Herrschaft löst sich ab von Personen und versachlicht sich in den technischen und bürokratischen Abläufen, was keinesfalls gleichzusetzen ist mit einem Verschwinden von Herrschaft, im Gegenteil: Die Versachlichung, die sich in einem Ausbau und einer Professionalisierung der Industrieverwaltungen (Arbeitskontrolle, Arbeitsplanung und Buchhaltung) ausdrückt, ist ein »Anschein (...), der jedoch den Fortbestand der Klassenstruktur nur verhüllt« (Braun 1964: 118). Dieser Prozess einer **Versachlichung von Herrschaft** ließ sich nicht nur in der Produktion, sondern ebenso in der Verwaltung nachweisen; auch in der Büroarbeit, also im Bereich der Arbeit von Angestellten wurde wegen der Mechanisierung und Automatisierung der Tätigkeiten »eine ähnliche Relativierung des hierarchischen Prinzips (...) wie in der Produktion« (Bahrdt 1958: 2) beobachtet.

Die Frage nach den Folgen der Technisierung für Arbeit war ebenfalls eine zentrale Themenstellung der berühmten Studie »Industriearbeit und Arbeiterbewusstsein« von Kern/Schumann (1970). Das Ziel dieser Studie war die Erarbeitung empirisch fundierter, generalisierender Aussagen zum durch Technisierung bewirkten Wandel von Industriearbeit auf der einen und zu den Auswirkungen der gewandelten Industriearbeit auf das Bewusstsein der Arbeiter auf der anderen Seite.

Dazu wurden die Arbeitsplätze in einer bis dahin nicht erreichten Feinabstufung typisiert. So wird unterschieden zwischen Graden der Mechanisierung (von der Prämechanisierung bis zur Automation) und den Formen, in denen menschliche Arbeit erforderlich ist (etwa Zuführung und Abnahme des Gegenstandes, Gestaltung, Kontrolle und Korrektur des Arbeitsablaufs), wobei davon ausgegangen wird, dass in der automatischen Produktion alle menschlichen Tätigkeiten auf die Technik übergegangen sind. Darüber hinaus wird zwischen unterschiedlichen Produktionsprozessen (stoffumwandelnde, stoffgewinnende, montierende etc.) differenziert und vor diesem Hintergrund schließlich eine sechsstufige Typologie industrieller Arbeit gebildet: von der handwerklichen Arbeit am Produkt, einem Relikt aus der vorindustriellen Produktion, über repetitive Teilarbeiten etwa am Fließband, bei der kaum Dispositionsmöglichkeiten bestehen, bis zur Messwartentätigkeit, einem neuen Typ industrieller Arbeit in halbautomatischen Produktionsprozessen.

Vielleicht auch wegen dieses sehr ausdifferenzierten Instrumentariums kommen die Autoren auf Basis von detaillierten Arbeitsplatzbeobachtungen zu dem Schluss, dass die »Komplexität der Verhältnisse (...) eine differenzierte Betrachtung der technisch induzierten Arbeitsveränderungen« (Kern/Schumann 1970: 137) verlangt und allgemeine Entwicklungsschemata nur bescheidenen Erklärungswert haben. Weder lassen sich durchgängig Verbesserungen der Arbeitssituation als Folge des technischen Wandels beobachten noch durchgängig Verschlechterungen, weder kann von einer durchgängigen Dequalifizierung noch von einer durchgängigen Requalifizierung der Arbeit als Folge von Automatisierungsprozessen gesprochen werden; zwar lassen sich Qualifikationsaufwertungen beobachten, doch nach wie vor übt ein beträchtlicher Teil der Industriearbeiterschaft **repetitive Teilarbeiten**, das heißt sehr anspruchslose, sich häufig wiederholende Tätigkeiten aus. Und selbst in den Bereichen fortgeschrittener Automatisierung wie etwa in den Messwarten lassen sich Tätigkeiten beobachten, die allenfalls das Niveau von Angelerntentätigkeiten haben. Auch der Einsatz moderner Technik bedingt also nicht per se eine Aufwertung der Tätigkeiten und höhere Qualifikationsanforderungen.

Insofern führt Technisierung nicht zu einer Differenzierung, sondern eher zu einer »Polarisierung der Belegschaften« (Kern/Schumann 1970: 139); für einen Teil der Belegschaften lassen sich Prozesse feststellen, die ihre Arbeitsplatzsituation verbessern, zugleich sind jedoch auch »Automatisierungsprozesse zu beobachten, mit denen Dispositionschancen verringert, Qualifikationen reduziert, Arbeitsplatzbelastungen erhöht und bestehende Gruppenzusammenhänge aufgelöst werden« (Kern/Schumann 1970: 163). Sollten also noch Hoffnungen bestanden haben, dass Mechanisierung und Automatisierung zu anspruchsvolleren Tätigkeiten führen, so kehrte spätestens jetzt Ernüchterung ein, und nicht nur das: Es gab noch nicht einmal eine lineare Beziehung zwischen technischem Wandel auf der einen und Entwicklung der Qualifikationsanforderungen auf der anderen Seite, weder in Richtung Qualifizierung noch in Richtung Dequalifizierung; anzunehmen war vielmehr eine Polarisierung der Arbeits- und der Qualifikationsanforderungen – eine Feststellung, die als **Polarisierungsthese** die industriesoziologische Diskussion in der Folgezeit entscheidend bestimmte.

Damit war die noch bei Popitz u. a. leitende Vermutung einer Determination der Arbeitsbedingungen und der erforderlichen Qualifikationsanforderungen durch die Technik widerlegt. Dies wurde bestätigt durch die Ergebnisse einer einige Jahre später durchgeführten Untersuchung in der Zementindustrie, der Mineralindustrie und der Elektrizitätswirtschaft (Mickler u. a. 1976). Auch hier zeigte sich eine Polarisierung von Qualifikationen als Folge des technischen Wandels, die – und das war eine Zuspitzung der Argumentation von Kern und Schumann, die sich diesbezüglich eher bedeckt hielten – die »strategisch wichtigen Überwachungs- und Steuerungsfunktionen auf nur wenige Arbeitsplätze (...) konzentrierte, der Mehrzahl der Arbeitsplätze vor Ort dagegen vergleichsweise niedrig qualifizierte Funktionen zuteilte« (Mickler u. a. 1976: 450). Polarisierung von Qualifikationen bedeutet also nicht, dass durch technischen Wandel gleichermaßen Arbeitsplätze mit höheren Qualifikationsanforderungen und Arbeitsplätze mit geringeren Anforderungen entstehen, sondern eher ist ein Anwachsen der Arbeitsplätze mit niedrigen Anforderungen zu erwarten.

Auch wenn die enge Verbindung zwischen Technik und Arbeitsorganisation damit in Zweifel gestellt ist, bedeutet dies keine Unabhängigkeit, im Gegenteil: Es gibt »eine Abhängigkeit der Arbeitsorganisation von der installierten Produktionstechnik« (Mickler u. a. 1976: 452). Diese ergibt sich aber nicht als Folge der Technik, sondern durch die »enge Bindung der arbeitsorganisatorischen Maßnahmen an das Ziel einer Personalkostensenkung« (Mickler u. a. 1976: 451). Prinzipiell gibt es bei jeder Technik **arbeitsorganisatorische Spielräume**; diese werden von den Unternehmen jedoch aufgrund von Rentabilitätskalkülen nicht genutzt, so dass letztlich »gleiche« Technik mit ähnlichen Formen der Arbeitsorganisation korrespondiert.

Die technische Auslegung von Produktionsanlagen determiniert also nicht die Qualität der Arbeitstätigkeiten; mit der Polarisierungsthese konnte gezeigt werden, dass es diese Gleichläufigkeit nicht gibt.

Damit war eine Interpretationsfolie vorgegeben, an der die Industriesoziologie sich die nächsten Jahre abarbeitete. Sie war jedoch keineswegs unumstritten. In den einige Zeit später erscheinenden Forschungsarbeiten aus dem Frankfurter Institut für Sozialforschung, der Heimat der »Kritischen Theorie« von Max Horkheimer und Theodor W. Adorno, das mittlerweile einen starken Schwerpunkt in der Industriesoziologie hatte, wurde jedenfalls eine These vertreten, die im Unterschied zu den referierten Befunden auf eine doch eher eindeutige Linearität zwischen technischer Entwicklung und Arbeitsbedingungen hinauslief. Technik wurde begriffen als endogene Variable, als kapitalistische Technik, deren Nutzung auf eine Verbilligung von Arbeitskraft zielt und eine Dequalifizierung bewirkt. Dies wurde als »Subsumtionstheorem«, als Theorem der **reellen Subsumtion der Arbeit unter das Kapital** bekannt.

Seit Mitte der siebziger Jahre fanden in diesem Forschungsinstitut neben Untersuchungen zum Leistungslohn und zu den Gewerkschaften vor allem die Folgen der zunehmenden **Informatisierung** der Produktion, also des zunehmenden Einsatzes von Computern, gesteigertes Interesse und erhöhte Aufmerksamkeit. Als Problem aufgegriffen und in Form von empirischen Projekten bearbeitet wurde diese Thematik in zwei Computerstudien (Brandt u. a. 1978; Benz-Overhage u. a. 1983). Als Folge der zunehmenden Computerisierung wurden Entwicklungstendenzen diagnostiziert, die nicht unbedingt neu waren, die sich aber erheblich beschleunigten; gemeint waren insbesondere neue Formen der zeitökonomischen Durchdringung des Produktionsprozesses, eine zunehmende Abstraktifizierung der Arbeit[10] sowie eine verstärkte Verdrängung der Arbeit aus dem Produktionsprozess. Dies wurde als Ausdruck einer reellen Subsumtion der Arbeit unter das Kapital interpretiert. Damit wurde an eine Denkfigur bei Marx angeknüpft, demzufolge mit der Industrialisierung die Arbeitskraft zunächst formell dem kapitalistischen Produktionsprozess unterworfen wurde, der kapitalistische Arbeitsprozess aber erst dann zu einem spezifisch kapitalistischen geworden war, als die Arbeit auch reell dem Kapital subsumiert war, das heißt der Produzent zum bloßen Produktionsmittel und der sachliche Reichtum zum

10 Diese Bezeichnung geht zurück auf die Unterscheidung von Marx zwischen konkreter, Gebrauchswerte produzierender und abstrakter, Wert schaffender Arbeit. »Abstraktifizierung« meint die zunehmende Ausrichtung konkreter Arbeit an den Maximen der Wertproduktion, die sich in einer Reduktion von Arbeitsbereichen mit komplexen Anforderungen und einer fortschreitenden Reduzierung von Qualifikationsanforderungen äußert.

Selbstzweck geworden war (vgl. ausführlicher Marx 1969: 49ff.). Anders ausgedrückt: In der Frühphase der Industrialisierung wurde die Tätigkeit von Handwerkern in der Fabrik koordiniert; sie waren »formell« subsumiert, weil sich an ihrer Tätigkeit selbst nicht viel änderte, außer dass sie nun als lohnabhängige Tätigkeit ausgeübt wurde. Zu einer »reellen« Subsumtion wird dies, wenn auch die Tätigkeiten selbst nach kapitalistischen Prinzipien der Wertproduktion gestaltet werden. Dieser Prozess der reellen Subsumtion war erheblich beschleunigt, ja vervollkommnet worden durch Taylors »scientific management«. Denn dessen System zielte »vor allem auf die zeitökonomische Einordnung der Arbeit in einen maschinenbestimmten Produktionsablauf und dadurch auf die Unterwerfung der lebendigen Arbeit unter den kapitalistischen Produktionsprozess durch deren Zwangstiming« (Schmiede/Schudlich 1981: 90).

Durch die Standardisierung der Arbeitsabläufe wird die zeitökonomische Anpassung der Arbeit an den durch Technik bestimmten Produktionsablauf möglich und dies wiederum bewirkte nach der formellen auch die reelle Subsumtion der Arbeit unter das Kapital, so dass kapitalistische Rationalisierung und Taylorisierung des Arbeitsprozesses als mehr oder minder synonym angesehen werden konnten. Die Natur des kapitalistischen Produktionsprozesses als Verwertungsprozess lässt mithin die Form von Arbeit nicht unberührt; das Verwertungsprinzip schlägt durch bis in die Arbeitsinhalte, bis in den »unmittelbaren Arbeitsprozess«.

Allerdings läuft der Prozess der reellen Subsumtion nicht friktionslos ab, denn die tayloristische **Zeitökonomie** des Produktionsprozesses befindet sich in einem strukturellen Widerspruch zu den Anforderungen der **Marktökonomie**. Damit ist gemeint, dass der Markterfolg in immer umfassenderer Weise von Produktvielfalt, von Innovation, von Flexibilität abhängt – von Anforderungen also, deren Bewältigung von den durch die Taylorisierung, durch die an einer Zeitökonomie ausgerichteten Gestaltung des Produktionsprozesses erzeugten relativ starren arbeitsorganisatorischen Strukturen gerade verhindert wird. Insofern erzeugt der Kapitalismus seine inhärenten Widersprüche und dieser Widerspruch zwischen Zeit- und Marktökonomie ist strukturell bedingt und von anhaltender Wirksamkeit.

Computertechnologien nun eröffnen ein ganz neues Rationalisierungspotential. Denn diese Technologien sind geeignet, den strukturellen Widerspruch zwischen Zeit- und Marktökonomie abzumildern; genutzt als Organisations- und Steuerungstechnologien, wirken sie hin auf eine Reorganisation der Produktionsprozesse und auf »eine fortschreitende Unterwerfung der lebendigen Arbeit unter den kapitalistisch organisierten Produktionsapparat« (Benz-Overhage u. a. 1982: 98). Diese Technologien sind ein sehr wirksames Instrument zeitökonomischer Durchdringung und Rationalisierung der Produktion; sie versprechen, die differierenden Anforderungen von Markt- und Wertökonomie auf der einen und Produktions- und Zeitökonomie auf der anderen Seite wenn schon nicht zu beseitigen, so doch immerhin besser als bisher zu vereinbaren. Damit ist der Widerspruch von Zeit- und Marktökonomie nicht aufgehoben, aber die bisher durch die Anforderungen einer Marktökonomie erzeugten Grenzen der Zeitökonomie werden gewissermaßen erweitert – mit der Folge einer noch weiter zunehmenden reellen Subsumtion der Arbeit unter das Kapital. So gesehen muss die Nutzung mikroelektronischer Techniken im Arbeitsprozess als Fortsetzung und Verschärfung einer tayloristischen Arbeitsgestaltung interpretiert werden.

Ob der Prozess der reellen Subsumtion nun unumkehrbar ist oder nicht, ob er gestaltbar ist oder nicht, vor allem: ob er mit einer totalen Subsumtion aller Lebensbereiche unter das Kapital verbunden ist – dieses würde durchaus anknüpfen an die düsteren Prognosen in der »Dialektik der Aufklärung« von Horkheimer und Adorno –, das ist nicht ganz klar. Dieses Theorem hat seit den achtziger Jahren auch viel von seiner Bedeutung in der industriesoziologischen Diskussion verloren. Allerdings ist es als Denkfigur keineswegs aus der Diskussion verschwunden. Vor allem die herrschaftssoziologischen Aspekte des Subsumtionstheorems, die seinerzeit freilich kaum ausgelotet wurden, spielen in der modernen Industriesoziologie eine Rolle, wenn es um die verstärkte Nutzung der Subjektivität der Arbeitenden im Rahmen moderner Arbeitskrafteinsatzkonzepte geht (vgl. dazu Kap. 8.1).[11]

11 In den Göttinger Untersuchungen war also eine Polarisierung von Qualifikationen als Folge des technischen Wandels diagnostiziert worden, in den Frankfurter Untersuchungen lief es auf eine Dequalifizierung hinaus – und beides wurde bestritten von Fricke (1975). Er bemängelte, dass in den industriesoziologischen Untersuchungen Gestaltungsspielräume viel zu wenig berücksichtigt würden, dass es aber gerade darauf ankäme, diese Spielräume zum Zwecke beruflicher Emanzipation und Autonomie zu nutzen. Allerdings konnte diese Auffassung sich in der damaligen Zeit nicht nachhaltig Gehör verschaffen.

Für die Debatte um den Zusammenhang zwischen technischem Wandel und Industriearbeit lassen sich vor allem drei Punkte festhalten:

- der technische Wandel wurde als exogener Faktor begriffen, der prägenden Einfluss auf Arbeitsbedingungen und Qualifikationsanforderungen hat;
- im Laufe der Untersuchungen zeigte sich freilich, dass Arbeitsbedingungen und Qualifikationsanforderungen durch Technik nicht determiniert sind, da sich die Annahme einer allgemeinen Entwicklungsrichtung (»je mehr Automatisierung, desto besser (schlechter) die Arbeitsbedingungen«) als verkürzt herausstellte;
- daraus wurde die These einer Polarisierung der Arbeitsbedingungen und Qualifikationsanforderungen abgeleitet, die zwar nicht unumstritten war, aber weitere Untersuchungen stark bestimmte;
- der Einsatz der Computertechnologien rückte in das Blickfeld, von dem eine erhebliche Verschärfung der Arbeitsbedingungen erwartet wurde.

4.2 Das Bewusstsein der Arbeiter[12]

Einen gleichrangigen Schwerpunkt neben den Untersuchungen zu den Auswirkungen des technischen Wandels auf die Industriearbeit stellten die Forschungen zum Arbeiterbewusstsein dar. Dabei ging es um den **Zusammenhang zwischen Arbeitssituation und Bewusstsein**; es ging, auch wenn das explizit so kaum geäußert wurde, um die Alternative »Verbürgerlichung oder Klassenbewusstsein«, was von manchen insbesondere in der Renaissancephase der Industriesoziologie durchaus mit der Hoffnung auf die Arbeiterklasse als »revolutionäres Subjekt« verknüpft war.

Ob sich das kollektive Bewusstsein von Arbeitern, also das Bewusstsein von sich selbst als Arbeiterklasse durch den Wandel von Industriearbeit verändert, war Thema der Studie »Das Gesellschaftsbild des Arbeiters« (Popitz u. a. 1957b), die nicht nur von den gleichen Autoren verfasst ist wie »Technik und Industriearbeit«, sondern

12 Einen sehr detaillierten Überblick über die bis Mitte der achtziger Jahre gefertigten industriesoziologischen Studien zum Arbeiterbewusstsein gibt Voß (1984).

auch den gleichen Untersuchungsgegenstand (Stahlwerke im Ruhrgebiet) hat und sich wie schon die erste Studie durch innovative Forschungsmethoden auszeichnete; die Befunde wurden mittels einer in Deutschland damals völlig neuartigen Befragung von sechshundert Hüttenarbeitern mit Hilfe eines strukturierten Leitfadens erhoben.[13]

In dieser Studie ging es um die Einstellung der Industriearbeiter zur Gesellschaft. Ermittelt wurde ein **dichotomes Gesellschaftsbild**. Die Gesellschaft wird von Arbeitern als zweigeteilt erlebt, geteilt in ein »oben« und »unten«. Das ist kein revolutionäres Klassenbewusstsein, aber die Arbeiter haben ein Arbeiterbewusstsein, ein Bewusstsein von sich als Arbeiter, das ihnen eine Verortung innerhalb der Gesellschaft ermöglicht. Dieses Arbeiterbewusstsein enthält zwei verschiedenartige Elemente, das Leistungs- und das Kollektivbewusstsein. Das **Leistungsbewusstsein** ist stark gebunden an die Tatsache körperlicher Arbeit, was ein wesentliches Kriterium der Abgrenzung zur Arbeit von Angestellten ist,[14] doch es ist nicht Körperlichkeit allein: »Zu einem Moment seines allgemeinen Leistungsbewusstseins als Arbeiter wird sie erst durch die Verbindung mit der Produktivitäts- und Prioritätsvorstellung« (Popitz u. a. 1957b: 239), also durch die Vorstellung, dass nur sie, die Arbeiter, eine unmittelbare wertschaffende Leistung erbringen, die primäre Arbeit ist und eine fundamentale Voraussetzung für die gesellschaftliche Existenz insgesamt darstellt.

Dieses Leistungsbewusstsein dient in erster Linie einer Distanzierung gegenüber den »Anderen«. Sie wird jedoch nicht individuell vollzogen, denn im Bewusstsein des Einzelnen ist die jederzeitige Austauschbarkeit stets virulent; deswegen wird das Leistungsbewusstsein durch ein **Kollektivbewusstsein** ergänzt: »Das Selbstbewusstsein des Arbeiters als Arbeiter wird gesellschaftlich erst wirksam, wenn es ein Selbstverständnis als *Teil* der Arbeiterschaft impliziert« (Popitz u. a. 1957b: 240; Hervorhebung im Original).

---

13 Dass sich zudem die Forschungssituation wesentlich von einer heutigen unterscheidet – die Autoren wohnten ein dreiviertel Jahr in dem Ledigenheim des Werkes, das sie untersuchten –, sei nur am Rande erwähnt.

14 Es »scheint ihnen (den Arbeitern; H. M.) äußerst fraglich, ob die Angestellten wirklich arbeiten« (Popitz u. a. 1957b: 238).

Kollektivbewusstsein meint ein Verständnis des Arbeiters von sich selbst als Teil der Arbeiterschaft. Es ist das Bewusstsein eines gemeinsamen Schicksals, basierend auf der Erfahrung körperlicher Arbeit und der festen Überzeugung von der Produktivität dieser Arbeit. Demgegenüber diagnostizieren Kern/Schumann (1970) anderthalb Dekaden später als Ergebnis zahlreicher Arbeiterinterviews, die sie im Rahmen ihrer Untersuchung durchführten, entsprechend der Diversifizierung von Arbeitstätigkeiten auch eine Erosion des vormals einheitlichen Arbeiterbewusstseins. Vor allem der Verlust der Körperlichkeit bei moderner Automationsarbeit entzieht den Arbeitern die »Möglichkeit, als produktive Arbeitertätigkeit im klassischen Sinn interpretiert zu werden« (Kern/Schumann 1970: 284); der traditionelle Produzentenstolz ist brüchig geworden. Zwar bleibt das Arbeiterbewusstsein Kollektivbewusstsein, aber nur insofern als allen Arbeitern die Tatsache einer möglichen Ersetzbarkeit jederzeit präsent ist. Die Orientierungshilfen, die marxistisch-sozialistische Theorien bisher gegeben haben, sind geringer geworden, ein antagonistisches Gesellschaftsverständnis und ein darauf basierendes dichotomes Gesellschaftsbild ist nicht mehr charakteristisch – allerdings ebenso wenig ein harmonisierendes Gesellschaftsbild, in dem eine sich quasi automatisch vollziehende Nivellierung gesellschaftlicher Ungleichheiten angenommen wird. Insgesamt lassen sich Verhaltensorientierungen beobachten, die weniger auf eine arbeitsinhaltliche Orientierung denn auf eine **instrumentelle Einstellung** zur Arbeit hindeuten; Selbstbestätigung wird im Wesentlichen außerhalb der Arbeit gesucht und in der Arbeit nur ein Mittel zur Reproduktion und zur Befriedigung von Konsumentenwünschen gesehen (Kern/Schumann 1970: 285) – eine Diagnose, die freilich durch die »Septemberstreiks« im Jahre 1969,[15] also kurz vor Erscheinen der Studie, nicht unbedingt bestätigt wurde.

Die Befunde von Popitz u. a. (1957b) und Kern/Schumann (1970) differierten also hinsichtlich der Einheitlichkeit der kollektiven Bewusst-

15 Vgl. dazu weiter unten. Im Vorwort zu der 1985 erschienen Taschenbuchausgabe ihrer Studie bezeichnen Kern und Schumann diese Streiks als »praktische Kritik« ihrer Untersuchungskonzeption, die sich zu stark auf die Integration der Arbeiterschaft konzentriert und dadurch latente und manifeste Konfliktzonen zu wenig berücksichtigt hätte.

seinsstrukturen der Arbeiterschaft, sie glichen sich aber in zwei Punkten: Zum einen stimmten beide Studien darin überein, dass nichts auf ein Klassenbewusstsein im Sinne von Marx hindeutete; die Arbeiterschaft war, auch wenn die Autoren dies nicht als »Verbürgerlichung« verstanden wissen wollten, zumindest in ihrer großen Mehrheit in das politische System der Bundesrepublik integriert. Zum anderen gingen beide Studien von der Annahme aus, dass das Bewusstsein von Arbeitern wesentlich bestimmt ist durch die Arbeitssituation, durch ihre Erfahrung der Arbeit.

Die letztere Annahme blieb in der Folgezeit leitend für Studien, die den Zusammenhang zwischen Klassenlage und Bewusstseinsformen untersuchten,[16] um sich auf diese Weise von einer an sozialpsychologischer Einstellungsforschung orientierten »bürgerlichen« Wissenschaft abzugrenzen. In dem Zweig, der sich einer strengen Marx-Exegese verpflichtet sah, erwies sich dies freilich als ein Vorhaben, das empirisch mehr oder minder undurchführbar und auch theoretisch wenig ertragreich war. Bedeutsamer waren Versuche, **Dimensionen des Arbeiterbewusstseins** zu differenzieren. So kam eine Erlanger Forschungsgruppe (Kudera u. a. 1979), die einer durchaus orthodoxen, an Marx angelehnten Interpretation der Bedeutung des Lohnarbeitsverhältnisses für Bewusstseinsinhalte folgte, auf Basis von leitfadengestützten, sehr ausführlichen Interviews mit Beschäftigten aus zwei Betrieben der Investitionsgüterindustrie zu einer Typologisierung des Arbeiterbewusstseins in Bezug auf die Interessenorientierung, die Gewerkschaftseinstellung und die Mitbestimmungsorientierung. Und auch das Gesellschaftsbild der Arbeiter ließ sich differenzieren, und zwar in »die Gesellschaft als Klassengesellschaft«, »die Gesellschaft als Welt der Armen und Reichen«, »die Gesellschaft als Dichotomie von Oben und Unten« und »die Gesellschaft als funktionelle Hierarchie«. Unter dem Strich konnte festgestellt werden, dass die Lage der Arbeiter charakterisiert ist durch ein Arrangement mit dem Status quo. Zwar ist die Hoffnung auf Verbesserungen der eigenen gesellschaftlichen Situation durch Reformen von Skepsis

16 Dabei rückte zunehmend auch das »Angestelltenbewusstsein« in den Fokus des Interesses; darauf kann hier nicht eingegangen werden.

geprägt, doch mit »der bestehenden gesellschaftlichen und politischen Ordnung hat man sich abgefunden« (Kudera u. a. 1979: 373).

Dies wurde bestätigt durch eine Untersuchung, die in der Werftindustrie, also einer damals stark von der ökonomischen Rezession betroffenen Industrie, durchgeführt wurde (Schumann u. a. 1982).

Diese Studie zeigte auch, dass »zwei zentrale Merkmale des Arbeiterbewusstseins – das Leistungsbewusstsein vom besonderen gesellschaftlichen Wert der eigenen Tätigkeit als produktiver Arbeit und das Bewusstsein von der gemeinsamen ›Eingeschlossenheit in das Arbeiterschicksal‹ (...) –, die beide eine hohe Bedeutung haben für die Herausbildung solidarischen Selbstbewusstseins und gesellschaftlicher Identität, für zunehmend weniger Arbeiter gelten« (Schumann u. a. 1982: 533). Während bei Popitz u. a. (1957b) noch die Mehrheit der Hüttenarbeiter ein auf körperlicher Arbeit beruhendes Leistungsbewusstsein reklamierte, war eine solche Haltung jetzt nur noch bei jedem dritten Werftarbeiter auszumachen. Und auch im Kollektivbewusstsein der Arbeiter zeichneten sich Veränderungen ab: Zwar war das Bewusstsein gesellschaftlicher Benachteiligung als Arbeiter ungebrochen, aber die Existenz als Arbeiter galt zunehmend weniger als schicksalhaft vorgegeben und unentrinnbar; gesellschaftlicher Aufstieg erschien zunehmend individuell denkbar und möglich. Was sich ein gutes Jahrzehnt zuvor in »Industriearbeit und Arbeiterbewusstsein« (Kern/Schumann 1970) bereits abgezeichnet hatte, konnte nun als erwiesen gelten.

Diese Studie von Schumann u. a. (1982) zeichnete sich durch einen neuen konzeptionellen Ansatz aus, mit dem die Überlegungen zweier prominenter industriesoziologischer Ansätze, nämlich die Überlegungen des »Münchener Betriebsansatzes« – der Betrieb als Bezugspunkt[17] – und die Überlegungen des Göttinger SOFI – der Arbeitsplatz als Bezugspunkt – zusammengebracht und weiterentwickelt werden sollten. Dazu wurde unterschieden zwischen der **Kapitalperspektive** und der **Arbeiterperspektive**. In der Kapitalperspektive wurden betriebliche Rationalisierungsentscheidungen analysiert, die gleichgültig sind gegenüber den Arbeitsfolgen; negative Effekte von Rationalisierung sind kein intendiertes Resultat, sondern mittelbare Folge einer Optimierung von Produktionsabläufen, weil jene Lösungen präferiert werden, die dem ökonomischen Kalkül am ehesten entsprechen. In der Arbeiterperspektive standen eben diese Wirkun-

17 Vgl. dazu ausführlicher Kap. 6.1.

gen betrieblicher Rationalisierung auf die Arbeitssituation der Beschäftigten im Mittelpunkt. Dabei wurde nochmals differenziert zwischen **Arbeitskraft-Perspektive**, in der es um das »objektive« Interesse des Lohnarbeiters an einem möglichst günstigen Verkauf seiner Arbeitskraft ging, und der **Subjekt-Perspektive**, mit der die Elemente der Arbeitssituation in den Blick genommen werden sollten, mit denen der Arbeiter sich auf seine Arbeit als »subjektive und sinnhafte Tätigkeit bezieht« (Schumann u. a. 1982: 27). Diese Arbeiterperspektive stellte das Scharnier dar zwischen der Kapitalperspektive und der Bewusstseinsanalyse; sie war der zentrale Bezugspunkt, »mittels derer (...) die Arbeiter (sich) ihre Arbeits- und Berufssituation und deren Veränderung aneignen und die ihre Wahrnehmung bestimmen« (Schumann u. a. 1982: 30). Auf diese Weise wurde versucht, die »falsche Polarität von nur objektiver und/oder nur subjektiver Interpretation« (Schumann u. a. 1982: 25) zu vermeiden und Bewusstsein »auf dem Hintergrund berufsbiographischer Erfahrungen und ausgewiesener Rationalisierungsbetroffenheit zu analysieren« (Schumann u. a. 1982: 30).

Es war ein Verdienst dieser »Werftarbeiterstudie«, darauf hinzuweisen, dass das Arbeitsbewusstsein sich nicht allein aufgrund einer objektiven Stellung im Produktionsprozess konstituiert, sondern dass dies immer auch gebrochen ist durch die Arbeiterperspektive, in der nicht nur die objektiven Interessen der Arbeiter als Lohnarbeiter von Bedeutung sind, dass dem Bewusstsein von Arbeitern also immer auch subjektive Aneignungsprozesse zugrunde liegen, die allerdings wiederum nicht zu verstehen sind ohne Bezug auf ihre objektive Stellung. Arbeiter nehmen die Aspekte ihrer Arbeitssituation sowohl in einer Arbeitskraft- wie auch einer Subjekt-Perspektive wahr, haben also einen »doppelten Bezug auf Arbeit«. Es ist somit nicht zufällig, dass nun die Rede von »Arbeitsbewusstsein«, nicht mehr jedoch von »Arbeiterbewusstsein« ist.

Der ehemals angenommene strenge Zusammenhang zwischen Arbeitssituation und Gesellschaftsbild des Arbeiters konnte damit als widerlegt gelten. Andere Studien setzten stärker noch auf den »subjektiven Faktor«. Damit ist nicht die arbeitspsychologisch fundierte Forschung zur Arbeitszufriedenheit gemeint; die Bewusstseinsforschung der Industriesoziologie erschöpfte sich, wie erwähnt, nicht in dieser Frage, sondern zielte mehr auf (kollektive) Muster, die (rück-) bezogen wurden auf die soziale Situation, die wiederum lange Zeit in eins gesetzt wurde mit der Situation im Arbeitsprozess. Die Einführung des »subjektiven Faktors« war der Erkenntnis geschuldet, dass der Zusammenhang zwischen erfahrener Arbeitssituation und Bewusstsein nicht als linearer zu denken ist, sondern durch Interpretationsleistungen des Subjekts gebrochen ist. So machte Hack (1977) die Eigenlogik der subjektiven Konstitution von Bewusstsein geltend, die sich freilich nicht auf eine rein psychische Wirklichkeit etwa in Form von Vorstellungen oder Träumen reduzieren lässt, sondern »deren Bedeutung aus dem Kontext der objektivierten Konstitutionsmechanismen« (Hack 1977: 9) entwickelt werden muss, so dass die Konstitution von Bewusstsein einen genuin soziologischen Sachverhalt darstellt; das Subjekt eignet sich die objektiven Bedingungen an, was immer auch eine produktive Leistung darstellt, so dass die Formen der Aneignung von Realität äußerst vielfältig sind.

Dem wurde entgegengehalten, dass Arbeitsbewusstsein sich nicht nur in der Sphäre der industriellen Produktion konstituiert, so dass zu »einer politischen Ökonomie der Ware Arbeitskraft (...) eine sozialpsychologisch fundierte Theorie proletarischer Identitätsbildung hinzutreten« (Becker-Schmidt 1982: 297) muss, was eine Erweiterung des bis dato in der Industriesoziologie üblichen Begriffs von Arbeit impliziert: Nicht nur Erwerbsarbeit, sondern auch Hausarbeit, Sozialisationsarbeit und Beziehungsarbeit sollten in die Analyse einbezogen werden, da Arbeit in der beruflichen Sphäre nicht zu verstehen ist ohne Bezug auf Arbeit in der häuslichen Sphäre (und umgekehrt).

Dies war der Ausgangspunkt von psychologisch orientierten (in diesem Fall ausschließlich) Forscherinnen, die die widersprüchlichen Erfahrungen von Akkordarbeiterinnen[18] in Familie und Fabrik untersuchten. »Nicht wir haben die Minuten, sondern die Minuten haben uns« (Becker-Schmidt u. a. 1982), so haben sie die Erfahrungen der Arbeiterinnen zusammengefasst, und zwar in der Fabrik ebenso wie zu Hause. Der Arbeitstag wird ebenso wie auch die Präsenzpflicht zu

18 Diese Forschungen stellten gewissermaßen den »Einfall« der Geschlechterperspektive in die Industriesoziologie dar, die sich um Geschlechterdifferenzen wenig gekümmert hatte; nicht umsonst ging es bislang um das »Arbeit*er*bewusstsein«.

Hause als ambivalent erlebt, als gegeneinander widersprüchlich organisierte Bereiche: bei der Arbeit gibt es die Erfahrung der Kooperation, die zu Hause fehlt, in der Familie gibt es das Erleben der Menschlichkeit, das in der Fabrik fehlt. Es ist der Mangel der einen Sphäre, der die andere in bestimmten Aspekten positiv erscheinen lässt. Subjektivität ist demzufolge nicht widerspruchsfrei und somit kann auch das industrielle Arbeitsbewusstsein entsprechend der subjektiv bedeutsamen Erfahrungskontexte nicht monolithisch sein, sondern zeichnet sich durch eine dreifache Dynamik aus, die von Becker-Schmidt (1982: 304ff.) so zusammengefasst wird: »Fremdbestimmte Kombination bei gleichzeitiger Vereinzelung, Vermassung bei gleichzeitiger Individualisierung sowie kollektive/kollegiale Kooperation und politische/soziale Sozialisation bei gleichzeitigem Anpassungsdruck.«

Der Betrieb stellt somit eine eigene »betriebliche Lebenswelt« (Volmerg u. a. 1986) dar, die eng mit der psychischen Struktur der Menschen verwoben ist. Diese Erkenntnis markierte in gewisser Weise den Endpunkt einer industriesoziologischen Bewusstseinsforschung. Braczyk u. a. (1982: 37) hatten keinen Zweifel gehegt, dass industriesoziologische »Bewusstseinsforschung (...) neuer Rechtfertigung und Abgrenzung, vielleicht auch veränderter disziplinübergreifender Anlage« bedürfe, und zwei Jahre später vermutete Brandt (1984), dass mehr »als andere Zweige der Industriesoziologie (...) die Bewusstseinsforschung andere sozialwissenschaftliche Disziplinen für ihre Arbeit nutzen zu können« scheint – gleichwohl, es blieb bei dieser Hoffnung; Konzepte, die auf einer eher phänomenologischen Grundlage den Lebenswelt-Ansatz nutzten, (berufs-)biographische Forschung etc. spielten in der Industriesoziologie keine herausgehobene Rolle mehr. Es wurden kaum noch Versuche unternommen, Arbeitserfahrung und subjektive Deutungen mit den gesellschaftlichen Bedingungen der Vermarktung von Arbeitskraft zu verbinden. Erst neuerdings wird, aber auch eher am Rande der Diskussion, die Frage neu gestellt. Dabei geht es nicht mehr um die Alternative »verbürgerlicht oder klassenbewusst«, sondern um die »Arbeitersolidarität«. Nachdem mit den neuen Formen der Arbeitsorganisation die Taylorisierung von Arbeitsprozessen zurückgedrängt wurde (vgl. Kap. 7.1), ist auch die gemeinsame Erfahrung einer Arbeit, die sich abgrenzen ließ gegen Angestelltenarbeit, nicht mehr in gleichem Maße vorhanden. Dies geht aber offenbar nicht generell einher mit einer Erosion der Arbeitersolidarität; allerdings ändern sich deren Grundlagen: Nicht mehr die gemeinsame Erfahrung in taylorisierten Arbeitsprozessen ist ausschlaggebend, sondern die Erfahrungen von Kooperation und Kollegialität in selbstorganisierter Gruppenarbeit (vgl. Kuhlmann/Schumann 2000).

Als wichtige Punkte der Forschungen zum Bewusstsein von Arbeitern lassen sich folgende Ergebnisse festhalten:

- alle Studien bestätigten, dass die Arbeiter sich mit dem politischen System der Bundesrepublik Deutschland arrangiert hatten, auch wenn sie die Gesellschaft in ein »oben« und ein »unten« geteilt sahen;
- der ehemals angenommene enge Zusammenhang zwischen Arbeitssituation und Bewusstsein erwies sich als zu kurz gegriffen, da subjektive Aneignungsprozesse der Arbeitssituation durch die Arbeiter mit in Betracht gezogen werden mussten;
- für solche subjektiven Aneignungsprozesse sind auch Erfahrungen in der außerberuflichen Lebenswelt von Bedeutung, in der ebenfalls Arbeit stattfindet, wenn auch nicht in Form von Erwerbsarbeit.

4.3 Austauschbeziehungen zwischen Kapital und Arbeit: Die Bedeutung von Gewerkschaften

Im Kampf um Lohn- und Arbeitsbedingungen entzünden sich industrielle Konflikte. Dabei spielen die Organisationen der **kollektiven Interessenvertretung** eine hervorgehobene Rolle. Gewerkschaften sind damit quasi automatisch ein wichtiger Forschungsgegenstand der Industriesoziologie. Untersucht werden die Möglichkeiten kollektiver Interessenvertretung, auch unter Inkaufnahme von Konflikten, auf die Gestaltung der Arbeitsverhältnisse Einfluss zu nehmen.

Um die Rolle und Funktion von **Gewerkschaften** zu verstehen, ist ein kurzer Überblick über die Ausformung der kollektiven Interessenvertretung von Arbeitnehmern in Deutschland erforderlich.[19] Sie zeichnet sich im Unterschied zu anderen westlichen Nationen durch ihre **duale Struktur** aus. Für die betriebliche Ebene ist der **Betriebsrat** zuständig. Er ist (vgl. ausführlicher Schmidt/Trinczek 1999b) gemäß dem Betriebsverfassungsgesetz dem Wohl des Betriebes verpflichtet, wird von den Betriebsangehörigen gewählt, ist also ein gewerkschaftsunabhängiges Organ und hat genau festgelegte Mitbestimmungs-, Mitwirkungs- und Informationsrechte. Maßnahmen des Arbeitskampfes können von ihm nicht ausgerufen werden; im Streitfall bleibt ihm lediglich die Einschaltung der Einigungsstelle, einer betrieblichen Schlichtungsinstanz, oder der Gang zum Arbeitsgericht. In Betrieben mit fünf und mehr Beschäftigten ist die Einrichtung eines Betriebsrates gesetzlich vorgeschrieben, ohne dass dies jedoch realisiert ist; in vielen Kleinbetrieben existiert kein Betriebsrat, da die Einrichtung dieser Institution die Initiative der Belegschaftsangehörigen voraussetzt, die in solchen Betrieben darauf oftmals aus den unterschiedlichsten Gründen verzichten. Zwar arbeiten fast die Hälfte aller Beschäftigten in Deutschland in Betrieben mit einem Betriebsrat, doch viele Betriebe sind eine »betriebsratsfreie« Zone. So ist laut Ellguth (2003) nur in jedem neunten betriebsratsfähigen Unternehmen der Privatwirtschaft ein Betriebsrat vorhanden, wobei dieser geringe Wert vor allem durch die zahlenmäßig dominierenden Klein- und Mittelbetriebe zustande kommt; in den Betrieben mit fünf bis fünfzig Beschäftigten ist überhaupt nur in jedem vierzehnten Betrieb ein Betriebsrat vorhanden.

Seit der Reform des Betriebsverfassungsgesetzes im Jahre 2001 ist ab 200 Beschäftigten ein Betriebsratsmitglied freigestellt, arbeitet also ausschließlich für die Interessenvertretung. Der Betriebsrat kann mit der Geschäftsleitung seines Unternehmens zu einzelnen Punkten Betriebsvereinbarungen abschließen. Diese müssen sich im Rahmen der geltenden Tarifvereinbarungen bewegen, die von Arbeitgeberverbänden und Gewerkschaften abgeschlossen werden und jeweils für bestimmte Branchen gelten.

---

19 Ich beschränke mich auf das Nötigste, weil es dazu leicht beschaffbare Einführungsliteratur gibt; vgl. etwa Müller-Jentsch (1997: 260ff.; 2003: 95ff.).

Die überbetriebliche Interessenvertretung ist Aufgabe der Gewerkschaften. Sie sind überwiegend **Einheitsgewerkschaften**, das heißt weltanschaulich neutral, und als Industriegewerkschaften, das heißt nach Sektoren organisiert. Deren Dachverband ist der Deutsche Gewerkschaftsbund (DGB), der heute acht Einzelgewerkschaften[20] umfasst, von denen die IG Metall und die Vereinigte Dienstleistungsgewerkschaft ver.di die nach Mitgliederzahlen größten sind. Gewerkschaften beruhen auf freiwilliger Mitgliedschaft und ziehen aus der Anzahl ihrer Mitglieder ihre Stärke (bzw. Schwäche). Das Organ der Gewerkschaften in den Betrieben sind die gewerkschaftlichen Vertrauensleute; Mitglieder des Betriebsrates können auch Mitglied der für ihren Betrieb zuständigen Gewerkschaft sein (und sind es meist auch), sie müssen es aber nicht.

Ein weiteres Spezifikum des deutschen Systems der Interessenvertretung ist die **Mitbestimmung auf Unternehmensebene**. Sie ist geschaffen worden in der Montanindustrie, also in der Stahlindustrie und im Bergbau und 1976 erweitert worden auf alle Kapitalgesellschaften mit mehr als 2000 Beschäftigten. Mitbestimmung erfolgt im Aufsichtsrat, der paritätisch besetzt wird durch Vertreter von Anteilseignern und Arbeitnehmern, wobei die »Arbeitnehmerbank« gebildet wird von Betriebsangehörigen und Gewerkschaftsvertretern. Die Anteilseigner haben bei strittigen Entscheidungen allerdings die Mehrheit, da in diesem Fall die Stimme des von ihnen gestellten Vorsitzenden doppelt zählt. Vorgesehen ist außerdem die Position des Arbeitsdirektors, der im Vorstand zuständig ist für den Personalbereich und in der Regel nicht gegen den Willen der Arbeitnehmerseite bestellt wird.

Die Untersuchungen in diesem Bereich richteten sich bis in die achtziger Jahre vor allem auf die überbetriebliche Interessenvertretung, weniger auf die betriebliche, die erst später zum Thema wurde. Das beinhaltete zum einen Untersuchungen in Sachen Unternehmensmitbestimmung. So hatte bereits eine Forschergruppe in den fünfziger Jahren die **Mitbestimmung** in den Betrieben der Montanindustrie untersucht und war trotz aller »Gleichgewichtsstörungen« im Management, die als Folge der damals neu eingerichteten Position

20 Bis in die neunziger Jahre waren es noch sechzehn Gewerkschaften.

des Arbeitsdirektors diagnostiziert wurden, vorsichtig optimistisch hinsichtlich der Zukunft der Mitbestimmung, da sie einen »kollektiven Konsens der Belegschaften zu Idee und Wirklichkeit der Mitbestimmung« (Pirker u. a. 1955: 421) ermittelten. Dreißig Jahre später stand die Unternehmensmitbestimmung nochmals auf dem Prüfstand; Bamberg u. a. (1984) untersuchten in einer gewerkschaftsorientierten Perspektive die durch die Novellierung des Mitbestimmungsgesetzes 1976 bewirkten Veränderungen in der Mitbestimmungspraxis und attestierten dieser Unternehmensmitbestimmung eine, gemessen am Montanmodell, nur sehr unzureichende Verwirklichung gewerkschaftlicher Vorstellungen.

Allerdings blieb die Frage der kollektiven Interessenvertretung der Arbeitnehmer bis zur Renaissancephase der Industriesoziologie ein eher randständiges Thema. Dies änderte sich erst mit den bereits erwähnten **Septemberstreiks** von 1969. Dabei handelte es sich um Streiks von Arbeitern in der Montan- und verarbeitenden Industrie, die – je nach politischer Ausrichtung – als »wild«, »spontan« oder »inoffiziell« bezeichnet wurden. Es ging um Lohnerhöhungen, die fast ausnahmslos auch durchgesetzt wurden, wobei die Streikdauer von einigen Stunden bis zu mehreren Tagen reichte. Das Bemerkenswerte dieser Streiks waren nicht die Forderungen der Streikenden; Auseinandersetzungen um die Lohnhöhe sind gewissermaßen alltägliches Brot im Austausch zwischen Kapital und Arbeit. Bemerkenswert war die Tatsache, dass sie nicht von den Gewerkschaften organisiert waren, sondern sich auf betrieblicher Ebene entwickelt hatten. Von manchen wurde darin der Anfang der »Rekonstruktionsperiode der Arbeiterklasse« vermutet, also der (Wieder-)Aufstieg der Arbeiterklasse zu einem wenn schon nicht »revolutionären«, so doch wenigstens »emanzipatorischen Subjekt«. Auch wenn diese Vermutung nicht geteilt wurde, konnte zumindest gefragt werden, aus welchen Gründen der Gewerkschaftsapparat, also die Funktionäre nicht in der Lage gewesen waren, den Streik zu organisieren und sich zum Teil sogar gegen den Streik gestellt hatten.

Dies war der Ausgangspunkt der Gewerkschaftsforschung seit Mitte der siebziger Jahre, in der untersucht wurde, in welchem Ausmaß Gewerkschaften eingebunden sind in das kapitalistische System und inwieweit sie noch die Interessen ihrer Mitglieder vertreten.

Diese Forschung wurde insbesondere am Frankfurter Institut für Sozialforschung (vor allem Bergmann u. a. 1974), aber auch an der Dortmunder Sozialforschungsstelle (vgl. als Resümee Martens 1992) betrieben.

Die Frankfurter Untersuchung fragte danach, was die Gewerkschaften für die ökonomischen Interessen ihrer Mitglieder, was sie für die Emanzipation der Arbeiterklasse und welchen Beitrag sie zur Stabilität bzw. Instabilität des spätkapitalistischen Systems erbringen. Dabei wird davon ausgegangen, dass Gewerkschaften nicht als autonom handelnde Interessenorganisationen angesehen werden können, da der Einfluss ihrer Tarifpolitik auf den ökonomischen Gesamtprozess erheblich ist und Gewerkschaften dieses in ihrer Politik immer mitbedenken (müssen). Zugleich wird an anderen Gewerkschaftstheorien kritisiert, dass den Mitgliedern zu geringe Bedeutung eingeräumt wird: »Gewerkschaftliche Politik erscheint in diesen Theorien als verselbstständigt gegenüber den Interessen der Mitglieder. In konservativen Versionen schießen die Forderungen der Funktionäre über die Mitgliederinteressen hinaus, in revolutionären bleiben sie hinter den subjektiven und objektiven Interessen der Arbeiterklasse zurück« (Bergmann u. a. 1974: 24).

Gewerkschaften sind also eingebunden in den ökonomischen Prozess ebenso wie in den Willensbildungsprozess ihrer Mitglieder, von dem der »Apparat« sich nur in Grenzen separieren kann. Beides zusammen verhindert die damals von manchen erhoffte Wandlung zu einer revolutionären Kampforganisation; Gewerkschaften sind pragmatisch verfahrende Interessenorganisationen, die die Interessen ihrer Mitglieder vertreten und zugleich Rücksicht nehmen müssen auf die Imperative der Kapitalverwertung. »Das heißt, ihre Politik ist weder bloßer Reflex einer – objektivistisch missverstandenen – ›Bewegung des Kapitals‹ noch die von verselbstständigten bürokratischen Apparaten einer von den ›Massenarbeitern‹ abgespaltenen ›Arbeiteraristokratie‹« (Bergmann 1979: 7).

Letztlich bleibt Gewerkschaften nur die Wahl zwischen zwei Strategien, einer **kooperativen** bzw. einer **konfliktorischen**. Bei beiden Typen handelt es sich um eine pragmatische Politik auf dem Boden des bestehenden Wirtschaftssystems, das allenfalls programmatisch überschritten wird. Kooperative Gewerkschaften unterscheiden sich von konfliktorischen darin, dass sie nicht ihr volles Machtpotential einsetzen, dass sie die Zentralisierung ihrer Entscheidungsprozesse benötigen, um verbindlich mit Staat und Unternehmen verhandeln zu können, und dass sie auf die Verrechtlichung des Arbeitskampfes angewiesen sind. Auf diese Weise verstärken kooperative Gewerkschaften die Stabilität des Systems und die Apathie ihrer Mitglieder; in der Verhinderung der Politisierung ihrer Mitglieder für weitergehende Interessen und in der Unterbindung der Artikulation nicht vertretener Interessen besteht geradezu die Funktion kooperativer Gewerkschaften.

Unschwer zu erkennen, dass die große Mehrheit der deutschen Gewerkschaften zu diesem Gewerkschaftstypus gerechnet werden kann. Aber die Entscheidung für eine solche Strategie kann nicht von dem »Apparat« allein getroffen werden; erforderlich ist die Zustimmung der Mitglieder: Gewerkschaften können »ihre Entscheidung für oder gegen eine Kooperation nicht ohne Berücksichtigung der Mitgliederinteressen treffen. Als freiwillige Mitgliederorganisationen müssen sie sich gegenüber ihren Mitgliedern durch Erfolge in der Tarifpolitik legitimieren. Die Mitglieder erwarten von den Gewerkschaften eine ständige Vertretung ihrer Interessen; insbesondere gilt dies für das Interesse an höheren Löhnen und sicheren Arbeitsplätzen« (Bergmann u. a. 1974: 33).

Daraus ergibt sich aber auch das »Dilemma kooperativer Gewerkschaftspolitik« (Bergmann u. a. 1974: 42): Auf der einen Seite müssen sie diese Interessen vertreten, wollen sie nicht durch Mitgliederschwund verhandlungsunfähig werden, auf der anderen Seite ist ihre Politik an die Aufrechterhaltung der vorhandenen ökonomischen Spielräume geknüpft, was die umfassende Vertretung der Mitgliederinteressen gerade begrenzt, da eine zu radikale Interessenvertretung die Funktionsbedingungen des Wirtschaftssystems schädigen könnte. Kooperative Gewerkschaftspolitik ist also umso eher möglich, je mehr die Wirtschaft prosperiert, weil dann auch Interessen der Mitglieder vertreten werden können – oder anders herum: Je mehr die Wirtschaft in die Rezession gerät, um so eher gerät auch eine kooperative Gewerkschaftspolitik in die Krise.

Dies jedenfalls ist die Vermutung der Autoren. Umso erstaunter waren sie (vgl. das Vorwort der 1979 erschienenen dritten Auflage), dass die von ihnen nicht vorhersehbare Massenarbeitslosigkeit seit 1974 ohne Loyalitätskrise hingenommen wurde. Das veranlasste sie, die Vorstellung von Gewerkschaften als Vermittlungsinstitution zwischen ökonomischer Lage und Mitgliederinteressen zu präzisieren, indem sie zusätzlich »Selektionsmechanismen« (Mitglieder- und Repräsentationsstruktur, Arbeitsteilung zwischen Gewerkschaft, betrieblicher Interessenvertretung und staatlicher Sozial- und Wirtschaftspolitik sowie Traditionen und politische Orientierung; vgl. Bergmann u. a. 1979: 10ff.) einführten, um die offensichtliche Stabilität kooperativer Gewerkschaftspolitik auch bei veränderten ökonomischen Rahmenbedingungen zu erklären. Dies wurde weiter ausgearbeitet im Begriff der Gewerkschaft als **intermediäre Organisation** (Müller-Jentsch 1982), mit dem deutlich gemacht werden sollte, dass Gewerkschaften unterschiedliche Interessen auszugleichen haben und dass eine solche Vermittlungsfunktion die Vertretung von Arbeitnehmerinteressen als antagonistische Klasseninteressen ausschloss.

Dies bedeutete auch, dass – bei aller Differenzierung – kooperative und konfliktorische Politik nicht als Alternativen, sondern als Varianten auf einem Kontinuum anzusehen sind: »Gemeinsam ist allen drei[21] Varianten der Interessenvermittlung die pragmatisch orientierte, auf Ausgleich und Kompromiss zielende Interessenpolitik unter faktischer Anerkennung der kapitalistischen Verwertungszwänge und Marktgesetzlichkeiten als Rahmenbedingungen gewerkschaftlichen Handelns« (Müller-Jentsch 1982: 420).

Auch eine konfliktorische Gewerkschaftspolitik ist nicht als eine antikapitalistische Politik zu verstehen, sondern eher als ein »Störverhalten zur Erzwingung von Konzessionen«, das freilich riskant ist, da es massive Gegenoffensiven der Arbeitgeber etwa in Form von großflächigen Aussperrungen nach sich ziehen kann. Deswegen »ist konfliktorische Politik in sich instabil. Soll sie nicht in kooperative Stillhaltepolitik zurückfallen, bleibt den Gewerkschaften als prekärer Ausdruck nur, ihre Kooperation bei der Lösung schwieriger ökonomischer Problemlagen (...) unter Bedingungen zu stellen, die auf strukturelle Reformen ›unterhalb der Systemebene‹ hinauslaufen. Die Schlussfolgerungen hieraus lauten, dass die Stabilitätspotentiale und -mechanismen wesentlich tiefer als angenommen in den gesellschaftlichen Verhältnissen wurzeln« (Müller-Jentsch 1982: 429).

Damit war endgültig Abschied genommen von allen Hoffnungen, dass Gewerkschaften als »Interessenorganisationen der Arbeiterklasse« zu einer grundlegenden Umstrukturierung des kapitalistischen Wirtschaftssystems beitragen oder als »umfassende Klassenorganisationen« wenigstens wieder zu sozialen Bewegungen werden würden (vgl. zu derartigen Deutungen im Rückblick Martens 1992: 64); statt

21 Die Rede war auch noch von der Politik des »Social Contract«-Bargaining, die aber bei den weiteren Analysen keine Rolle mehr spielte.

dessen wurde das »konservative Moment der Gewerkschaftsbewegung« (Deutschmann 1981) herausgestellt. Diese Desillusionierung war aber zugleich Ausgangspunkt einer Beschäftigung mit Gewerkschaften, die diese nicht mehr mit politischen Ansprüchen überfrachtete, sondern sie in ihrer Funktionsweise analysierte und dabei nicht mehr nur die Gewerkschaften, sondern verstärkt auch die betriebliche Interessenvertretung in den Blick nahm. Insofern führte die Desillusionierung nicht zu einem Ende der industriesoziologischen Gewerkschaftsforschung, sondern war Ausgangspunkt von Forschungen, die unter der Bezeichnung »industrielle Beziehungen« weitergeführt wurden (Müller-Jentsch 1997).

Die industriesoziologische Gewerkschaftsforschung in den achtziger Jahren hat folgende wichtige Ergebnisse erbracht:

- Gewerkschaften sind Mitgliederorganisationen, die sich nicht abkoppeln können von den Interessen ihrer Mitglieder;
- in der Vertretung der Mitgliederinteressen haben sie die wirtschaftliche Gesamtlage zu beachten, so dass eine »konfliktorische« Gewerkschaftspolitik mit Risiken behaftet ist;
- sie sind keine »Interessenorganisationen der Arbeiterklasse«, sondern »intermediäre Organisationen«.

Orientierungsfragen:

1. Was besagt die Polarisierungsthese?
2. Diskutieren Sie den Zusammenhang zwischen Arbeitssituation und Arbeitsbewusstsein!
3. Weswegen sind Gewerkschaften intermediäre Organisationen?
4. Welche Bedeutung hat Technik für die Arbeitsorganisation?
5. Was bedeutet das »duale System der Interessenvertretung«?

Weiterführende Literatur:

Bergmann, Joachim/Jacobi, Otto/Müller-Jentsch, Walther (1974), Gewerkschaften in der Bundesrepublik – Band 1: Gewerkschaftliche Lohnpolitik zwischen Mitgliederinteressen und ökonomischen Systemzwängen, Frankfurt/New York.

Die einflussreiche Studie, die Gewerkschaften erstmals im Spagat zwischen Vertretung von Mitgliederinteressen und Einbindung in das kapitalistische Wirtschaftssystem untersuchte.

Kern, Horst/Schumann, Michael (1970), Industriearbeit und Arbeiterbewußtsein – Teil I, Frankfurt.

Klassische Untersuchung zum Zusammenhang von Arbeitsbedingungen und Bewusstsein; gehört auch wegen der detaillierten Arbeitplatzanalysen nach wie vor zum Standardrepertoire von Arbeits- und Industriesoziologen.

Kudera, Werner/Mangold, Werner/Ruff, Konrad/Schmidt, Rudi/Wentzke, Theodor (1979), Gesellschaftliches und politisches Bewußtsein von Arbeitern – Eine empirische Untersuchung, Frankfurt.

Gutes Beispiel für den Versuch, vor dem Hintergrund Marxscher Theorie auf empirischer Basis zu einer Typologisierung des Arbeiterbewusstseins zu gelangen.

Popitz, Heinrich/Bahrdt, Hans Paul/Jüres, Ernst August/Kesting, Hanno (1957a), Technik und Industriearbeit – Soziologische Untersuchungen in der Hüttenindustrie, Tübingen.

Popitz, Heinrich/Bahrdt, Hans Paul/Jüres, Ernst August/Kesting, Hanno (1957b), Das Gesellschaftsbild des Arbeiters – Soziologische Untersuchungen in der Hüttenindustrie, Tübingen.

Die beiden klassischen Studien der Gründungsphase, in denen die die Arbeits- und Industriesoziologie in den zwei folgenden Jahrzehnten beherrschenden Themen – Technik und Bewusstsein – vorweggenommen wurden.

5. Der Betrieb als soziales System

Erwerbsorganisationen, also Betriebe und Verwaltungen, sind der Ort der Güter- und Leistungsproduktion; hier werden Strategien der Transformation von Arbeitskraft in Arbeit entwickelt und realisiert, hier wird entschieden, wie gearbeitet werden soll, und hier entscheidet sich, ob die Arbeitenden dem folgen. Dies wirft unmittelbar die Frage nach dem Sozialgefüge »Betrieb« auf, also nach der formellen und informellen Einbindung der Beschäftigten – nicht nur durch Herrschaft und Kontrolle, sondern auch durch Konsens – ebenso wie nach den Entscheidungsprozessen. Es handelt sich also, wenn wir die Unterscheidung aus Kap. 3 wieder aufnehmen, um eine betriebssoziologische Akzentuierung des arbeits- und industriesoziologischen Forschungsprogramms; sie steht im Vordergrund dieses Kapitels.

5.1 Hierarchie, Herrschaft und Kontrolle

Es gibt in Form der **Hierarchie**, sei diese nun flach oder tief gestaffelt, klare Regeln, durch die festgelegt ist, wer was darf und wer nicht. Dieses ist bekannt, seit Max Weber (1921) die »Bürokratie« als Prototyp moderner Verwaltung herausgestellt hat. Damit ist eine Arbeitsorganisation gemeint, die sich unter anderem durch eine klare Hierarchie mit definierten Kompetenzen, durch Aktenförmigkeit und Regelgebundenheit des Handelns, also durch geregelte Prozessabläufe und das Fehlen von Willkür auszeichnet. Dadurch machen Bürokratien sich unabhängig von konkreten Personen; ihnen ist es möglich, ihre Geschäfte fortzuführen, auch wenn Personen wechseln.

Diese **formale Struktur** von Betrieben hat die Industriesoziologie seit jeher beschäftigt. Früher (vgl. Burisch 1973: 82ff.) wurde unterschieden zwischen »funktionaler« und »skalarer« bzw. »linearer« Organisation. Mit dem Hinweis auf die Funktionalität von Organisationen sollte herausgestellt werden, dass jeder Betrieb zur Erreichung seiner Ziele eine Reihe von sehr verschiedenartigen Aufgaben, von Funktionen zu erfüllen hat (Einkauf, Produktion, Personalverwaltung, Verkauf etc.), die nicht hierarchisch angeordnet sind. Eine funktionale Differenzierung begründet keine Abhängigkeitsverhältnisse; der Einkauf hat seine Funktion ebenso zu erfüllen wie die Produktion oder der Vertrieb und jede Abteilung ist für den Betrieb gleichermaßen wichtig.

Neben dieser funktional-horizontalen Gliederung sind Betriebe jedoch auch vertikal strukturiert, und mit dem Begriff der »skalaren« Organisation sollten eben diese Beziehungen der Über- und Unterordnung bezeichnet werden. Hierarchien werden ausgedrückt in Organigrammen, in denen das Verhältnis von »oben« und »unten« definiert ist.

Abbildung 2: Das Organigramm

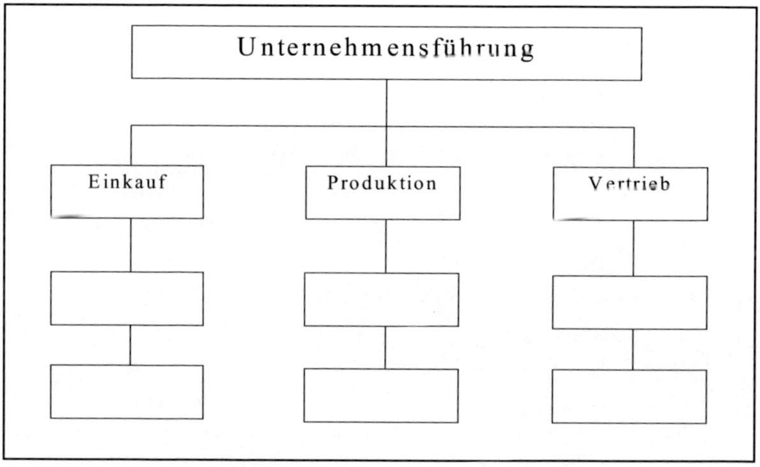

Das Organigramm beschreibt die Formalstruktur eines Betriebes und stellt eine typische **Linienorganisation** dar. Diese kann noch einmal unterschieden werden in eine Ein- und eine Mehr-Linien-Organisation. Erstere folgt dem Prinzip der Einheit der Auftragserteilung; jeder Mitarbeiter hat nur einen Vorgesetzten, von dem er die Aufträge erhält, jeder Vorgesetzte aber hat mehrere Mitarbeiter. Die Leitungsebene(n) können unterstützt werden durch zuarbeitende Abteilungen, die sogenannten Stäbe, die keine Entscheidungsbefugnisse haben. In diesem Fall spricht man von einer **Stab-Linien-Organisation**, die, ohne dass darüber jedoch Zahlen vorliegen, wohl verbreitetste Form des internen Aufbaus von Unternehmen und Verwaltungen im öffentlichen und privaten Sektor.

Für eine **Mehr-Linien-Organisation** ist das Funktionsprinzip ausschlaggebend; jeder Vorgesetzte hat eine bestimmte Funktion, für die er Aufträge verfügt, und wenn ein Mitarbeiter eine Aufgabe hat, die in die Funktionsbereiche mehrerer Vorgesetzter fällt, ist er mehreren Vorgesetzten unterstellt. Dieses Prinzip der Mehrfachunterstellung ist nicht unproblematisch, da tendenziell konfliktträchtig wegen möglicher unterschiedlicher Anweisungen und Kompetenzüberschneidungen, erfreut sich mittlerweile aber zunehmender Beliebtheit in der Matrixorganisation (vgl. dazu Kap. 7.2).

Durch ein Organigramm sind Positionen in der Hierarchie abgegrenzt und klar ist, wer an wen, wie man heute sagt, berichtet und, anders herum, wer wem etwas zu sagen berechtigt ist. Dieser Sachverhalt wurde in der Industriesoziologie lange Zeit unter dem Aspekt von Herrschaft diskutiert. Begrifflich wurde zurückgegriffen auf Max Weber und – vor allem – auf Karl Marx.

Weber zufolge ist **Herrschaft** die »Chance, auf einen Befehl bestimmten Inhalts bei angebbaren Personen Gehorsam zu finden« (Weber 1921: 28; ausführlich dazu Maurer 2004). Gehorsam kann der Herrscher beanspruchen, weil seine Herrschaft auf dem Legitimitätsglauben der Beherrschten basiert; Gehorsam muss nicht eingefordert oder gar durchgesetzt werden, sondern wird gleichsam freiwillig gegeben, weil der Herrscher zur Herrschaft berechtigt ist.

Dieser nicht ganz unwichtige Zusatz wurde in der Industriesoziologie allerdings kaum zur Kenntnis genommen; wenn der Betrieb auf seine Herrschaftsstrukturen hin untersucht wurde, stand vor allem die **Asymmetrie** zwischen Herrschern und Beherrschten im Mittelpunkt.

In dieser Hinsicht stützte man sich auf Marx, der seinen Begriff von Herrschaft (auch wenn er selbst gar nicht diesen Begriff benutzte) aus einer Analyse der Kooperation in der Fabrik gewann: »Der Zusammenhang ihrer (der Arbeiter; H. M.) Funktionen und ihre Einheit als produktiver Gesamtkörper liegen außer ihnen, im Kapital, das sie zusammenbringt und zusammenhält. Der Zusammenhang ihrer Arbeiten tritt ihnen daher ideell als Plan, praktisch als Autorität des Kapitalisten gegenüber, als Macht eines fremden Willens, der ihr Tun seinem Zweck unterwirft« (Marx 1972: 351). Und im Anschluss daran beschreibt Marx, wie diese Macht ihre besondere »despotische« Form erhält, indem die Beaufsichtigung der Arbeiter zur Aufgabe einer besonderen Gruppen von Lohnarbeitern wird, den Managern und Meistern.

In der Industriesoziologie wird ein sehr »weiter« Begriff von Herrschaft zugrundegelegt; Altmann/Bechtle (1970: 21f., Fn. 11) etwa verstehen unter Herrschaft »alle subjektivierten und objektivierten Formen von innerbetrieblicher Machtausübung, Verfügungsgewalt, Gewährung oder Versagung positiver und negativer Sanktionen« und fügen hinzu, dass dies weitreichende Konsequenzen für den Begriff der Kooperation hat. »Kooperation betrifft nicht nur den Aspekt der Solidarität innerhalb herrschender oder beherrschter sozialer Gruppen, nicht nur die Möglichkeit rein funktionaler Kooperation, sondern auch die als funktional ausgewiesene, aber strategisch geplante oder unreflektiert ausgenutzte Kooperation, die sich am Arbeitsablauf, am Arbeitsprodukt, am Arbeitsergebnis u. ä. orientiert, und in der Herrschaft sich nur vermittelt als vermeintliche Sachnotwendigkeit auswirkt, um ihre Legitimität zu sichern« (Altmann/Bechtle 1970: 21f., Fn. 11).

Herrschaft ist also nicht nur als persönliche Herrschaft von Interesse; bereits Weber hatte ausführlich die entpersönlichten Regeln der Bürokratie, des Verwaltungsstabes der »legalen Herrschaft« beschrieben, und industriesoziologische Forscher (Popitz u. a. 1957b; Bahrdt 1958; Braun 1964; vgl. Kap. 4) hatten herausgearbeitet, dass Herrschaft sich versachlicht, sich gleichsam in die technische Apparatur und in bürokratische Verfahren verflüchtigt. Letztlich dient jegliche Kooperation im Betrieb auch der Stabilisierung innerbetrieblicher Herrschaftsstrukturen.

Allerdings ist die Transformation von Arbeitskraft in Arbeit dadurch noch nicht sichergestellt; eine Widerständigkeit des Arbeiters, basierend auf dem objektiven Interessengegensatz zwischen Kapital und Arbeit, muss immer in Rechnung gestellt werden. Diese »Eigenwilligkeit« der Arbeiter muss durch **Kontrolle** eingedämmt werden; es bedarf eines möglichst engmaschigen Kontrollnetzes, um die Transformationsproblematik zu bewältigen. Kontrolle erfordert – so die lange Zeit unter betrieblichen Praktikern, aber auch unter Industriesoziologen verbreitete Auffassung – eine Behandlung der Subjektivität der Arbeitenden als Störpotential, das möglichst einzuschränken und zu begrenzen ist, um den Produktionsprozess von menschlichen Schwächen und Unregelmäßigkeiten unabhängig zu machen. Eine Möglichkeit ist die Technisierung von Arbeitsprozessen; je mehr die Produktionsabläufe automatisch erfolgen, umso weniger Bedeutung hat die menschliche Arbeitskraft. Eine andere Möglichkeit ist die möglichst rigide Vorstrukturierung der Arbeitsabläufe; dies war eine wesentliche Funktion der Taylorisierung von Arbeitsprozessen, also der exakten Analyse der Arbeitsabfolge und der detaillierten Festlegung der einzelnen Arbeitsschritte, die, so meinte man zumindest, eine jederzeitige Überwachung der Arbeitenden ermöglicht.

Allerdings stieß dies in den Branchen an Grenzen, die wie etwa der Maschinenbau durch eine **Kleinserienfertigung** gekennzeichnet sind, in der die Arbeitsprozesse also nicht in gleicher Weise standardisiert werden können wie in Branchen, die sich wie die Automobilindustrie, die Elektroindustrie oder die Bekleidungsindustrie durch Massenproduktion und Großserienproduktion auszeichnen. Der rasch um sich greifende Einsatz von Computertechnologien seit Beginn der achtziger Jahre eröffnete unter Kontrollaspekten jedoch ganz neue Perspektiven auch für die Branchen, die sich bisher als eher »kontrollresistent« erwiesen hatten. Die Mikroelektronik konnte genutzt werden für eine umfassende Betriebsdatenerfassung und für ausgefeilte **Produktionsplanungs- und -steuerungssysteme**, die zu regelrechten Kontrolltechniken wurden. »Der Ansatzpunkt der Verwendung der ›neuen Kontrolltechniken‹ (also von PPS- und BDE-Techniken[22]) ist nicht, wie beim Taylorismus, die stoffliche Dimension von Arbeit, sondern die *zeitlich-sachliche* Koordination der

22 PPS = Produktionsplanung und -steuerung (vgl. Kap. 6); BDE = Betriebsdatenerfassung.

einzelnen Teilprozesse, die notwendig ist, um eine bestimmte Produktion in einer bestimmten Zeit herzustellen. Setzte der Taylorismus direkt und punktuell bei einzelnen Teilprozessen an, so die Neue Kontrollform ›systemisch‹ beim Gesamtprozess und außerdem von einer ganz anderen ›Ebene‹ her, das heißt ›indirekt‹« (Manske 1991: 15).

Die **neue Kontrollform** führt zumindest zum selben Grad von zentraler Kontrolle wie eine tayloristische Arbeitsgestaltung und ist zudem systemisch ausgerichtet, so dass sie den Taylorismus als Kontrollmechanismus ersetzen kann. Mit anderen Worten: Selbst in den Bereichen, die sich bisher aufgrund ihrer Spezifika einer Taylorisierung verschlossen haben, und in den Bereichen, in denen andere Forscher ein Abrücken von der bisher verfolgten tayloristisch orientierten Rationalisierung beobachteten[23], ist keineswegs eine Erosion von Kontrolle durch das Management zu erwarten, sondern eher noch eine Perfektionierung: »Arbeitsteilung und Hierarchie sind jetzt partiell aufgehoben in der Technik, die Kontrolle wandelt ihre Form. Kontrolle über Produktion und Arbeit verringert sich mit dem Formwandel nicht. Das Gegenteil ist der Fall, sie wird technisch perfektioniert« (Dörr 1991: 262). Widerstand gegen Herrschaft wird angesichts der technisch perfektionierten Kontrolle immer schwieriger; die Prozesse der Technisierung verschieben »das Kräfteverhältnis zwischen Kapital und Lohnarbeit ein deutliches Stück weiter in die Richtung einer Position weitgehender Ohnmacht der Lohnabhängigen« (Schmiede 1983: 73).

Eine ähnliche Sichtweise findet sich auch in der 1974 unter dem Titel »Labor and Monopoly« erschienenen Studie von Braverman (1977). Darin wird behauptet, dass Kontrolle seit jeher das wesentliche Kennzeichen von Management sei, dass diese mit dem Taylorismus jedoch eine nie da gewesene Dimension angenommen habe, da jedem Arbeiter vom Management genau diktiert werde, wie die Arbeit auszuführen sei, und dass jeglicher Handlungsspielraum, der noch handwerkliche Produktion ausgezeichnet habe, dadurch beseitigt werde. Der kapitalistische Produktionsprozess habe deswegen die

23 wie etwa bei den »neuen Produktionskonzepten« (vgl. Kap. 6.2) oder bei »lean production« (vgl. Kap. 7.1).

grundsätzliche Tendenz zu einer umfassenden und fortschreitenden Degradation und Dequalifizierung von Arbeitskraft.

Diese Studie löste eine intensive Debatte unter an Marx orientierten angelsächsischen Industriesoziologen aus, die als **labour process debate** bekannt wurde (vgl. den Überblick bei Lappe 1986; Hildebrandt/Seltz 1987). In dieser Debatte setzte man sich kritisch mit den Thesen Bravermans auseinander; die Kritik bezog sich unter anderem auf dessen sehr eindimensionalen Begriff von Kontrolle. Von Braverman wurde Kontrolle der Arbeiter als unmittelbares Ziel des Managements angesehen, das mittels Taylorisierung des Arbeitsprozesses realisiert wird. Dies wurde als verkürzt beurteilt, da unterschiedliche Managementstrategien zu berücksichtigen seien. So unterschied etwa Friedman (1987) zwei Strategietypen, die »verantwortliche Autonomie« auf der einen Seite, die eine Stärkung der Loyalität der Arbeitenden gegenüber dem Betrieb anstrebt, indem ihnen gewisse Aufgabenbereiche selbstverantwortlich überlassen werden, und die »direkte Kontrolle« auf der anderen Seite, die auf eine Reduktion jeglicher Verantwortung durch strengste Überwachung zielt.

Und Edwards (1981) differenzierte nicht nur zwischen unterschiedlichen Formen von Kontrolle, sondern machte auch eine historische Abfolge dieser unterschiedlichen Kontrollformen aus. Eine **einfache** bzw. **persönliche Kontrolle** durch die unmittelbaren Vorgesetzten und »Fabrikherren« sei typisch gewesen zu Beginn der Industrialisierung, gäbe es aber auch heute noch vor allem in Kleinbetrieben. Sie ist ergänzt bzw. ersetzt worden durch eine **technische Kontrolle**, durch die Maschinerie mit dem Fließband als klassischem Beispiel, und vor allem durch eine **bürokratische Kontrolle**, »die auf dem Prinzip beruht, die Kontrolle in die soziale Struktur oder die sozialen Beziehungen des Arbeitsplatzes einzubetten« (Edwards 1981: 30); sie ersetzt die »Herrschaft des Vorgesetzten« durch die »Herrschaft des (Betriebs-)Rechts«. Auf diese Weise sollte gezeigt werden, dass es je nach Strategie und nach historischer Stufe des Produktionsprozesses nicht nur eine Form der Managementkontrolle über die Arbeiter, sondern mehrere gibt, und dass sich zudem eine historische Entwicklung der Kontrollformen nachweisen lässt: von einer direkten, persönlichen Kontrolle zu einer indirekten, versachlichten Kontrolle. Der Vorgesetzte kann auf Kontrolle zwar nicht verzichten, sie aber im Vergleich zu früheren historischen Stadien deutlich reduzieren, weil er sich auf den »stummen Zwang der Verhältnisse« verlassen kann.

5.2 Die Bedeutung von Konsens

Diesem »Kontrollparadigma« wurde entgegengehalten, dass die Beschäftigten ausschließlich in einer »passiven Opferrolle« (Littek/ Heisig 1986: 232) gesehen werden, als Objekt betrieblicher Maßnahmen; als eigenständige Akteure kommen sie in der Analyse nicht vor.[24] Zudem übersehe dieses »Kontrollparadigma«, dass das Management angewiesen sei auf die Bereitschaft der Beschäftigten zur produktiven Einbringung ihrer Qualifikationen und Verantwortlichkeit, da der Arbeitsvertrag die Kontrolllücke nicht schließen könne. Und überhaupt: Der »Glaube an die Legalität des Verfahrens der Regelsetzung (reicht nicht aus) (...) für die Erklärung der Handlungskoordinierung und Kooperationsbereitschaft in Systemen. Damit die Koordination gelingt, ist es erforderlich, dass die Systemlogik durch kommunikativ-personales Handeln ergänzt wird« (Kotthoff 1994: 26).

Das Verhältnis zwischen Vorgesetzten und Untergebenen, zwischen Management und Arbeitern kann mithin nicht nur als eine Beziehung der einseitigen Kontrolle angesehen werden, sondern im betrieblichen Alltag sind auch Prozesse wirksam, die Zustimmung erzeugen. Dies war keine ganz neue Erkenntnis; bereits die Hawthorne-Studien hatten ja gezeigt, dass sich neben und außerhalb der betrieblichen Hierarchie soziale Beziehungen entwickeln, die für den Produktionsprozess von großer Bedeutung sind. Insbesondere war die Wichtigkeit informeller Gruppen herausgestellt worden, in denen recht genaue Vorstellungen über eine »gerechte« Leistung existieren. Offenbar haben also auch diejenigen, die in der formalen Hierarchie niedrig positioniert sind, durchaus Machtressourcen aufzuweisen. So stellt Zündorf (1982) heraus, dass die Chancen zur Ausübung effektiver »Gegenmacht« durch die abhängig Beschäftigten auf der ausführenden Ebene zwar schlecht stünden, weil sich eine Tendenz zur Ausweitung objektivierter Formen von Herrschaft und eine Bevorzugung indirekter, technisch-organisatorischer Herrschaft gegenüber persönlich vermittelter Macht beobachten lasse und zudem die unmit-

24 Bereits Edwards (1981) ging es, was der Originaltitel »contested terrain« besser ausdrückt als der deutsche Buchtitel, darum, den kapitalistischen Betrieb als einen »Kampfplatz« zu analysieren, auf dem Konflikte ausgefochten werden. In der Rezeption stand jedoch sein Phasenschema von Kontrolle im Vordergrund.

telbaren (unteren) Vorgesetzten selbst über wenig Macht verfügen, als »Gegner« also kaum zur Verfügung stünden; gleichwohl bleiben den Arbeitenden die Möglichkeit von individuellen Strategien (Verheimlichung der prinzipiell möglichen Arbeitsleistung, kleine Tricks zur Arbeitserleichterung etc.) und vor allem kollektive Strategien, um sich gegen Leistungsansprüche des Managements zu schützen. Und Jürgens (1984) unterscheidet zwischen »Sekundärmacht«, die auf erkämpften oder staatlich gesetzten Regelungen und Institutionen beruht, und »Primärmacht« einzelner Beschäftigtengruppen, die sich aus den Abhängigkeitsbeziehungen zwischen den sozialen Parteien im Betrieb ergibt und auf Monopolen an produktionsnotwendigem Wissen und Erfahrungen sowie den vorhandenen Optionen auf dem betriebsinternen und -externen Arbeitsmarkt beruht.

Es gibt also nicht nur einige wenige Mächtige im Betrieb. Wichtige Einflüsse auf diese erweiterte Sichtweise hatten Anleihen in der Organisationstheorie und ein erneuter Blick auf Max Weber. Bekanntlich bedeutet ihm zufolge **Macht** »jede Chance, innerhalb einer sozialen Beziehung den eigenen Willen auch gegen Widerstreben durchzusetzen, gleichviel worauf diese Chance beruht« (Weber 1921: 28). Ihm schien dieser Begriff zwar »soziologisch amorph«, so dass er den Begriff der Herrschaft bevorzugte, doch die Perspektive der Macht eröffnet die Möglichkeit, auch soziale Beziehungen im Betrieb zu analysieren, die sich neben der oder quer zur Hierarchie entwickeln. Denn ein genauer Blick auf die webersche Definition zeigt, dass Macht offenbar nicht Attribut eines Akteurs, also beispielsweise des Vorgesetzten ist, sondern eine **Beziehungsrelation** und zwar, wie Crozier/Friedberg (1979: 40) betonen, eine instrumentelle, nicht-transitive und gegenseitige, aber unausgewogene Beziehung: Instrumentell ist diese Beziehung, weil sie sich nur unter der Perspektive eines Ziels begreifen lässt, nicht-transitiv, weil sie nicht übertragbar ist – wenn Akteur A Macht über Akteur B hat und B wiederum über C, bedeutet dies noch lange nicht, dass auch A Macht über C hat –, und gegenseitig, aber unausgewogen, weil Macht eine Beziehung unterstellt, in der die beteiligten Akteure Ressourcen einbringen, ohne jedoch von der Beziehung in gleichem Maße profitieren zu können.

Wenn Macht auf diese Weise an die Existenz sozialer Beziehungen geknüpft ist – was andererseits ja auch heißt: ohne soziale Beziehung zwischen mindestens zwei Akteuren keine Macht –, dann ist daraus zunächst einmal zu schließen, dass niemand dem anderen vollständig ausgeliefert ist; spätestens bei einer Beendigung der Beziehung stände der Mächtige gewissermaßen nackt da. Zudem sind soziale Beziehungen durch die beteiligten Akteure gestaltbar; damit sind auch Machtstrukturen innerhalb einer sozialen Beziehung nicht ein für alle mal festgeschrieben, sondern veränderbar.

Was aber sind nun die Quellen von Macht? Crozier/Friedberg (1979) haben in diesem Zusammenhang die Bedeutung von **Ungewissheitszonen** herausgearbeitet, deren Verfügbarkeit die entscheidende Machtressource darstellt: »Die Macht eines Individuums oder einer Gruppe, kurz, eines sozialen Akteurs, ist (...) eine Funktion der Größe der *Ungewissheitszone*, die er durch sein Verhalten seinen Gegenspielern gegenüber kontrollieren kann« (Crozier/Friedberg 1979: 43; Hervorhebung im Original).

- Dabei kommt es entscheidend darauf an, dass diese Ungewissheitszone für die beteiligten Akteure von Bedeutung ist. In Organisationen sind es besondere Ungewissheitszonen, die Macht verleihen (vgl. ausführlicher Crozier/Friedberg 1979: 50ff.):
- die Beherrschung eines spezifischen Fachwissens aufgrund der funktionalen Spezialisierung einer Organisation; zu denken ist hier insbesondere an Experten;
- die Kontrolle von Beziehungen zwischen der Organisation und Segmenten ihrer Umwelt; dies verleiht Macht, weil Umwelt für jede Organisation eine potentielle Ungewissheitszone ist;
- die Kontrolle von Informations- und Kommunikationskanälen; durch die (Nicht-)Weitergabe spezieller Informationen können die Handlungsmöglichkeiten des Adressaten erheblich beeinflusst werden, und schließlich
- allgemeine organisatorische Regeln, die die Kontrolle von Ungewissheitszonen ermöglichen; damit gemeint sind die durch die Hierarchie symbolisierten Regeln, die zugleich jedoch auch immer den Untergebenen ungewollt Ungewissheitszonen eröffnen.

Da also Macht Ausdruck einer sozialen Beziehung ist, in der jeder der beteiligten Akteure über für den anderen relevante Ungewissheitszonen verfügt, ist der Mächtige nicht unabhängig vom Machtbetroffenen; auch dieser kann ein gewisses Maß an relevanten Ungewissheitszonen und damit Macht ins Feld führen, ist somit nicht ohnmächtig. Macht schließt also wechselseitige Abhängigkeit und Einverständnis nicht aus; dies ist ja bereits in der Definition von Weber (1921) angesprochen, wenn davon die Rede ist, den eigenen Willen *auch* gegen Widerstreben durchzusetzen, was eben impliziert, dass es dieses Widerstreben gar nicht geben muss. Ortmann u. a. (1990) prägen deshalb den Begriff der **konsensbasierten Macht** und verweisen damit auf die »dialectic of control«, auf die wechselseitige Konstitution von Freiheit und Zwang, von Macht und Konsens.

Nun kann mit dem Verweis auf die Macht der Machtbetroffenen keineswegs behauptet werden, dass Betriebe sich durch Machtsymmetrie auszeichnen; selbstverständlich sind Ungewissheitszonen und damit Machtressourcen ungleich verteilt. Doch Macht auf der einen Seite korrespondiert eben nicht mit Ohnmacht auf der anderen Seite. Zwar legen Hierarchien positional differenzierte Machtressourcen fest, aber auch die Belegschaft verfügt über Ungewissheitszonen und damit über Machtressourcen. Die Drohung mit Arbeitsverweigerung, also die kollektive Verweigerung der Transformation von Arbeitskraft in Arbeitshandeln stellt dabei nur eine unter mehreren dar. Denn angesichts der Notwendigkeiten arbeitsbedingter Kooperation, die vorab nicht im Detail zu regeln, sondern von den Arbeitenden selbst und zum Teil eigeninitiativ zu gestalten ist, erzeugt allein schon die Möglichkeit einer strikten Befolgung von Regeln und Anweisungen (»Dienst nach Vorschrift«) ein Drohpotential, das vom Management in Rechnung zu stellen ist.

Somit kann Macht ohne Berücksichtigung der Interessen und Präferenzen von hierarchisch tiefer Gestellten nicht ausgeübt werden. Allerdings begründet das betriebliche Interesse an der Vernutzung von Arbeitskraft und das Interesse der Arbeitenden an dem Erhalt ihrer Arbeitskraft unauflösbare Divergenzen. Insofern müssen Betriebe Leistung kontrollieren und können eine bestimmte Form der Leistungsabgabe, falls notwendig, im Rahmen bestimmter Grenzen auch erzwingen, doch diese Kontrolle erfordert ein grundsätzliches Einverständnis des Kontrollierten, sich auch kontrollieren zu lassen; es erfordert letztlich **Konsens**.

Dies war eine wesentliche Erkenntnis von Burawoy (1979), einem der Teilnehmer an der erwähnten »labour process debate«. Seine zentrale These wird schon mit dem Titel seines Buches – »manufacturing consent« – benannt. Er analysiert betriebliche Auseinandersetzungen als **games**, an denen Arbeiter ebenso beteiligt sind wie ihre Vorgesetzten und die zu einer informellen Verständigung über Leistungsnormen führen und damit einer Leistungsregulierung dienen. Die Teilnahme an solchen Spielen – und letztlich jeder Betriebsangehörige nimmt an solchen Verhandlungsspielen teil – führt nun aber keineswegs zur Desintegration, sondern ganz im Gegenteil: Durch die »games« wird unter der Hand Konsens erzeugt, selbst wenn dies von den Akteuren keineswegs beabsichtigt ist. Man kann nicht, so Burawoy (1979: 81), Spiele spielen und zugleich die Regeln in Frage stellen; zumindest müssen alle sich an eine Grenze halten, die durch ein bestimmtes Lohnminimum auf der einen und akzeptable Gewinnspannen auf der anderen Seite gezogen wird.

Betriebliche Sozialbeziehungen können demzufolge nicht ausschließlich als Kontrollbeziehungen analysiert werden, das heißt als Beziehungen, in denen gewünschtes Verhalten durch Kontrolle erzwungen wird. Ohne Mittun der Beschäftigten geht es nicht, oder kurz und knapp: »Der Arbeiter muss auch arbeiten *wollen*« (Berger/Offe 1982: 352; Hervorhebung im Original). Betriebe sind zumindest in einem gewissen Maß auf Konsens angewiesen.

Konsens stellt (vgl. Minssen 1990) im Unterschied zu Kontrolle einen selbstgewählten Mechanismus der Begrenzung möglicher Handlungsoptionen dar. Er umfasst ein weites Spektrum von Einverständnis, willfähriger fast vorbewusster Befolgung von Regeln und durchaus resignativer Anpassung an die Umstände. Demzufolge ist es verkürzt, Arbeitskraft als Person ausschließlich in der Perspektive von potentieller Unbotmäßigkeit und Widerständigkeit, das heißt in der Perspektive von Dissens und Konflikt zu interpretieren. Zwar müssen Organisationen ihre Angehörigen als (zu domestizierende) Umwelt behandeln. Aber offenbar stellt Subjektivität ebenso einen Faktor der Verlässlichkeit für das Management dar; schließlich bleibt »Verständigung selbst im Falle extremer Konfliktaktivität zumeist Orientierungsgrundlage des Handelns« (Schmidt 1986: 61).

Mit dem Arbeitsvertrag findet immer auch eine Festlegung auf Ziele statt. Zwar ergibt sich aus der Unbestimmtheit des Arbeitsvertrages die Notwendigkeit von Kontrolle, aber ebenso ist bereits durch den Abschluss eines Arbeitsvertrages eine »generelle Fügsamkeit der Beschäftigten« (Schienstock u. a. 1987: 303) sichergestellt, und sei es zunächst auch nur als prinzipielles Einverständnis, die eigene Arbeitskraft zur Verfügung zu stellen. Damit ist zugleich die Legitimität betrieblicher Herrschaft anerkannt, das heißt die Legitimität der Hierarchie. Auch wenn also die Unbestimmtheit des Arbeitsvertrages Kontrolle erforderlich macht, muss diese nicht unbedingt rigide, umfassend und permanent sein. Form und Ausmaß von Kontrolle müssen immer auch die betrieblichen Gegebenheiten berücksichtigen; ein Übermaß an Kontrolle kann den notwendigen Konsens zerstören. So bestätigen Untersuchungen (Schumann u. a. 1994) zwar die Existenz von Kontrollformen, die von manchen als »neue Kontrollform« (Manske 1991; Dörr 1991; vgl. oben) bezeichnet werden, doch letztlich werden diese neuen Techniken für Prozessüberwachung und Störungsdiagnose, nicht jedoch für Verhaltensüberwachung genutzt (Schumann u. a. 1994: 650); Kontrollpotentiale werden also nicht ausgeschöpft.

Materielle Anreize und Kontrolle müssen durch eine »moralische Integration in die Firmengemeinschaft« ergänzt werden (Berger 1995). Dies wird (allerdings eher in der Betriebswirtschaftslehre als in der Industriesoziologie) unter dem Stichwort »**Organisationskultur**« diskutiert. Damit sind die spezifischen, in einer Organisation geltenden Denk- und Verhaltensmuster, Werte und Normen gemeint; sie umfasst Orientierungsmuster, die von den Organisationsmitgliedern als fraglos gültig akzeptiert werden, und strukturiert damit die Mechanismen vor, mit denen Erfahrungen geordnet und die Organisation und ihre Umwelt wahrgenommen und interpretiert werden (ausführlich dazu Franzpötter 1997: 235). Auf diese Weise dient die Organisationskultur der sozialen Integration der Belegschaftsangehörigen und fördert Konsens. Zudem können sich nicht-tayloristische Nutzungsformen von Arbeitskraft, die eine Rücknahme von Kontrolle beinhalten, als effizienter und effektiver für die Unternehmenszwecke erweisen (so Littek/Heisig bereits 1986), was auch in den vielfältigen Reorganisationsmaßnahmen in den neunziger Jahren unter Beweis gestellt wurde (vgl. dazu Kap. 7).

Freilich unterstellt Konsens nicht Harmonie; denn aus der Macht, über die alle Akteure einer Organisation verfügen, resultiert eine permanente, zumindest potentielle **Konflikthaftigkeit** jedes Betriebes.

5.3 Arbeitspolitik und Mikropolitik

Wenn der Betrieb nicht nur als asymmetrisches Herrschaftsverhältnis interpretiert wird, wenn auch die Macht der Beherrschten und die Notwendigkeit von Konsens in Rechnung gestellt wird, dann rückt eine weitere Analyseebene in den Vordergrund: die Ebene der Politik; Regulierung und Gestaltung müssen explizit in die Analyse einbezogen werden. Von besonderer Bedeutung sind zwei (nicht konkurrierende) Ansätze, die als »Arbeitspolitik« bzw. als »Mikropolitik« bekannt geworden sind.

Der **arbeitspolitische** Ansatz wurde am Wissenschaftszentrum Berlin entwickelt (vgl. als Überblick Jürgens/Naschold 1984; Naschold 1985a). Ausgehend von einer Unterscheidung des Amerikaners Burawoy (1979) zwischen den »politics in production« – der betrieblichen Produktionspolitik – und der »politics of production« – der staatlichen Produktionspolitik – wird Arbeitspolitik folgendermaßen begriffen: »Politik ist (...) eine Regulationsform, die sicherlich auch staatliche Politik ist, jedoch gerade auch im Politik-neutralisierten Bereich des Arbeits- und Produktionsprozesses von Bedeutung ist. Ein solches Verständnis verknüpft sich mit einer Vorstellung von Arbeit, derzufolge der Arbeits- und Produktionsprozess als ein strukturiertes soziales Interaktionsgefüge, als ein aktiver und sozialer Prozess gesehen werden muss« (Naschold 1985b: 27f.).

Das Konzept zielt darauf, die Trennung von Politik und Ökonomie aufzugeben. Dabei wird Politik nicht auf staatliche Politik (»Makropolitik«) verkürzt, sondern einbezogen werden sollen auch betriebliche Praktiken, doch bleibt die staatliche Produktionspolitik hervorgehobener Analysegegenstand: Die »Gesamtheit von Ökonomie und ›Politik‹, von technisch-materiellem Prozess und sozialen und politischen Regulierungsprozessen, wird, arbeitspolitisch gesprochen, als Produktionsregime bezeichnet. Die Hauptakteure eines solchen Produktionsregimes sind Staat und Betrieb« (Dörr/Naschold 1992: 181f.).

Allerdings wurde diese Perspektive systematisch nicht weiter verfolgt. Gleichwohl blieb der Begriff der Arbeitspolitik im industriesoziologischen Sprachgebrauch verankert. Deutlich gemacht werden soll damit, dass Rationalisierungsprozesse weder allein durch technologische Eigengesetzlichkeiten noch ausschließlich durch ökonomische Determinismen erklärt werden können. Allerdings ist der Bedeutungsgehalt des Begriffs etwas schillernd geworden. Einerseits geht es um die Untersuchung des Einflusses von betrieblicher oder überbetrieblicher Politik auf Rationalisierungsentscheidungen, darum, dass, wie es in dem Lehrbuch von Keller (1997: 1) heißt, »die sozioökonomischen Verhältnisse grundsätzlich durch (tarif-)politische Prozesse gestaltet, gesteuert und kontrolliert werden können«; dementsprechend werden unter anderem Staat, Arbeitgeberverbände und Gewerkschaften sowie das Tarifvertragswesen und Arbeitsmarktprobleme in den Blick genommen.[25] Andererseits steht der Aspekt der Gestaltung durch betriebliche Akteure, der Arbeitsgestaltung ebenso wie der Organisationsgestaltung im Vordergrund. Dies macht es möglich, etwa von »innovativer Arbeitspolitik« (Kuhlmann u. a. 2004) zu sprechen, womit eine Rationalisierungsstrategie bezeichnet wird, die wirtschaftliche Ziele mittels einer »potenzialorientierten Arbeits- und Organisationsgestaltung« erreichen will.

Es geht bei »Arbeitspolitik« aber nicht um die gewissermaßen alltäglichen Auseinandersetzungen um (Rationalisierungs-)Entscheidungen; dies wird unter dem Stichwort **Mikropolitik** analysiert. Die in diesem Zusammenhang angestellten Überlegungen konzentrieren sich – der Name sagt es – ausschließlich auf die betriebliche Ebene. Dieser Ansatz wurde nicht wie die Überlegungen zur Arbeitspolitik im Rahmen oder zumindest im Kontext der industriesoziologischen Debatte, sondern zunächst unter soziologisch interessierten Betriebswirten entwickelt, hatte dann aber erheblichen Einfluss auf die Industriesoziologie.[26]

---

25 Überschneidungen zu dem Forschungsgebiet »industrielle Beziehungen« lassen sich nicht übersehen, wie bereits ein kurzer Vergleich zwischen Keller (1997) und Müller-Jentsch (1997) aufweist; letztere Bezeichnung scheint mir den Gegenstand besser zu treffen.

26 Einem breiteren Publikum in Deutschland bekannt gemacht wurde der Begriff durch den Sammelband von Küpper/Ortmann (1988), die ihn allerdings nicht

Mit dem Begriff »Mikropolitik« wird auf die Politikhaltigkeit aller innerbetrieblichen Entscheidungsprozesse verwiesen und zugleich eine Abgrenzung gegenüber staatlicher Politik, aber auch gegenüber Unternehmenspolitik vorgenommen. Damit soll »ein organisationstheoretisches Konstrukt gekennzeichnet werden, welches das interessengeleitete Handeln je konkreter Akteure in je konkreten organisationalen oder organisationsbezogenen Handlungssituationen zum Ausgangspunkt nimmt. Dieses Konstrukt geht von der *Basisannahme* aus, dass jedes Handeln von Akteuren in, für oder mit Bezug auf Organisationen stets auch ein Handeln unter Beachtung und Verfolgung eigener Interessen der Akteure ist, welche Wirkungen auch immer mit diesem Handeln verbunden sein mögen. Ob dieses Handeln durch die Formalstruktur einer Organisation legitimiert ist, also etwa einen Bestandteil des offiziellen unternehmenspolitischen Handelns darstellt, oder sich außerhalb einer solchen Legitimationszone bewegt, berührt nicht diese grundlegende Dimension allen Handelns selbstbewusster Akteure« (Küpper/Felsch 2000: 149).

In diesem Sinne sind alle betrieblichen Akteure Mikropolitiker, nicht nur die Manager, die die Unternehmenspolitik festlegen, nicht nur die durch das Betriebsverfassungsgesetz vorgesehenen Verhandlungspartner Betriebsrat und Geschäftsleitung, sondern jeder Betriebsangehörige bis hin zum Fließbandarbeiter. Sie alle verfolgen ihre Strategien und haben dabei umso mehr Möglichkeiten zum Erfolg, je mehr sie über Machtressourcen verfügen – und insofern ist ein Fließbandarbeiter natürlich ein weniger bedeutsamer Akteur als ein Vorstandsvorsitzender, der aufgrund seiner Positionierung in der innerbetrieblichen Hierarchie über relevante Ungewissheitszonen und damit Macht verfügt.

Alle Akteure sind Teilnehmer an mikropolitischen **Spielen**. Mit dieser Metapher soll (vgl. Ortmann 1988) nicht das Spielerische betont werden – es geht eher um Schach als um Monopoly –, sondern es soll auf die Verschränkung von Freiheit und Zwang verwiesen werden. Mikropolitische Spiele sind kein Vergnügen, sondern eine sehr ernsthafte Angelegenheit; es sind strategische Spiele, mit denen die Spieler ihre Interessen verfolgen und durchzusetzen suchen. Dabei geht es um Macht, das heißt um die Sicherstellung oder den Zugewinn an Machtressourcen. Unterschieden wird zwischen Routine- und Innovationsspielen (vgl. Ortmann u. a. 1990: 58f.): Bei Routinespielen geht es um die solide Erfüllung von üblicherweise anfallenden Aufgaben, bei Innovationsspielen um die Veränderung von Regeln.

Spiele folgen Regeln, die verbindlich, wenn auch keineswegs formell festgelegt sind. In allen Unternehmen gibt es eine »doppelte Wirklichkeit« (Weltz

---

»erfunden« haben; dieses Verdienst gebührt offenbar dem Engländer Tom Burns, der ihn bereits 1961 verwendete.

1991): auf der einen Seite die offizielle Wirklichkeit der festgelegten Regeln und Abläufe, auf der anderen Seite die praktizierte Wirklichkeit, die tatsächlichen Kooperations- und Arbeitsweisen. Aber auch informelle Regeln sind verbindlich und diese Verbindlichkeit gewährleistet die Existenz der Organisation. Denn wenn Organisationen als eine Gesamtheit miteinander verzahnter Spiele angesehen werden (Ortmann u. a. 1990: 55f.), dann bewirken gerade die Spielregeln eine Integration der konfligierenden Machtstrategien der Organisationsmitglieder; ohne Regeln könnten die Spiele bestandsgefährdend wirken. Spielregeln determinieren nicht das Verhalten der Akteure, aber sie konditionieren es; sie begrenzen mögliche Entscheidungsoptionen und schaffen dadurch Sicherheit. Einerseits also ermöglichen Regeln die strategischen Spiele der Akteure, weil sie erst den Rahmen schaffen, innerhalb dessen gespielt werden kann, andererseits ziehen sie die Grenzen, an die die Spieler sich zu halten haben.[27]

Die mikropolitische Analyse geht von folgenden Prämissen aus (Windeler 1992):

- das Geschehen in (Wirtschafts-)Organisationen ist nicht durch externe Zwänge determiniert;
- Akteure bestimmen die entscheidenden Weichenstellungen, wobei ihr Handeln durch Strukturen zugleich restringiert und ermöglicht wird, und
- die Akteure folgen in ihrem Handeln nicht rationalistisch ökonomischen Zielen, sondern vermischen Ökonomisches mit anderen Dimensionen des Sozialen.

Mit diesem Blick auf Betriebe wurden neue Perspektiven eröffnet. In sieben, sehr ausführlich dokumentierten Fallstudien von Prozessverläufen der Entscheidungen, der Implementation und der Anfangsphase der Anwendung unterschiedlicher EDV-Systeme (Ortmann u. a. 1990) konnte unter anderem gezeigt werden, dass **Entscheidungsprozesse** sich nicht durch geordnete Stringenz, sondern eher durch schleppende Verläufe, Pannen, Abbrüche, Neuanfänge etc. auszeichnen, was sie aber keineswegs irrational macht, sondern ihrem Charakter als »bricolage«, als »Bastelei« entspricht. Die Hauptauseinandersetzungen verliefen nicht zwischen Management und Betriebs-

27 Unschwer sind hier Anknüpfungspunkte an die Strukturationstheorie von Anthony Giddens zu erkennen; vgl. dazu Ortmann u. a. (1997).

rat, sondern innerhalb des Managements, etwa zwischen Routinespielern und Innovationsspielern, zwischen EDV- und Fachabteilungen, zwischen höheren und niedrigeren Hierarchieebenen etc. Unter dem Strich ist festzuhalten, dass euphorische »Hoffnungen auf perfekte Prozessbeherrschung à la CIM[28] keine besondere Realitätstüchtigkeit haben. Wohl steigern sich mit computergestützten Systemen die Mittel der Prozessbeherrschung, wenn auch längst nicht in dem Maße, wie die Protagonisten der Informatisierung es zu versprechen pflegen. Der Preis aber, der dafür zu zahlen ist, liegt in *neuen Abhängigkeiten, Inflexibilitäten und Anfälligkeiten* – Stichwort: vulnerability –, von denen heute niemand übersehen kann, ob sie nicht allzu teuer zu stehen kommen« (Ortmann u. a. 1990: 589).

5.4 Der Betrieb als Sozialgefüge und die Kontingenz von Entscheidungen

Mit dem Hinweis auf die Bedeutung von Arbeitspolitik, insbesondere aber mit den mikropolitischen Analysen werden Entscheidungen zum Thema. Denn wenn der Betrieb als eine mikropolitische Arena interpretiert wird, in der sich viele Akteure tummeln, dann hat dies Folgen für Annahmen über Entscheidungen. Denn nun muss ihre **Kontingenz** in Betracht gezogen werden: Entscheidungen können so ausfallen, sie können aber auch anders ausfallen. Die Frage ist dann, warum aus Kontingenz Eindeutigkeit wird, warum also bestimmte Entscheidungen getroffen werden, andere Entscheidungsoptionen hingegen nicht berücksichtigt werden, wie groß der mögliche Entscheidungsspielraum ist, warum Gestaltungsalternativen nicht systematisch verfolgt werden, sondern letztlich doch nur eine Problemlösung entwickelt wird (so Lullies u. a. 1990: 50). Kontingenz bedeutet nicht Beliebigkeit, aber Entscheidungen sind eben auch nicht determiniert. Ökonomischer Druck wirkt, so Ortmann u. a. (1999: 10), »unspezifisch und muss in jedem Falle durch einen Prozess innerorganisatorischer Wahrnehmung, Thematisierung etc. in

28 CIM = Computer Integrated Manufacturing (vgl. Kap. 7).

Handlungsbedarf und schließlich in Entscheidungen übersetzt werden, die ihn spezifizieren und an Akteure adressieren«.

Der Verweis auf ökonomische Zwänge vermag also die Strukturierung von Entscheidungen, den Zwang der Akteure zu bestimmten Entscheidungen allenfalls auf einer abstrakten Ebene zu erklären und kann so nur allgemeinste Rahmenbedingungen nennen. Zusätzlich sind »offenbar *innerbetriebliche Vermittlungsmechanismen* wirksam, die nur sehr vermittelt aus den allgemeinen übergeordneten Rationalisierungszielen, Handlungsbedingungen und Handlungsstrategien abzuleiten« (Weltz/Lullies 1982: 157; Hervorhebung im Original) sind. Aus dieser Überlegung heraus wird das Konzept der **betrieblichen Handlungskonstellation** (Weltz/Lullies 1982, 1983) entwickelt. Diese entsteht im Zusammenwirken von Akteuren, wird durch ein komplexes Ineinanderwirken von formalen Kompetenzzuweisungen, realen Einflussmöglichkeiten und unterschiedlichen Interessen konstituiert und hat eine eigenständige Wirksamkeit, die betriebliche Unterschiede erklärt. Diese spezifische betriebliche Handlungskonstellation reflektiert vorausgegangene Konflikt- und Konsensprozesse, in denen über Problemthematisierungen und -lösungen entschieden wurde, in denen »Gewinner« und »Verlierer« ausgemacht wurden.

Durch die betriebliche Handlungskonstellation werden Einflusschancen zugewiesen. Sie ist keine feste Größe; sie kann sich verändern je nachdem, was als Problem zu bearbeiten ist. Die betriebliche Handlungskonstellation ist also einerseits Struktur und verändert andererseits durch die »Inanspruchnahme« ihre Struktur. Im Rahmen einer existierenden Handlungskonstellation sind jedoch zunächst einmal nur bestimmte Entscheidungen möglich. Entscheidungen bauen auf Entscheidungen auf, die von Akteuren getroffen und mit denen Fakten geschaffen wurden, die berücksichtigt werden müssen und Entscheidungsinhalte regeln. Vergangene Entscheidungen ermöglichen bestimmte Entscheidungen und schließen andere aus. Akteure stehen somit nicht vor einer unendlichen Vielzahl möglicher Entscheidungsoptionen, sondern diese Optionen sind beschränkt. Entscheidungshandeln verläuft im Betrieb also innerhalb eines Rahmens von Strukturen, die gerade dadurch einer permanenten Veränderung unterworfen sind. Betriebe können voneinander abweichende

Strukturen ausbilden und damit auch zu höchst unterschiedlichen Entscheidungen gelangen.

Eine ähnliche Argumentation findet sich auch bei Hildebrandt/Seltz (1989). Sie sind bei ihren Untersuchungen zum Formenwandel von Kontrolle durch den Einsatz von computergestützten Produktionsplanungs- und Produktionssteuerungssystemen im Maschinenbau auf den Sachverhalt der **betrieblichen Sozialverfassung** gestoßen. Damit bezeichnen sie ein »gegenseitiges Einverständnis über materielle Regelungen und Prozeduren auf der Grundlage von gegenseitiger Abhängigkeit« (ebd.: 34), das alle betrieblichen Gruppen einbezieht und ihnen Rechte, aber auch Pflichten zuweist. Die betriebliche Sozialverfassung umfasst die im Betrieb wirksamen Normen und Regeln, die die Arbeitseinstellung und das Arbeitsverhalten betreffen, für alle Betriebsmitglieder verbindlich sind und sich nicht umstandslos verändern lassen. Als eine Art betrieblicher Verfassung baut sie sich aus den Arbeitsbedingungen und Arbeitsbeziehungen sowie den Ansprüchen und Erfahrungen der Beschäftigten auf und wirkt als Leitlinie für Verhalten. Sie beruht auf Konsens und Gegenseitigkeit, vermittelt Sicherheit, verlangt aber auch Einbindung und Selbstverpflichtung und reduziert Misstrauen: »Der Kern des Konzepts liegt darin, dass in allen Betrieben über viele Jahre durch Verhalten und Erfahrung gegenseitig anerkannte Normen und Regeln entstanden sind, die alltägliches Arbeitshandeln ohne direkte Steuerung und Kontrolle regeln und somit Sicherheit und gegenseitige Verlässlichkeit herstellen. Das Motiv des prinzipiellen Misstrauens zwischen Unternehmer und Beschäftigten, das heißt des Unternehmers gegenüber der Leistungsbereitschaft des Beschäftigten wie auch umgekehrt das Misstrauen der Beschäftigten gegenüber der sozialen Solidität der Unternehmensleitung, wird darüber grundlegend eingegrenzt und relativiert« (ebd.: 418).

Eine spezifische betriebliche Sozialverfassung schließt also bestimmte Entscheidungen aus. In einer durch »Massenarbeiter« geprägten Branche sind andere Entscheidungen möglich bzw. unmöglich als in einer von Facharbeitern dominierten Branche, ebenso in Betrieben des industriellen Sektors im Vergleich zu Betrieben des Dienstleistungssektors. Und man kann auch noch einen Schritt weiter gehen: Wenn es denn stimmt, dass jeder Betrieb seine spezifische betriebliche Sozialverfassung hat, dann sind in dem einen Betrieb Maßnahmen nicht möglich, die in einem anderen ohne weiteres durchführbar sind. Betriebliche Akteure haben sich an die der jeweiligen betrieblichen Sozialverfassung gemäßen Regeln zu halten und dabei die informellen Normen zu berücksichtigen, durch die die Bereiche geregelt sind, für die aus welchen Gründen auch immer keine formellen Regelungen gelten.

Kotthoff/Reindl (1990) sprechen im gleichen Kontext von **betrieblicher Sozialordnung** und wollen damit eine Lanze brechen für eine antideterministische und stärker subjektivistische Sichtweise des kapitalistischen Betriebes; dieser »soll handlungssoziologisch als sozialer Prozess, als ein Beziehungsfeld begriffen werden, das der Subjektivität und der Beziehungsgeschichte der Akteure Beachtung schenkt« (Kotthoff 1994: 22). Bei dieser betrieblichen Sozialordnung handelt es sich um einen sozialen Tatbestand, der nicht das Resultat eines quasi-formalen Aushandlungsprozesses nach Art eines Vertragsmodells darstellt. Statt dessen drücken sich in ihr vielschichtige soziale Beziehungen und deren lebensweltliche Bezüge aus, so dass die betriebliche Sozialordnung nicht aus der jeweiligen Kapitalverwertungsstrategie abzuleiten ist. Trotz der Interessendivergenzen von Kapital und Arbeit ist die Sozialordnung oftmals gemeinschaftlich, das heißt die Beschäftigten haben ein Gefühl der Verbundenheit mit ihrem Betrieb als einer sozialen Einheit; sie ist (zumindest in Kleinbetrieben) wesentlich vom Unternehmer geprägt, und schließlich: sie ist auch regional unterschiedlich, da jeder Betrieb auch geformt ist von der jeweiligen Lebenswelt.

Dies wurde herausgefunden in einem Ende der achtziger Jahre durchgeführten Forschungsprojekt in kleinen und mittleren Betrieben aus vier mittelständisch strukturierten Branchen in sechs Regionen der damaligen Bundesrepublik, in denen »konzentrierte Betriebsfallstudien« (Kotthoff/Reindl 1990: 16f.) durchgeführt wurden. Insgesamt sieben Typen von Sozialordnungen konnten unterschieden werden, von »pragmatischen Produktionsgemeinschaften« (»Jeder gibt sein Bestes. Der Chef geht mit gutem Beispiel voran«) über »Wilde Ehen« (»Sie küssten und sie schlugen sich«) und »integrative Bürgergesellschaften im Facharbeiterbetrieb« (»Der Betrieb, das ist das Miteinander hier«) bis hin zu dem Typ »seelenlose Arbeitshäuser« (»Er ist nur auf's Geld, auf's Kapital hin«). Bei allen Typen jedoch sind soziale Beziehungsformen zwischen Beschäftigten und Geschäftsleitungen dominant, zum Teil eher in Form von gemeinschaftlichen Beziehungsformen, in denen großes Einverständnis zwischen Unternehmern und Arbeitern besteht (was Konflikte keineswegs ausschließt!), zum Teil eher in Form von instrumentalistischen Beziehungsformen, in denen die Unternehmer den Betrieb als abstrakt-rechenhaftes Gebilde der Kapitalvermehrung und Management und Beschäftigte sich als Gegner betrachten, worunter die Arbeiter durchaus leiden. Aber in allen untersuchten Betrieben wurde, und gerade darin sehen die Autoren den Ertrag ihrer Arbeit (Kotthoff/Reindl 1990: 363), eine starke Beimischung gemeinschaftlicher Qualitäten gefunden; selbst noch in den instrumentalistischen Sozialordnungen haben sie deren soziale Bezüge nachgewiesen, die so gar nicht der »tayloristischen Einheitsfabrik« entsprachen.

Zwar ist es nicht gelungen, die Terminologie anzugleichen, doch gleichgültig, ob der Sachverhalt nun als »betriebliche Handlungskonstellation«, als »betriebliche Sozialverfassung« oder als »betriebliche Sozialordnung« bezeichnet wird, gemeint ist das Gleiche: Betriebe erschöpfen sich nicht in ihrer formalen Struktur; sie stellen nicht nur ein hierarchisches Herrschaftssystem dar, in dem die Beherrschten mittels Kontrolle bei der Stange gehalten werden müssen. Sie sind *auch* ein soziales System, in dem die Integration der Mitglieder immer wieder gewährleistet werden muss und zwar nicht nur durch Zwang, sondern auch durch ein Netz von gegenseitigen Verpflichtungen, das auf informellen, impliziten Vereinbarungen und Regeln beruht.

Dies bedeutet aber auch: Entscheidungen in Betrieben orientieren sich nicht ausschließlich an Kriterien der Sachrationalität, sondern beziehen soziale Aspekte ein. Damit erscheint Rationalisierung in einem neuen Licht. Gemeinhin werden unter Rationalisierung die Versuche verstanden, Produktions- und Verfahrensabläufe effizienter zu gestalten. Den entsprechenden Entscheidungen wird oftmals eine an dem Modell formaler Rationalität orientierte Zweck- und Sachrationalität unterstellt. Der Blick auf den Betrieb als soziales System jedoch lässt diese **Rationalitätsannahme** innerbetrieblicher Entscheidungen zunehmend fragwürdig erscheinen. Zweifel an der Rationalität betrieblicher Entscheidungen sind freilich zumindest in der Organisationsforschung so neu nicht (vgl. den Überblick bei Becker u. a. 1988). So stellt Luhmann (1988: 165) lakonisch die Frage, warum »man ausgerechnet Organisationen (...) eine besondere, wenngleich problembeladene Nähe zur Rationalität zumutet«. Und bereits vor mehr als vierzig Jahren haben March/Simon (1958) darauf hingewiesen, dass die Rationalität von Entscheidungen aufgrund der Informationskapazität der Entscheider »begrenzt« ist und diese sich deswegen eher mit befriedigenden statt mit optimalen Lösungen begnügen; March (1979) hat dies in seinem »Mülleimer-Modell« der Entscheidungsprozesse, demzufolge Entscheidungen in Organisationen eher zufällig als geplant zustande kommen, noch einmal radikalisiert. Und in der neo-institutionalistischen Organisationstheorie, einem der einflussreichsten Zweige in der modernen anglo-amerikanischen Organisationsforschung, geht man ohnehin davon aus, dass Rationalität ein Mythos sei, den Organisationen aus Gründen der Legitimitätsbeschaffung zu befolgen haben; sie bilden, gewissermaßen als Ausweis ihrer Rationalität, Formalstrukturen aus, doch intern können Entscheidungsprozesse nach gänzlich anderen Prämissen als der einer Sachrationalität erfolgen (Meyer/Rowan 1977; DiMaggio/Powell 1991).

Wenn nun mit Blick auf den Betrieb als soziales System die Bedeutung von Akteuren, die ihren ganz speziellen Rationalitäten folgen, in den Vordergrund gerückt wird, dann kann auch nicht mehr umstandslos von einer Sachrationalität betrieblicher Entscheidungen ausgegangen werden. Entscheidungen werden in einem **Aushandlungsprozess** zwischen betrieblichen Akteuren getroffen. In diesem Aushandlungsprozess werden Umwelteinflüsse als relevant thematisiert, es werden die notwendigen, oder genauer: die für notwendig erachteten Maßnahmen eingeleitet. Rationalisierung ist also ein sozialer Prozess, dessen Verlauf und Ergebnisse auf Entscheidungen beruhen, die zwischen Akteuren ausgehandelt werden. In diesem Aushandlungsprozess sind manche Akteure mächtiger als andere, denn »Aushandlung« bedeutet nicht die Interaktion von Akteuren, die in gleichem Maße mächtig wären; doch es sind eben nicht nur einige wenige Akteure und Koalitionen, die über entscheidungs- und damit rationalisierungsrelevante Ungewissheitszonen verfügen. Die Notwendigkeit von Konsens ist auch bei betrieblichen Rationalisierungsprozessen in Rechnung zu stellen, wenn die für die Transformation von Arbeitskraft in Arbeitshandeln erforderliche Sozialintegration nicht in Frage gestellt werden soll. Demzufolge haben auch

Rationalisierungsbetroffene Einfluss auf Verlauf und Resultat von Rationalisierungsprozessen.

In Rationalisierungsprozessen haben Leitbilder eine wichtige Orientierungsfunktion für die Akteure; auch sie begrenzen die Kontingenz von Entscheidungen, da sie beitragen zu einem »Entscheidungskorridor« (Ortmann u.a. 1990), das heißt zu einem Korridor, der den Rahmen möglicher Entscheidungen vorgibt. **Leitbilder von Rationalisierung** umfassen Vorstellungen von und Annahmen über Rationalität – Annahmen über das, was als effizient und durchführbar gilt, ebenso wie über das, was ineffizient und unpraktikabel ist. Hat sich ein Leitbild erst einmal etabliert, erscheint es als eine Sachgesetzlichkeit, die jede Alternative verbietet (Faust u. a. 1995: 13). Beispiele dafür gibt es viele; die lange beschworene Vorteilhaftigkeit einer extremen Arbeitsteilung gehört ebenso dazu wie die bis zum Ende der achtziger Jahre herrschende Überzeugung vom Nutzen und vor allem von der Machbarkeit einer automatischen Fabrik. Wer zu dieser Zeit die Vorzüge einer Aufgabenintegration pries oder an dem Nutzen einer umfassenden technisch basierten Steuerung aller Produktionsprozesse zweifelte, geriet in Gefahr, sich der Lächerlichkeit preiszugeben. Betriebliche Akteure handeln und entscheiden deshalb in Übereinstimmung mit der »gültigen« Leitlinie, weil dies ein Garant für richtiges und erfolgreiches Handeln zu sein scheint (Braczyk/ Schienstock 1996: 278).

So haben Rationalisierungsleitbilder eine prägende Kraft, doch sie währen nicht ewig; sie sind »volatil« (Springer 1999). Zwar sind Leitbilder, haben sie sich erst einmal durchgesetzt, im Zeitverlauf recht stabil, doch Vorstellungen und Annahmen können sich ändern; Leitbilder von Rationalisierung können durch andere Leitbilder abgelöst werden, wie wir im siebten Kapitel sehen werden. Allerdings braucht ihr Wechsel Zeit; sie können nicht ausgewechselt werden wie etwa eine veraltete Produktionsanlage (Braczyk/Schienstock 1996). Das Entstehen eines neuen Paradigmas braucht eine Krise des alten (Ortmann 1995: 361) und das heißt: eine wirtschaftliche Krise, weil in aller Regel nur in diesem Fall bisher gültige Wissensbestände fraglich werden und eine Neuformierung betrieblicher und überbetrieblicher Akteurskoalitionen zustande kommt, die so überzeugungsmächtig sind, dass das alte Paradigma ernsthaft in Zweifel gezogen werden kann.

Demnach folgt industrielle Rationalisierung nicht objektiven ökonomischen oder technologischen Gesetzmäßigkeiten, sondern beruht auf Interpretationen von Akteuren, die durch Leitbilder vermittelt sind (Deutschmann u. a. 1995: 437). Damit wird der Betrieb als kapitalistischer Betrieb nicht in Frage gestellt, doch die Akzentuierung der Überlegungen ist deutlich anders als in den eher strukturorientierten Analysen innerhalb der Industriesoziologie, in denen die Transformationsproblematik stärker als Kontrollproblem behandelt wird (vgl. Kap. 5.1) oder Entscheidungen in Betrieben stärker auf Marktanforderungen zurückgeführt werden.

Orientierungsfragen:

1. Was ist ein Organigramm?
2. Wer hat Macht im Unternehmen (und warum)?
3. Wodurch wird die Kontingenz von Entscheidungen begrenzt?
4. Welche Rolle spielen Kontrolle und Konsens bei der Transformation von Arbeitskraft in Arbeit?
5. Was sind mikropolitische Spiele und welche Bedeutung haben sie?

Weiterführende Literatur:

Crozier, Michel/Friedberg, Erhard (1979), Macht und Organisation – Die Zwänge kollektiven Handelns, Königstein/Ts.

Die Fassung von Macht als Attribut einer sozialen Beziehung war in der Arbeits- und Industriesoziologie Ausgangspunkt der genaueren Analyse der sozialen Beziehungen im Betrieb; spielt nach wie vor eine große Rolle.

Hildebrandt, Eckart/Seltz, Rüdiger (1989), Wandel betrieblicher Sozialverfassung durch systemische Kontrolle? Die Einführung computergestützter Produktionsplanungs- und -steuerungssysteme im bundesdeutschen Maschinenbau, Berlin.

Ausführliche Studie, in der nachgewiesen wurde, dass die Einführung moderner Technik immer auch die »soft factors« zu berücksichtigen hat.

Jürgens, Ulrich/Naschold, Frieder (Hg.) (1984), »Arbeitspolitik«, Leviathan Sonderheft 5/1983, Opladen, S. 58–91.

Mit dieser Aufsatzsammlung wurde das Konzept der Arbeitspolitik einer breiteren Fachöffentlichkeit vorgestellt und bekannt gemacht.

Kotthoff, Hermann/Reindl, Josef (1990), Die soziale Welt kleiner Betriebe – Wirtschaften, Arbeiten und Leben im mittelständischen Industriebetrieb, Göttingen.

Ein Beispiel für eine empirische Untersuchung, in der auf Basis genauer Beobachtungen und sehr detailreicher Befunde die sozialen Verhältnisse im Betrieb untersucht werden.

Ortmann, Günther/Windeler, Arnold/Becker, Albrecht/Schulz, Hans-Joachim (1990), Computer und Macht in Organisationen – Mikropolitische Analysen, Opladen.

Untersuchung von technischen Innovationen im Betrieb im Kontext von mikropolitischen Konstellationen; erste umfangreiche Studie, in der auch Erkenntnisse der Organisationswissenschaft genutzt wurden.

6. Zwei Diagnosen industrieller Entwicklung: systemische Rationalisierung und neue Produktionskonzepte

Zu Beginn der achtziger Jahre hatten sich die Dimensionen von Rationalisierung sowohl hinsichtlich ihrer Ziele als auch hinsichtlich ihrer Reichweite verändert. Zum einen waren die Anforderungen an qualitative und quantitative Flexibilität gestiegen: Vom **Anbietermarkt** zum **Käufermarkt**, so kann diese Entwicklung benannt werden. Dies bedingte den Umbruch eines Produktionsmodells, das sich durch eine Dominanz der Produktions- gegenüber einer Marktökonomie auszeichnete; dieses Modell war an seine Grenzen gestoßen, da Sättigungstendenzen auf den Märkten nicht mehr zu übersehen waren. Damit wandelte sich auch die Perspektive von Rationalisierung: Nicht mehr wie bisher Fertigung für einen Massenmarkt mittels standardisierter, hochproduktiver Maschinen und spezialisierter Arbeitskräfte, sondern, so die etwas provokante These, **flexible Spezialisierung** (Piore/Sabel 1985), das heißt eine auf die jeweiligen Kundenwünsche ausgerichtete Fertigung durch Facharbeiter. Zwar wurde die These von der flexiblen Spezialisierung keineswegs allenthalben geteilt (vgl. etwa Brandt 1986), weil sie auch interpretiert werden konnte als eine Rückkehr zur handwerklichen Produktion, aber die Problemdiagnose eines Widerspruchs zwischen Produktions- und Marktökonomie und einer sich daraus ergebenden und verschärfenden Krise des deutschen Produktionsmodells war in der Industriesoziologie weitgehend unumstritten.

Zum anderen waren komplexe Informations- und Kommunikationstechniken bis zur Anwendungsreife entwickelt worden. Die Mikroelektronik hielt auf breiter Front Einzug in die Produktion. Dadurch wurde die Realisierung der gewandelten Rationalisierungsperspektive überhaupt erst denkbar; ohne Mikroelektronik in der Produktion wäre eine zugleich flexiblere und kostengünstigere Produktion kaum möglich gewesen. Unter dem Stichwort **CIM** (= Computer Integrated Manufacturing) träumten Ingenieure und auch betriebliche Praktiker den Traum von der vollständig vernetzten, automatischen Fabrik, der für Arbeits- und Industriesoziologen allerdings angesichts der absehbaren Konsequenzen für die Beschäftigten hinsichtlich Qualifikationsanforderungen und Beschäftigungsmöglichkeiten eher ein Albtraum war. Diese Hoffnungen bzw. Befürchtungen haben sich indes nicht verwirklicht; die technischen Schwierigkeiten stellten sich als derart groß heraus, dass von hochfliegenden CIM-Visionen oftmals nur CIM-Ruinen übrig blieben.

Aber es wurden Teillösungen verwirklicht. Dazu zählen in erster Linie Systeme der Produktionsplanung- und -steuerung (= PPS-Systeme). Diese umfassen eine Vielzahl von Aufgaben.

Abbildung 3: Produktionsplanung und -steuerung[29]

Produktionsplanung	Produktions-programmplanung	Kundenauftragsverwaltung Prognoserechnung Grobplanung
	Mengenplanung	Bedarfsermittlung Bestandsrechnung Beschaffungsrechnung Bestellschreibung Bestellüberwachung
	Termin- und Kapazitätsplanung	Terminierung Kapazitätsbedarfsrechnung Kapazitätsbestimmung Reihenfolgeplanung
Produktionssteuerung	Auftrags-veranlassung	Freigabe Belegerstellung Bereitstellung Arbeitsverteilung
	Auftrags-überwachung	Fortschrittserfassung Mengen- und Terminüberwachung Kapazitätsgruppenüberwachung
Stammdatenverwaltung		Speicherung Änderung

Wie umfassend derartige Aufgaben sind, mag das Beispiel eines Unternehmens mit kundenspezifischer Fertigung vermitteln, in dem 2.000

29 Quelle: Brödner (1986).

Beschäftigte tätig sind, davon 650 in der Produktion (vgl. Brödner 1986: 75): Im Laufe eines halben Jahres müssen 1.100 Aufträge verwaltet werden, wobei in dieser Zeit 2.900 Baugruppen und von diesen wiederum 11.750 Einzelteile begonnen oder beendet werden, was die Steuerung von 16.000 Arbeitsvorgängen in 187 Arbeitsgruppen erforderlich macht. Klar, dass so vielfältige Aufgaben nur unter erheblichen Schwierigkeiten von Hand abzuwickeln waren. Der Einsatz der Mikroelektronik und deren Verfeinerung zu PPS-Systemen versprach selbst in einer Branche wie dem Maschinenbau, die durch einen hohen Anteil von kundenspezifischer Einzelserienfertigung gekennzeichnet ist, eine erhebliche Verbesserung der Programmplanung, Produktionssteuerung und Terminüberwachung und damit auch eine erhebliche Verbesserung der Kundenorientierung. Dies erklärt die rasante Diffusion von PPS-Systemen im Maschinenbau; bereits 1991 gehörten sie in 42 Prozent aller Betriebe zum Technikrepertoire, wobei Großbetriebe mit 1.000 und mehr Beschäftigten sogar zu 86 Prozent PPS-Anwender waren (Hauptmanns u. a. 1992).

Vor diesem Hintergrund der veränderten Marktanforderungen und des zunehmenden Einsatzes von Mikroelektronik wurden zwei Diagnosen industrieller Entwicklung erarbeitet, die als »systemische Rationalisierung« bzw. als »neue Produktionskonzepte« bekannt wurden.

6.1 Ein neuer Rationalisierungstyp: die systemische Rationalisierung

Bereits seit längerem theoretisch bearbeitet war das Problem von Rationalisierungsoptionen im sogenannten **Münchener Betriebsansatz**[30] (Altmann/Bechtle 1971; Bechtle 1980; Altmann u. a. 1978; Altmann u. a. 1982). Dieser Ansatz stellte den Betrieb in den Mittelpunkt der Analyse, da dieser das Zentrum des gesellschaftlichen Produktionsprozesses ist; in der Untersuchung betrieblicher Strukturen sollte deren gesellschaftlicher Charakter deutlich werden. Ausgangs-

30 Deswegen so genannt, weil er am Münchener Institut für sozialwissenschaftliche Forschung entwickelt wurde.

punkt ist die Frage nach der Vermittlung zwischen der Struktur des gesellschaftlichen Produktionsprozesses und den konkreten Formen einzelner Arbeits- und Produktionsprozesse. In Anlehnung an die Marxsche Theorie wird unterschieden zwischen dem Einzelkapital und dem gesellschaftlichen Produktionsprozess. Man ging zudem unter Anknüpfung an Max Weber davon aus, dass der Betrieb der Prototyp eines »Systems zweckrationalen Handelns« ist.

Zweckrationalität bedeutet dabei, gesellschaftliche Bedürfnisse nur insoweit zu erfüllen als es privaten (betrieblichen) Interessen dient. Dies gelingt vor allem durch die Gestaltung der betrieblichen Produktionsorganisation. Dessen konkrete Gestalt ist Resultat betrieblicher Strategien. Diese zielen auf die Autonomie des Betriebes, das heißt auf »größtmögliche Unabhängigkeit von sozio-ökonomischen, politisch-ökonomischen, gesellschaftlichen Bedingungen« (Altmann/Bechtle 1971: 34), also auf Unabhängigkeit von der Umwelt.

Dahinter stehen folgende Überlegungen: Zum einen müssen Betriebe sich daran beteiligen, die »in der Verfolgung von Privatinteressen angelegten gesellschaftlichen Irrationalitäten (Krisen, Arbeitslosigkeit, Städtemisere etc.)« (Altmann/Bechtle 1971: 27) zu dämpfen, indem sie einen Teil des von ihnen erzielten Mehrwertes abgeben, was sie tunlichst so gering wie möglich zu halten trachten. Zum anderen haben Betriebe es aufgrund von Konkurrenz immer mit Folgeproblemen von betrieblicher und gesellschaftlicher Rationalisierung zu tun, seien es nun solche auf dem Absatzmarkt oder auf dem Arbeitsmarkt. Der gesellschaftliche Produktionsprozess ist kontingent; die Regulierungsgrößen, also Wert- und Preisrelationen und in deren Folgen die Beziehungen zwischen Produktion, Zirkulation, Distribution und Konsumtion »sind zwar in historischen Momentaufnahmen jeweils bestimmte, aber sie sind nicht ex ante bestimmbar« (Altmann u. a. 1978: 155).

Betriebe agieren somit in einer Situation von **Ungewissheit**; gesellschaftliche Probleme reproduzieren sich in unvorhersehbarer Weise als betriebliche Probleme. Sie können entstehen etwa durch Veränderungen der Absatzmarktsituation, durch Rekrutierungsschwierigkeiten auf dem Arbeitsmarkt, durch subjektive Verweigerungsformen oder auch durch gesetzliche und tarifvertragliche Regelungen. Solche externen Bedingungen müssen neutralisiert werden, indem Betriebe gegenüber solchen Problemen ihre Autonomie bewahren, also externe Bedingungen so transformieren, dass sie als internes Problem bearbeitbar sind. Mit »Autonomie« ist nicht gemeint, dass Betriebe sich von ihren Verwertungsbedingungen gewissermaßen abkoppeln könnten, sondern es handelt sich immer nur um Autonomie innerhalb gesellschaftlich gesetzter Grenzen, innerhalb der Beziehungen zwischen konkurrierenden Einzelkapitalen. Diese Bewahrung ihrer Autonomie gelingt Betrieben durch die permanente Einwirkung auf die eigenen Bedingungen der Kapitalverwertung, mit anderen Worten: durch die Gestaltung ihres Produktionsprozesses, durch die Nutzung der »Elastizität« von Technik, Organisation und Arbeit. Das Verhältnis von gesellschaftlichen Bedingungen und eigenen betriebsspezifischen Bedingungen wird auf diese Weise offen und beherrschbar gehalten.

Damit relativiert dieser Ansatz, so die Autoren, zum einen die Bedeutung der sozialen Eigenständigkeit des Betriebes als autonomes Gebilde, weil dessen Autonomie immer auch Ergebnis erfolgreich eingesetzter Herrschaftsstrategie ist, und widerspricht zum anderen der »Begründung« betrieblicher Herrschaftsstrukturen aus technisch-ökonomischen Sachzwängen. Vor allem wendet sich dieser Ansatz explizit gegen Vorstellungen, denen zufolge betriebliches Handeln durch ökonomische Gesetzmäßigkeiten oder durch technisch-organisatorische Sachzwänge bedingt ist; Betriebe haben Optionen in der Gestaltung ihres Produktionsprozesses, die sie – obwohl in gleichem Maße dem Imperativ der Verwertung unterliegend – in durchaus unterschiedlicher Weise nutzen können, was auch bedeutet: Es gibt keinen »one best way« der Rationalisierung.

Betriebe sind in der Lage, für sie ungünstige Umweltbedingungen – konjunkturelle Entwicklungen, Tarifvereinbarungen etc. – zu neutralisieren. Derartige Möglichkeiten der Neutralisierung bestehen in Strategien des Arbeitskrafteinsatzes, Strategien der Technisierung und Strategien der Organisierung. Diese drei Bereiche stellen die zentralen Eingriffsbereiche dar; damit sind zugleich die Bereiche betrieblicher Rationalisierung benannt – nichts anderes meint ja die Verbesserung der Verwertungsbedingungen. Von besonderer Bedeutung sind dabei Strategien des Arbeitskrafteinsatzes, also etwa die Herstellung und Sicherung der Verfügung über Arbeitskraft, die Anpassung der Arbeitskraft an die Erfordernisse des Produktionsprozesses, Formen der Gratifizierung etc. (Altmann u. a. 1982: 22f.; vgl. auch Bechtle 1980: 57ff.)

Diese Auffassung wurde später korrigiert, als ein »neuer Rationalisierungstyp« diagnostiziert wurde: die **systemische Rationalisierung** (Altmann u. a. 1986). Unter dem Eindruck des Einzuges der Mikroelektronik in die Fertigung wurde nun der Technik besonderes Gewicht beigemessen; der »neue Rationalisierungstyp« zeichnete sich durch die hervorgehobene Bedeutung aus, die vor allem der mikroelektronischen Datenverarbeitung bei der über- und zwischenbetrieblichen Vernetzung zukam. Er basiert geradezu auf der Verfügbarkeit und dem Einsatz von computergestützten Organisations- und Steuerungstechnologien, die – so die Annahme – eine bisher nicht bekannte datentechnisch gestützte Verknüpfung und Integration einzelner Teilprozesse ermöglichen.[31]

Die systemische Rationalisierung ist durch drei Merkmale gekennzeichnet: *Erstens* erfolgt Rationalisierung in der Perspektive auf den gesamten betrieblichen Ablauf; war Rationalisierung bisher eher punktuell, so erfolgt sie nun gesamtsystembezogen, also »systemisch«, was diesem Rationalisierungstyp auch seine Bezeichnung gibt. In diesem systemischen Charakter besteht das Neue des neuen Rationalisierungstyps; er ist »darauf gerichtet, betriebliche Teilprozesse zunächst in datentechnischen Dimensionen zu erfassen, organisatorisch neu zu ordnen und letztlich datentechnisch zu vernetzen« (Altmann u. a. 1986: 191).

Zweitens greift Rationalisierung über die Grenzen des Einzelbetriebes hinaus; durch die Möglichkeiten elektronischer Datenverarbeitung können auch Liefer-, Bearbeitungs- und Distributionsprozesse einbezogen werden. Damit wird auch die zwischenbetriebliche Arbeitsteilung zum Gegenstand von Rationalisierungsbestrebungen. Selbst die technisch-organisatorische Struktur der Zulieferer wird zum Rationalisierungsgegenstand der Abnehmer: »Wichtige Rationalisierungsreserven liegen heute nicht mehr ausschließlich *in* den jeweils *eigenen* betrieblichen Prozessen, sondern gleichsam *dazwischen* –

31 Dies gilt nicht nur für Produktionsarbeit, sondern auch für die Arbeit von Angestellten im Dienstleistungssektor; vgl. dazu Kap. 10.1.

in den Beziehungen einseitig oder wechselseitig abhängiger Betriebe oder Unternehmen, das heißt in dem Aufbau und der Gestaltung von Netzwerken. Dies impliziert eine neue Stufe der technischen und organisatorischen Verknüpfung der Produktion« (Bieber 1992: 271f.; Hervorhebungen im Original).

Drittens schließlich wird Technik als elastisches Potential in Rationalisierung nicht nur einbezogen, sondern systemische Rationalisierung konzentriert sich auf Technik als elastisches Potential. Dies ist den Autoren, die wesentlich auch an der Ausarbeitung des »Münchener Betriebsansatzes« beteiligt waren, Anlass zu der »Selbstkritik«, Technik als elastische Potenz zuvor nicht ausreichend herausgearbeitet zu haben (Altmann u. a. 1986: 197). Menschliche Arbeit ist – im Unterschied zu herkömmlichen Typen betrieblicher Rationalisierung – nicht mehr direkter Bezugspunkt von Rationalisierung, sie verliert im Rahmen betrieblicher Rationalisierungsstrategien an Bedeutung: »Nicht menschliche Arbeitskraft (...), sondern Technik ist das zentrale Flexibilitätspotential der neuen Rationalisierungsstrategien« (Sauer 1992: 54).

Die Bedeutung von Technik und Arbeit ergibt sich aus deren Funktion bei der Reorganisation unternehmensübergreifender Produktion. Die Verwertungsperspektive ist dabei das Entscheidende: Nicht der einzelne Betrieb steht im Fokus des Rationalisierungsinteresses, sondern die **gesamte Verwertungskette** und dafür ist Technik von herausragender Bedeutung. Rationalisierung von Arbeit steht nur in den Bereichen im Zentrum, die sich einer Technisierung (jetzt noch) versperren oder in denen eine weitere Technisierung schwierig ist (Sauer 1992: 76). Mit Technik ist dabei nicht eine Form isolierter Automatisierung gemeint, sondern gemeint ist Systemtechnik, eine Technik also, auf deren Grundlage eine betriebs- und prozessübergreifende Reorganisation möglich wird. Systemtechnik ermöglicht die gleichzeitige Bewältigung von Flexibilitäts- und Effizienzanforderungen, die bei konventioneller Technik einen kaum auflösbaren Gegensatz darstellen. Rationalisierung wandelt also ihren Zugriff: »Rationalisierung umfasst jetzt mehrere Ebenen, die sie in eine dynamisierte Beziehung zueinander stellt: vom einzelnen Arbeitsplatz über den Arbeitsprozess, den Betrieb bzw. den betrieblichen Gesamtprozess, das Unternehmen bis hin zur Industriestruktur«

(Sauer/Döhl 1994: 197f.). Eine Kette von zum Teil eigenständigen Produktionseinheiten entsteht, die durch »fokale« Unternehmen gesteuert und kontrolliert werden; Beispiel dafür sind die Beziehungen zwischen großen Automobilkonzernen und ihren Zulieferern. Die Steuerung erfolgt durch die Schaffung von Konkurrenz- und Marktbeziehungen zwischen den (mehr oder minder) autonomen Einheiten, die aber nicht gleichberechtigt sind (vgl. ausführlicher Kap. 7.2).

Waren Altmann u. a. (1986) in ihren Prognosen über die quantitativen und qualitativen personellen Auswirkungen systemischer Rationalisierung zunächst noch vorsichtig, so sind Sauer/Döhl (1994: 208ff.) einige Jahre später schon viel entschiedener: differenzierend zwischen hoch technisierten und gering technisierten Bereichen vermuten sie eine deutliche **Einschränkung von Handlungsspielräumen** der Beschäftigten in den hochtechnisierten Bereichen. Dies gilt nicht nur für die, deren Arbeitsaufgaben sich aus der Sicherung technisch weitgehend autonom ablaufender Prozesse ergibt und die bislang eher zu den Rationalisierungsgewinnern gehörten, sondern auch für die Arbeitskräfte, denen wegen der Bewältigung von Schnittstellenproblemen Autonomiespielräume zugestanden werden müssen; denn wenn die Schnittstellenprobleme technisch gelöst werden, geraten auch deren Autonomiespielräume und sogar ihre Arbeitsplätze in Gefahr. In den gering technisierten Bereichen bleiben tayloristische Formen der Arbeitsorganisation ohnehin in erheblichem Maße bestehen; sie geraten zudem durch die Konkurrenz mit ähnlich strukturierten Arbeitsplätzen in »Billiglohnländern« zusätzlich unter erheblichen Druck.

Das Theorem der systemischen Rationalisierung ist durchaus auf Widerspruch gestoßen (vgl. etwa die Beiträge in Bergstermann/Brandherm-Böhmker 1990); bemängelt wurde etwa eine gewisse Techniklastigkeit der Argumentation, wenn aus der Existenz rechnergesteuerter Netzwerke sogleich auf eine systemische Rationalisierung geschlossen wird, eine gewisse Strategielastigkeit, wenn »systemische« Rationalisierung als »systematische« Rationalisierung (miss-)verstanden wird oder auch ein rationalistisches Vorurteil, wenn »systemische Rationalisierung« das intentionale Handeln der betrieblichen Akteure in den Vordergrund rückt und dabei die Ambivalenzen, Kontingenzen und Irrationalitäten betrieblicher Entscheidungsprozesse übersieht. Dass aber Rationalisierung als eine Rationalisierung von Einzelprozessen nur unzureichend begriffen ist, wird in der Arbeits- und Industriesoziologie mittlerweile nicht mehr bestritten.

6.2 Zunehmende Bedeutung von Arbeit: neue Produktionskonzepte

Mitte der achtziger Jahre erschien eine Studie, in der die Verlaufsformen und Folgen kapitalistischer Rationalisierung anders als im »neuen Rationalisierungstyp« gesehen wurde. Unter der Überschrift »Ende der Arbeitsteilung«, im Titel noch mit einem Fragezeichen versehen, zum Ende des Buches eher in Form einer vorsichtigen Prognose, diagnostizierten Horst Kern und Michael Schumann (1984) **neue Produktionskonzepte** – oder zumindest deren Möglichkeit. Sie hatten sich nochmals in die Betriebe und Fertigungsbereiche aufgemacht, die sie bereits 15 Jahre zuvor untersucht hatten (Kern/Schumann 1970). Sie sprachen mit Managern und Betriebsratsmitgliedern, führten leitfadengestützte Interviews mit Arbeitern ebenso durch wie Arbeitsplatzanalysen und Betriebsbegehungen und werteten Sekundärmaterialien aus. Schwerpunkte waren die Automobilindustrie, die chemische Industrie und der Werkzeugmaschinenbau; ergänzend wurden Materialien in der Margarineindustrie und in der Werftindustrie erhoben bzw. ausgewertet. Damit wollten sie nicht die historischen Verlaufsformen tatsächlicher Rationalisierung gewissermaßen nachzeichnen, sondern auch eine Antizipation künftiger Entwicklungen versuchen. Das Resultat war eindeutig:

»In den industriellen Kernsektoren vollzieht sich vor unseren Augen ein grundlegender Wandel der Produktionskonzepte, in dem das betriebliche Interesse an Ersetzung lebendiger Arbeit und das an Ökonomisierung der Rest-Arbeit auf neue Weise miteinander verschränkt sind. (...) Das Credo der neuen Produktionskonzepte lautet: a) Autonomisierung des Produktionsprozesses gegenüber lebendiger Arbeit durch Technisierung ist kein Wert an sich. Die weitestgehende Komprimierung lebendiger Arbeit bringt nicht per se das wirtschaftliche Optimum. b) Der restringierende Zugriff auf Arbeitskraft verschenkt wichtige Produktivitätspotentiale. Im ganzheitlicheren Aufgabenzuschnitt liegen keine Gefahren, sondern Chancen; Qualifikationen und fachliche Souveränität auch der Arbeiter sind Produktivkräfte, die es verstärkt zu nutzen gilt« (Kern/Schumann 1984: 19).

Lebendige Arbeit gilt nicht mehr als ein Störfaktor der Produktion, deren Unberechenbarkeit durch Technisierung in Schach zu halten ist, sondern auch aus der Perspektive der Kapitalverwertung steigt die **Wertschätzung der qualitativen Potentiale von Arbeit**; selbst im Management findet sich zunehmend eine Sichtweise, derzufolge es Gestaltungsoptionen auszuschöpfen gilt, um die Motivationspotentiale von Arbeitern zu nutzen. In der Fahrzeugfertigung könne selbst eine »Reprofessionalisierung der Produktionsarbeit« (Kern/Schumann 1984: 98) nicht mehr ausgeschlossen werden – nicht im Sinne der Wiederentdeckung des Berufsarbeiters, aber doch im Sinne einer Arbeit mit hohen Qualifikationsanforderungen und Regulationschancen, wenngleich auch hohen Stressbelastungen.

Freilich ist dies nicht die Entwicklungsperspektive des gesamten industriellen Sektors, sondern die Autoren wollen mit diesen neuen Produktionskonzepten den wahrscheinlichen Entwicklungspfad allein der **industriellen Kernsektoren** benennen – eben der Automobilindustrie, der Großchemie, des Werkzeugmaschinenbaus, also der Industriezweige, die im Unterschied zu krisenbestimmten Branchen wie etwa der Werftindustrie, in denen es allein um das ökonomische Überleben geht, die Kraft zur Produktinnovation und Modernisierung der Produktionsarbeiter aufbringen. In diesen Branchen aber wird eines deutlich: »eine an die Substanz gehende Neufassung des Begriffs kapitalistische Rationalisierung. Der Prozess, den wir damit benennen wollen, meint nicht Restitution von bekanntem, sondern Eindringen in Neuland – neue Produktionskonzepte auch und gerade durch einen anderen Umgang mit der lebendigen Arbeit« (Kern/Schumann 1984: 24).

Das Ende der Arbeitsteilung steht auf der Tagesordnung (Kern/Schumann 1984: 218), freilich, wie gesagt, nicht in allen Branchen und auch nicht für alle Arbeiter. Zwar gibt es in den industriellen Kernsektoren die **Rationalisierungsgewinner**, die von den neuen Produktionskonzepten profitieren und sich vor allem unter Produktionsfacharbeitern und Instandhaltungsspezialisten finden. Es gibt aber auch die **Rationalisierungsdulder**, die Rationalisierung gezwungenermaßen akzeptieren; sie haben einen traditionellen Arbeitsplatz in den Kernsektoren, sind aufgrund persönlicher Merkmale – Alter, fehlende Qualifikation, Nationalität, Geschlecht – für die neuen Produktionskonzepte kaum einsetzbar, andererseits aber auch nicht aktuell gefährdet. Dann aber gibt es die **Rationalisierungsverlierer**, also Arbeiter der krisenbestimmten Branchen, die um die Existenz ihrer Betriebe kämpfen, und als vierte Gruppe schließlich gibt es die **Arbeitslosen**; sie haben immer weniger Chancen, überhaupt in den Arbeitsprozess hinein zu kommen, da die Mikroelektronik ihre gesteigerte Freisetzungsqualität immer unverhüllter zeigt und in Zukunft mit noch mehr Nettoverlusten an Arbeitsplätzen zu rechnen ist.

Das prognostizierte, oder vorsichtiger: das mögliche **Ende der Arbeitsteilung** war also keineswegs die Verheißung einer »schönen neuen Arbeitswelt« für alle. Kern und Schumann arbeiteten in aller Deutlichkeit die Verschärfung auch bisher schon bestehender Segmentationslinien in der Industriearbeiterschaft heraus. Zudem bezogen die neuen Produktionskonzepte sich keineswegs auf alle Arbeiter, sondern nur auf ausgewählte Beschäftigte in zumindest halbwegs prosperierenden Industriezweigen. Für diese »Rationalisierungsgewinner« freilich waren die Aussichten durchaus günstig.

Insgesamt bedeutete dies eine weitreichende Revision früherer Annahmen, insbesondere der Polarisierungsthese; diese These einer Polarisierung von Qualifikationen infolge der technischen Entwicklung wurde ersetzt durch eine **Segmentierungsthese**, das heißt einer dauerhaften Segmentierung zwischen Rationalisierungsgewinnern, Rationalisierungsduldern und Rationalisierungsverlierern. Vor allem die (noch) Beschäftigten mit Jedermanns-Qualifikationen in den krisenbestimmten Branchen stehen in Gefahr einer dauerhaften Abkopplung und Isolierung, während sich für qualifizierte Produktionsarbeit in den Kernsektoren zuvor kaum für möglich gehaltene Chancen eröffnen.

Derartige Prognosen stießen auf Kritik; immerhin stellten die »neuen Produktionskonzepte« die bis dahin allgemein geteilte Prämisse in Frage, dass der kapitalistischen Verwertungslogik alternativlos eine **tayloristische Strategie der Rationalisierung** mit deren

Folgen von Dehumanisierung und Dequalifizierung entsprach. Bemängelt wurden insbesondere (vgl. die Beiträge in Malsch/Seltz 1987) vier Punkte: *Erstens* wurde die angesichts der doch eher schmalen empirischen Basis sehr weitreichende Prognose bezweifelt; *zweitens* wurde die »starke« Behauptung eines Strukturbruches kapitalistischer Rationalisierung kritisiert – man könne allenfalls von einem Formwandel sprechen; *drittens* wurde die Vernachlässigung des gesamten Bereichs der Nichtfertigung, also der Verwaltung kritisiert, deren Berücksichtigung die Verzahnung von Rationalisierungsstrategie in Fertigung und Verwaltung hätte deutlich machen können; und *viertens* schließlich seien die Chancen und Risiken der neuen Produktionskonzepte falsch gewichtet – wenn es denn schon Rationalisierungsgewinner gäbe, so sei ihre Anzahl jedenfalls weit geringer als von Kern und Schumann vermutet.

Nachfolgende empirische Studien schienen diese Zweifel zu bestätigen. So kommen Pries u. a. (1990), die schon mit dem Titel ihres Buches – »Entwicklungspfade von Industriearbeit« – vor linearen Szenarien warnen, auf der Basis eigener Kurzrecherchen und den Berichten wissenschaftlicher Experten aus sieben Industriebranchen zu dem Schluss, dass von einer Reprofessionalisierung der Produktionsarbeiter als allgemeiner oder auch nur dominanter Tendenz auf keinen Fall gesprochen werden könne, dass zwar eine intensivierte und erweiterte Nutzung der Arbeitskräfte zu beobachten sei, dies aber nichts mit einem generellen »pfleglicheren« Umgang mit dem Produktionsfaktor Arbeit zu tun habe (Pries u. a. 1990: 224).

Auch die Urheber der neuen Produktionskonzepte unterzogen ihre Behauptung noch einmal einer empirischen Überprüfung. 1994 erschien der »Trendreport« (Schumann u. a. 1994), in dem wie in der ein Jahrzehnt zuvor erschienen Studie der Werkzeugmaschinenbau, die Automobilindustrie und die Chemische Industrie untersucht wurden[32]. Die Ergebnisse waren, wenn vielleicht auch nicht ernüch-

---

32 Von der empirischen Basis her gehört diese Studie sicherlich zu einer der umfangreichsten und ambitioniertesten Untersuchungen, die bislang in der deutschen Arbeits- und Industriesoziologie durchgeführt worden sind. Die Daten wurden in 47 Werken aus den genannten Branchen erhoben. Dabei wurden mehr als 500 Expertengespräche und 300 Arbeiterinterviews sowie nahezu 96.000 Arbeitsplatzbeobachtungen durchgeführt.

ternd, so doch auch nicht so verheißungsvoll wie zuvor möglicherweise erwartet. Zwar konnten die Autoren mit ihren Ergebnissen unterstreichen, dass die These vom Bedeutungsverlust der Arbeit nicht aufrecht zu erhalten ist, denn der »Wiedereinzug von Produktionsintelligenz in die Massenproduktion ist mittlerweile ein Faktum und stellt eines der entscheidenden Resultate der Produktionsmodernisierung für die von uns untersuchte Rationalisierungsetappe dar« (Schumann u. a. 1994: 643).

Doch dies zeigt sich nicht in allen Branchen – am ehesten noch in der Automobilindustrie, in der der Taylorismus sich am härtesten mit den gewandelten Fertigungsanforderungen (Flexibilität!) stößt –, nicht in allen Betrieben, nicht in allen Bereichen, und vor allem: nicht als verbindliche Vorstandspolitik. Die **Potentiale der neuen Produktionskonzepte** sind bei weitem nicht ausgeschöpft, da die veränderten Formen der Arbeitsorganisation oftmals singulär bleiben und nicht eingebunden sind in eine umfassende Restrukturierung. In nennenswertem Umfang lassen sich die veränderten Arbeitsformen nur nachweisen in den automatisierten Bereichen der Fertigung und Montage, also den Bereichen mit einer besonders avancierten Technik. Hier zeigt sich eine Transformation der Arbeit von **Herstellungsarbeit** in **Gewährleistungsarbeit**. Auch beim Einsatz modernster Technik kann menschliche Arbeit aus dem Produktionsprozess nicht vollständig eliminiert werden, da für das Funktionieren der Technik weiterhin Arbeit erforderlich ist. Diese Arbeit wird »Gewährleistungsarbeit« genannt, da sie den ordnungsgemäßen Ablauf der Prozesse gewährleisten muss. Damit sind Tätigkeiten in der Prozessvorbereitung und Prozessregulierung gemeint, also Qualitätssicherung, Instandhaltung, Optimierung und Planung. Solche menschlichen Tätigkeiten bleiben wegen technischer Unvollkommenheiten der automatisierten Anlagen weiterhin erforderlich; sie dienen der »Systemregulierung«, die Produktionserfahrung, hohe Kompetenz und Selbstständigkeit erfordert.

Abbildung 4: Traditionelle und moderne Produktionsarbeit[33]

	Maschinen- und Anlagenführer	**Systemregulierer**	
		Facharbeiter (traditionell)	**Facharbeiter (neuen Typs)**
Qualifikation	zum Teil Ausbildung, oft fachfremd	Ausbildung in einem technischen Beruf (traditionelle Berufsbilder)	Ausbildung in einem technischen Beruf (neugeordnete Berufsbilder)
Qualifikationserweiterung durch	»Learning by Doing«	Berufserfahrung	Problemlösungserfahrung
Problemlösung durch	Anwendung von Erfahrungswissen (begrenzter Set anlagenbezogener Kenntnisse und Fähigkeiten)	Anwendung des »Wissenskanons« (fester Set fachlicher Kenntnisse und Fähigkeiten)	Anwendung von Problemlösungsstrategien
Vorgehensweise	empirisch-adaptiv	erfahrungsgesättigt-systematisch	systematisch-strategisch
Qualifikationsreichweite	anlagenbezogen	berufsbildbezogen	problemtypbezogen
Berufsverständnis/ Habitus	»alter Hase«	»solider Handwerker«	»Problemlöser«
Wahrnehmung von Problemsituationen	Probleme als Belastung		Probleme als Herausforderung

Für diese **Systemregulierer** kann in der Tat von Reprofessionalisierung gesprochen werden. Es handelt sich in der Regel um eine Tätigkeit auf dem Niveau von Facharbeit mit einer Verschränkung von theoretisch-fachlichen und erfahrungsgebundenen-empirischen Kompetenzen. Prozesswissen, Kenntnis der Produktionsanlagen und -technologien, instandhalterisches Können bis hin zur genauen Kenntnis betrieblicher Abläufe und Prozeduren der Qualitätssicherung – all dieses wird vom Systemregulierer verlangt. Die Unterscheidung zwischen Herstellungs- und Gewährleistungsarbeit bestimmt das Qualifikationsprofil des Systemregulierers; es ist qualifizierte Arbeit, die er ausübt, ohne dass sie jedoch in eins zu setzen wäre mit traditioneller Facharbeit. Denn je mehr er auch indirekte Aufgaben übernimmt, je mehr er also die traditionelle Demarkationslinie zwischen Produktionsarbeit und vor- und nachgelagerten Bereichen überschreitet,

33 Quelle: Wittke (1993).

desto mehr kann der Systemregulierer als Facharbeiter neuen Typs, als »Problemlöser« angesehen werden.

Bei dem Systemregulierer ist der traditionelle **Interessenantagonismus** zwischen Kapital und Arbeit zwar nicht außer Kraft gesetzt, aber in wichtigen Dimensionen abgeschwächt; weiterhin bleiben traditionelle Auseinandersetzungen um Lohn, Personalbesetzung und Arbeitszeitfragen virulent, aber unter dem Aspekt der Rücknahme von Arbeitsteilung und demzufolge unter dem Aspekt ihrer beruflichen Selbstentfaltung gehen ihnen die betrieblichen Veränderungen oftmals nicht weit genug.

Der grundlegend veränderte Prozessbezug des Systemregulierers markiert, so die Autoren, »eine einschneidende Wende im bis dato durch den Trend zur Dequalifizierung bestimmten betrieblichen Rationalisierungsgeschehen: Reprofessionalisierung setzt sich durch« (Schumann u. a. 1994: 644). Ein Blick auf die quantitative Verbreitung des Systemregulierers ist freilich eher ernüchternd. Zwar dürfte sich der Anteil der Systemregulierer im Zuge der Transformation von mechanisierter Fertigung in automatisierte Prozesse weiter vergrößern, doch zum Zeitpunkt der Untersuchung waren in der Chemischen Industrie mit ihrem hohen Anteil an automatisierter Fertigung zwar schon jeder zweite, im Automobilbau und im Werkzeugmaschinenbau aber gerade mal rund jeder zehnte Arbeiter diesem Typus zuzurechnen. So ist einerseits mit Blick auf die Zukunft und im Hinblick auf das grundlegend veränderte Tätigkeitsfeld des Systemregulierers der Befund durchaus hoffnungsfroh, »doch haben sich die Gewichte zwischen Herstellungs- und Gewährleistungsarbeit bei weitem nicht so weit verschoben, wie von vielen erwartet. Nicht die arbeitsverdünnten Automationssektoren bestimmen die Tätigkeitsstruktur der Arbeit, sondern die verbleibenden arbeitsintensiven Restbereiche. Die große Mehrheit der Produktionsarbeiter verbleibt weiterhin im Status des ›einfachen Handarbeiters‹ oder ›Lückenbüßers der Mechanisierung‹ traditioneller Prägung« (Schumann u. a. 1994: 644).

Die neuen Produktionskonzepte spielen eine Rolle, doch nicht in dem Maße, wie 1984 prognostiziert – und von einer an die »Substanz gehenden Neufassung des Begriffs kapitalistischer Rationalisierung« ist schon überhaupt nicht mehr die Rede. Dies stellt zweifellos eine Desillusionierung gegenüber den seinerzeitigen Prognosen dar, doch werden die Befunde von derartigen Visionen befreit und wird eine Arbeitsorganisation, deren Gestaltung anderen als rigiden tayloristischen Prinzipien folgt, nicht gleich mit einem »Strukturbruch kapitalistischer Rationalisierung« assoziiert, dann bleibt festzuhalten: Es ist etwas passiert – zwar nicht in dem Ausmaß wie noch 1984 vermutet, doch immerhin: Der »Strukturwandel innerhalb der industriellen Kernsektoren folgt nicht mehr einem Trend zur Dequalifizierung, wie er jahrelang Ergebnis betrieblichen Rationalisierungshandelns war« (Wittke 1993: 30).

6.3 Rationalisierung: »arbeitskraftzentriert« oder »technikzentriert«?

Die »systemische Rationalisierung« und die »neuen Produktionskonzepte« waren (zumindest auf den ersten Blick) nicht kompatibel. Beobachter der Debatte sprachen sogar von den »beiden extremen Positionen« (Bechtle/Lutz 1989: 16). Allerdings näherten die Auffassungen sich im Laufe der Jahre an.

Die Behauptung vom **Bedeutungsverlust lebendiger Arbeit** bei systemischer Rationalisierung, anfangs immerhin eines der zentralen Merkmale des neuen Rationalisierungstyps, wurde später korrigiert (vgl. etwa Sauer/Döhl 1994); eine Entgegensetzung »technikzentrierter« versus »arbeitszentrierter« Rationalisierungsversionen ziele am eigentlichen Problem vorbei, da es die neue strategische Qualität betrieblicher Rationalisierung verkenne, die in der Erweiterung der Verwertungsperspektive des einzelnen Unternehmens zu suchen sei, und das schließe eine möglichst umfassende Nutzung von Arbeitskraft durchaus ein. Und auch nach Auffassung der Protagonisten der neuen Produktionskonzepte stellten diese keine Alternative zum neuen Rationalisierungstyp dar; sie sollten die Analyse nur in einer anderen Perspektive im Rahmen innerwissenschaftlicher Arbeitsteilung fokussieren. Dabei sei man sich aber einig, dass Rationalisierung als ganzheitliche, Arbeit, Betrieb und Unternehmen umfassende Strategie zu analysieren sei, für die Technik und Arbeit ebenso wie Personal und Produkt oder Marktbeziehungen und Herrschaftsbedingungen Mittel und Rahmenbedingungen sind (vgl. Schumann u. a. 1994: 13).

Ein Verständnis von Rationalisierung in diesem Sinne ist in der Arbeits- und Industriesoziologie mittlerweile Allgemeingut. Doch ob mit dieser Verständigung die Unterschiede und Differenzen zwischen systemischer Rationalisierung und neuen Produktionskonzepten dann doch nicht etwas zu sehr eingeebnet werden, kann schon gefragt werden. Es macht ja eine nicht ohne weiteres zu vernachlässigende Differenz aus, ob Rationalisierungsprozesse (und damit auch deren Folgen) eher aus den Potentialen der zur Verfügung stehenden Technik geschlossen und als »objektive, sich auch ›hinter dem Rücken des Managements‹ vollziehende ökonomische Bewegung konzipiert« (Moldaschl/Schultz-Wild 1994) werden oder ob sie im Hinblick auf die Nutzung vorhandener Gestaltungsoptionen durch das Management erklärt werden – ganz unabhängig davon, dass das Theorem der systemischen Rationalisierung mehr die Risiken dieses neuen Rationalisierungstyps für die Arbeitnehmer akzentuiert, während mit den neuen Produktionskonzepten stärker die Chancen betont werden. Doch beide Diagnosen können jeweils für sich auch gute Belege anführen. Dies ist nicht nur ein Reflex der Vielfalt der beobachteten betrieblichen Rationalisierungsprozesse, sondern auch ein Ausdruck des Vorhandenseins von Gestaltungsoptionen; offensichtlich sind die beobachtbaren Folgen des Einsatzes der zur Verfügung stehenden Mikroelektronik und die Reichweite, in der diese genutzt werden, auch abhängig von dem jeweils untersuchten Fall.

Technik und Arbeitsorganisationen korrelieren also nicht miteinander. Dies ist zwar keine ganz neue Erkenntnis (vgl. Kap. 4.1), aber ein weiterer Schritt zum nunmehr endgültigen **Abschied vom Technikdeterminismus** (Lutz 1987a), also dem Abschied von der Auffassung, dass die jeweilige Arbeitsgestaltung aus den Anforderungen der technischen Basis des Arbeitsprozesses zu erklären ist. Nun hat die Industriesoziologie sich seit den siebziger Jahren, wie Kern (1998: 121) herausgestellt hat, sicherlich nicht durchgängig von der Auffassung leiten lassen, dass die Produktionstechnik alternativlos die Sozialorganisation eines Betriebes prägt. Aber auf jeden Fall rückte die eingängige Formel vom »Ende des Technikdeterminismus« die Notwendigkeit in den Vordergrund, Technik nicht länger als exogenen Faktor zu betrachten. Dies bedeutete einerseits, bereits die Genese von Technik als soziologisch relevanten Gegenstand zu begreifen, also nicht nur ihre Nutzung, sondern auch ihre Entwicklung zu untersuchen. Dies hat weitere Forschungen zu »Technik als sozialer Prozess« nach sich gezogen, die aber nur wenig zum Gegenstand der Arbeits- und Industriesoziologie geworden sind, sondern in das Themenfeld der Techniksoziologie fielen.

Andererseits sind mit diesem veränderten Verständnis von Technik frühere Gewissheiten fragwürdig geworden. Denn die Antwort auf die Frage nach den Folgen von Technisierungs- und Rationalisierungsprozessen fällt unterschiedlich aus, je nachdem, ob die untersuchten Rationalisierungsprozesse als eher »arbeitskraftzentriert« oder als eher »technikzentriert« beurteilt werden. Diese Differenzierung findet sich zugespitzt in der Unterscheidung zwischen technozentrischem und anthropozentrischem Entwicklungspfad. Ein **technozentrischer** Weg, ausgerichtet auf eine möglichst weitgehende Unabhängigkeit von der Unberechenbarkeit lebendiger Arbeit durch möglichst weitgehende Technisierung aller Arbeitsabläufe mit Hilfe der Mikroelektronik (Stichwort: CIM), würde, so die Befürchtung, zu einer weiteren Verdrängung qualifizierter Arbeit führen. Diesem Weg wurde als bessere Alternative der **anthropozentrische** Entwicklungspfad entgegengehalten, durch den die produktiven Potenziale des Menschen zur Geltung gebracht werden sollen, indem die Maschinen als Arbeitsmittel genutzt werden statt den Menschen auf die Funktionsweise von Maschinen zu reduzieren.

Dieser anthropozentrische Weg war mehr eine wünschenswerte Vision statt ein theoretisch oder empirisch angeleiteter Befund und ist wohl auch aus diesem Grunde in der Fachgemeinschaft nicht sehr intensiv diskutiert worden. Die Differenzierung macht aber in aller Deutlichkeit die unterschiedlichen Voraussetzungen und Folgen eines arbeitskraftzentrierten und eines technikzentrierten Rationalisierungskonzeptes deutlich; ersteres rückt den Menschen als Produktionsfaktor in den Vordergrund, letzteres wird oftmals gleichgesetzt mit einem »neo-tayloristischen Vorgehen« (Moldaschl/Schultz-Wild 1994: 17). Diese Gleichsetzung ist freilich keineswegs unproblematisch (vgl. Böhle 1998); eine Abkehr von tayloristischen Arbeitsformen muss nicht gleichbedeutend sein mit einer Abwendung von technikzentrierten Rationalisierungsstrategien, im Gegenteil: Eine Ent-Taylorisierung, also eine Integration vormals getrennter Funktionen scheint gerade in den hochtechnisierten Bereichen stattzufinden, wie das Beispiel des Systemregulierers zeigt, der sich vor allem in den technisch avanciertesten Bereichen findet, während in den sog. »Low-Tech-Bereichen« tayloristische Arbeitsformen ein großes Beharrungsvermögen aufweisen.

Auf jeden Fall haben mit dem Ende des Technikdeterminismus bisher scheinbar eindeutige Annahmen über die Zukunft der Arbeit viel von ihrer Plausibilität verloren. Bereits Braczyk u. a. (1982: 26f.) prognostizierten, dass neue gesellschaftliche Probleme ein anderes Rationalisierungskonzept auch für die Industriesoziologie nahe legen. Die neuen Produktionskonzepte, aber auch die systemische Rationalisierung lösten diese Prognose gewissermaßen ein, zeigten sie doch bei allen (vermeintlichen oder tatsächlichen) Unterschieden, dass ein Verständnis von Rationalisierung als ausschließlich tayloristische Rationalisierung der veränderten ökonomischen Situation nicht mehr angemessen war und die Betriebe auf die neuen Anforderungen zu reagieren begonnen hatten.

Orientierungsfragen:

1. Was sind die Kernaussagen der »systemischen Rationalisierung«?
2. Worin unterscheiden die »neuen Produktionskonzepte« sich von dem »neuen Rationalisierungstyp«?
3. Was ist mit »Technikdeterminismus« gemeint und weswegen steht er am Ende?
4. Was kennzeichnet den Systemregulierer?
5. Wozu werden PPS-Systeme eingesetzt?

Weiterführende Literatur:

Altmann, Norbert/Bechtle, Günter (1971), Betriebliche Herrschaftsstruktur und industrielle Gesellschaft – Ein Ansatz zur Analyse, München.

Theoretisch anspruchsvolle Studie zum Zusammenhang von betrieblicher Struktur und kapitalistischer Gesellschaft; eine der Grundlagen des Münchener Betriebsansatzes.

Altmann, Norbert/Deiß, Martin/Döhl, Volker/ Sauer, Dieter (1986), »Ein ›Neuer Rationalisierungstyp‹ – Neue Anforderungen an die Industriesoziologie«, Soziale Welt, Jg. 37, H. 2/3, S. 189–207.

Der Aufsatz, in dem mit der systemischen Rationalisierung ein neuer Rationalisierungstyp diagnostiziert und prognostiziert wurde.

Kern, Horst/Schumann, Michael (1984), Das Ende der Arbeitsteilung? Rationalisierung in der industriellen Produktion, München.

»Neue Produktionskonzepte sind möglich« – erstmals wurde die Möglichkeit nicht-taylorisierter Arbeitsformen auch in der industriellen Produktion in Erwägung gezogen; mittlerweile ein Klassiker.

Malsch, Thomas/Seltz, Rüdiger (Hg.) (1987), Die neuen Produktionskonzepte auf dem Prüfstand – Beiträge zur Entwicklung der Industriearbeit, Berlin.

Sammelband von Aufsätzen, die sich auf hohem Niveau mit den Überlegungen und Behauptungen von Kern/Schumann (1984) kritisch auseinandersetzen.

Pries, Ludger/Schmidt, Rudi/Trinczek, Rainer (1990), Entwicklungspfade von Industriearbeit – Chancen und Risiken betrieblicher Produktionsmodernisierung, Opladen.

Arbeits- und Technikgestaltung als ein sozialer Prozess, sodass unterschiedliche Entwicklungspfade von Industriearbeit wahrscheinlich sind; auch eine Auseinandersetzung mit Kern/Schumann (1984).

Schumann, Michael/Baethge-Kinsky, Volker/Kuhlmann, Martin/ Kurz, Constanze/Neumann, Uwe (1994), Trendreport Rationalisierung – Automobilindustrie, Werkzeugmaschinenbau, Chemische Industrie, 2. Auflage, Berlin.

Empirische Überprüfung der These von den neuen Produktionskonzepten – mit durchaus ernüchternden Resultaten.

7. Prozesse der Dezentralisierung[34]

Seit der Studie von Kern/Schumann (1984) und deren Behauptung, dass neue Produktionskonzepte Chancen hätten, sowie der »Entdeckung« der systemischen Rationalisierung (Altmann u. a. 1986) deuteten viele Indizien auf eine veränderte Zielsetzung von Rationalisierung, die Wittke (1995) an drei Punkten festmachte:

- erstens sollte Marktsättigung und Preiskonkurrenz durch eine »differenzierte Qualitätsproduktion« bewältigt werden, indem auf Qualität, Flexibilität und technische Exzellenz gesetzt wurde;
- zweitens sollten Produktivitätssteigerungen durch eine breitflächige Automatisierung der Produktion erzielt werden;
- drittens setzte sich zunehmend die Einsicht durch, dass Qualität, Flexibilität und High-Tech-Produktion einer arbeitsorganisatorischen Absicherung in Form einer Ent-Taylorisierung (»neue Produktionskonzepte«) bedürften.

Die Gleichzeitigkeit von marktlichen Veränderungen (von Verkäufer- zu Käufermärkten) und neuen technologischen Basisinnovationen ließen **neue Rationalisierungsperspektiven** möglich erscheinen. Industrielle Entwicklung konnte nicht mehr als linearer Prozess gedacht werden. Pries u. a. (1990) unterschieden zwischen unterschiedlichen »Entwicklungspfaden von Industriearbeit«, Schultz-Wild u. a. (1989) kamen bei einer Untersuchung im Investitionsgüter produzierenden Gewerbe, bei der es insbesondere um die Nutzung von CIM-Komponenten ging, zu dem Schluss, dass zwar eine Mehrheit

34 Ein ausführlicher Überblick zum Thema findet sich bei Jäger (1999), der auch die unterschiedlichen industriesoziologischen Bewertungen nachzeichnet, die hier nur en passant angesprochen werden können.

von Betrieben – von ihnen als »strukturkonservativ« bezeichnet – eine traditionelle tayloristische Strategie verfolgt, dass aber eine starke Minderheit von – »strukturinnovativen« – Betrieben mit neuen Wegen experimentiert. Und auch Hirsch-Kreinsen u. a. (1990: 15) gingen auf Basis ihrer Untersuchungen im Maschinenbau von »einer Offenheit künftiger Entwicklungen von Technik und Arbeit« aus; offen bleibe indes, welche Richtung die Entwicklung nehmen würde, da unterschiedliche Pfade denkbar seien.

Auf jeden Fall zeichnete sich eine zunehmende Bereitschaft in den Unternehmen ab, von bisher verfolgten Strategien des Arbeitskrafteinsatzes abzuweichen. Dies zeigte sich auch in einer am Wissenschaftszentrum Berlin durchgeführten international vergleichenden Studie in der Automobilindustrie, die auf empirischen Untersuchungen in amerikanischen, britischen und deutschen Werken beruhte. Hinsichtlich der betrieblichen Formen der Arbeitsregulierung ließen sich fünf Punkte konstatieren (Jürgens u. a. 1989: 355ff.), die in jeweils besonderer Weise Chancen und Risiken für die Beschäftigten beinhalteten:

- Formwandel der Kontrolle über die Produktionsarbeit: statt detaillierter Vorgabe des Arbeitsablaufs mehr Möglichkeiten der Selbstregulation bei gleichzeitig verstärkter Kontrolle durch die Konzernzentralen;
- Strategien der Aufgabenintegration: Verbreiterung von Aufgabenbereichen, ohne dass dies freilich mit erheblichen Qualifikations- und Entgeltaufwertungen der Produktionsarbeit einhergeht;
- Automation und Facharbeit: Polarisierung von Qualifikationen in den Hochtechnologiebereichen, wobei zunehmend Facharbeiter auch an »Restarbeitsplätzen« eingesetzt werden, deren Chancen auf Beschäftigung und Aufstieg aber insgesamt günstig stehen;
- Fließbandarbeit und Taktbindung: Auflösungserscheinungen der Bindung von Arbeitsrhythmus und Leistungsabgabe an den Maschinentakt und die Bandgeschwindigkeit, ohne dass dies jedoch den Beginn von Zeitsouveränität markiert;
- Entwicklung von »Humanressourcen«: stärkere Berücksichtigung der Arbeitskraftpotentiale mit allerdings erheblichen Unterschieden in den einzelnen Konzernen und Werken.

Damit war klar: es tut sich was, und zwar selbst in einer Branche wie der Automobilindustrie, der in vielerlei Hinsicht eine Vorreiterstellung zukommt; selbst hier wurde nach neuen Formen der Transformation von Arbeitskraft in Arbeit gesucht. Im Jahr 1991 erschien dann die deutsche Übersetzung einer Automobilstudie, die am Massachusetts Institute of Technology (MIT) durchgeführt worden war (Womack u. a. 1991). Ihre Autoren argumentierten nicht vorsichtig wie Industriesoziologen, sondern wollten eine Botschaft vermitteln und wussten mit dramatischen Untersuchungsergebnissen aufzuwarten: Die Produktivität japanischer Werke in Japan lag mehr als doppelt so hoch wie die Produktivität westeuropäischer Werke; auf 60 Qualitätsmängel in Japan kamen 97 in Westeuropa, die Absentismusquote war fast zweieinhalb mal höher, für eine Normalisierung der Produktion nach einem Modellwechsel brauchte man in Westeuropa die dreifache Zeit, für eine Normalisierung der Produktqualität sogar fast die neunfache Zeit etc. pp. Die Zauberformel für die japanische Überlegenheit – und dies war die Botschaft – hieß **lean production**. Diese Produktionsweise ist deswegen schlank[35], weil sie von allem weniger einsetzt als die Massenfertigung und doch zu weniger Fehlern und einer größeren Vielfalt von Produkten führt (Womack u. a. 1991: 19). Dies konnte gelingen durch eine Konzentration auf den Wertschöpfungsprozess und eine Verschlankung insbesondere im Bereich der indirekten Funktionen.

Lean production wird als ein geschlossenes Produktionssystem analysiert, dessen einzelne Elemente nahtlos ineinander greifen. Diese Elemente umfassen die Produktentwicklung und -konstruktion, die Zuliefererbeziehungen, die Fabrikorganisation sowie den Kundenservice. Die Fertigung ist nur ein, wenngleich das zentrale Element. Letztlich geht es darum, dass Abstimmung und Koordination der einzelnen Unternehmensfunktionen optimiert werden, um die Vorteile handwerklicher Produktion und die Vorteile der Massenproduktion zu kombinieren, aber deren Nachteile (hohe Kosten der handwerklichen Produktion, Starrheit der Massenproduktion) zu vermeiden. Dabei ist dieses Konzept keineswegs nur auf die Automobilin-

35 Dies ist jedenfalls das Adjektiv, das sich in Deutschland einbürgerte, obwohl »lean« eher »mager« bedeutet – doch ist das sicherlich kein gleichermaßen positiv besetztes Schönheitsideal.

dustrie bezogen, sondern die Autoren versprechen, »dass (sich) die Grundsätze der schlanken Produktion in gleicher Weise in jeder Industriebranche der Erde anwenden lassen« (Womack u. a. 1991: 13) – das Versprechen eines »one best way«, das vielfach kritisiert worden und wohl auch nicht ganz ernst zu nehmen, sondern mehr den Zutaten eines Managementkonzeptes zuzurechnen ist, das auf dem Markt platziert werden soll.

»Lean« wurde zu einer Metapher für eine moderne Form der Produktion. Die wirtschaftliche Krise insbesondere in der Automobilindustrie und das Zerplatzen weitreichender Visionen einer Fabriksteuerung durch moderne Informations- und Kommunikationstechnologien (CIM) erhöhten in Managerkreisen die Aufnahmebereitschaft für die neue Botschaft. Hinzu kam, dass lean production eine Behebung der Mängel tayloristisch orientierter Organisationsgestaltung versprach. Lean wurde interpretativ viabel (dazu: Ortmann 1995: 371ff.), weil es als neues Deutungsmuster akzeptiert werden konnte, nachdem andere Strategien – wie eben der Versuch einer umfassenden, technisch basierten Steuerung von Fertigungsprozessen – viel von ihrem Glanz verloren hatten und die krisenhaften Erscheinungen auch andere, gänzlich neue Optionen als praktikabel erscheinen ließen. Dass das in der MIT-Studie vorgeschlagene Konzept keineswegs eindeutig, sondern eher schillernd war, tat der Viabilität keinen Abbruch, sondern war eher ein Vorzug, konnte es doch diejenigen, die an einer Humanisierung der Arbeit interessiert waren, ebenso »bedienen« wie diejenigen, denen an Kosteneinsparung und Produktivitätsverbesserung gelegen war.

Der Erfolg der insbesondere bei Toyota entwickelten schlanken Produktion begründete sich nun, so die Autoren der MIT-Studie (Womack u. a. 1991), nicht etwa in einer überlegenen Technik, einer weit vorangetriebenen Automation oder dergleichen, sondern in einer überlegenen Organisations- und Kooperationsform. Angepriesen wurde damit die **Dezentralisierung** von Unternehmensstrukturen auf allen Ebenen. Im Anschluss an Max Weber und an Taylor galt Steuerung und Koordinierung durch Hierarchie in Wissenschaft und Praxis lange Zeit als rationalste und effektivste Form des Wirtschaftens, doch die Vorteile starrer Hierarchien wurden um den Preis einer hohen Inflexibilität erkauft. Zwar waren die Negativeffekte einer rigiden Hierarchie bei turbulenten Umwelten in der Organisationsforschung bereits seit der Untersuchung von Burns/Stalker (1961) bekannt, doch erst die MIT-Studie popularisierte die Vorteile flacher Hierarchien und setzte damit Dezentralisierung auf die Managementagenda.

Dezentralisierung bedeutet die Verlagerung von Kompetenzen nach unten, also von oberen auf untere Hierarchieebenen, letztlich auf die ausführende Stelle. Die Form der Dezentralisierung hängt davon ab, was mit der »ausführenden Stelle« gemeint ist, ob es sich dabei um Einheiten auf der Ebene der Unternehmensorganisation oder um Einheiten auf der Arbeits- und Betriebsorganisation handelt. Für diese Differenzierung hat sich in der Industriesoziologie die Unterscheidung zwischen **operativer** und **strategischer Dezentralisierung** eingebürgert. Operative Dezentralisierung meint die »Versuche von Unternehmen, operative Kontrolle, Kompetenzen, Verantwortlichkeiten aus der Hierarchie bzw. den indirekten Abteilungen und Stäben (...) zu den ausführend Beschäftigten bzw. in operative Einheiten zu verlagern. Strategische Dezentralisierung umfasst alle Formen, bei denen Aufgaben, Kompetenzen und Verantwortlichkeiten auf neudefinierte Unternehmenseinheiten oder im Rahmen der bestehenden an marktnahe Organisationseinheiten verlagert oder aus dem Unternehmen bzw. Unternehmensverband ausgelagert werden (Externalisierung)« (Faust u. a. 1995: 23f.). Dabei handelt es sich, wie die Autoren betonen, um eine analytische Trennung, da die den unterschiedlichen Formen der Dezentralisierung zuzurechnenden Maßnahmen oftmals miteinander verbunden sind. Gleichwohl hat sich diese Differenzierung als tragfähig erwiesen.

7.1 Operative Dezentralisierung

Üblicherweise werden drei Formen operativer Dezentralisierung unterschieden: **Qualitätszirkel**, **Projektgruppen** und **Gruppenarbeit**.

7.1.1 Qualitätszirkel und KVP

Qualitätszirkel hatten ihren Boom in den achtziger Jahren als Reaktion auf Industrieerfolge japanischer Unternehmen, in denen dieses Instrument weit verbreitet war. Sie werden eingerichtet, um das Wissen der Beschäftigten für technisch-organisatorische Verbesserungen zu nutzen. Angehörige aus unterschiedlichen Abteilungen kommen zusammen und sollen – oftmals unter Hilfe eines Moderators – zur Lösung eines vorher (in der Regel vom Management) definierten Problems beitragen oder dieses sogar lösen. Die Lösungsvorschläge werden an das Management weitergeleitet, das dann über die Umsetzung entscheidet; Qualitätszirkel haben also keine Entscheidungsbefugnis. Treffen der Qualitätszirkel finden in der Regel außerhalb der Arbeitszeit statt; sie sind somit nicht eingegliedert in den Arbeitsablauf, sondern stellen eher eine zusätzliche Ausdifferenzierung zur definierten Organisationsstruktur dar (vgl. auch Greifenstein u. a. 1993).

Die Ergebnisse von Qualitätszirkeln sind ambivalent (vgl. die Übersicht über empirische Befunde bei Pekruhl 2001: 72f.); häufig werden positive soziale Effekte genannt, sehr viel weniger jedoch rechenbare Fortschritte. Zudem zeichnen Qualitätszirkel sich durch eine gewisse Kurzlebigkeit aus; nur in wenigen Unternehmen existieren Qualitätszirkel über einen Zeitraum von mehreren Jahren. Insgesamt haben Qualitätszirkel an Bedeutung verloren – was unterstellt, sie hätten jemals eine hohe Bedeutung gehabt. Pekruhl (2001: 164) jedenfalls referiert eine Studie, die den Schluss nahe legt, dass Qualitätszirkel in Europa allenfalls in ausgewählten Unternehmen mit ausgewählten Beschäftigten vorzufinden sind. Gleichwohl gelten sie als ein wichtiger Vorläufer für den **Kontinuierlichen Verbesserungsprozess** (KVP). Dieser ist zu einem Zielpunkt betrieblicher Veränderungsmaßnahmen im Kontext von lean production geworden – zumindest in der Automobilindustrie; hier sind in allen Betrieben Anstrengungen zur Einführung von KVP zu beobachten (Howaldt 1994).

Bei KVP geht es darum (Imai 1992), Veränderungsprozesse auch im »Kleinen« zu suchen und sie zu kontinuisieren, indem die Beschäftigten zum Träger von Verbesserungen gemacht werden und ihr

Produktionswissen genutzt wird. Insofern baut KVP auf Qualitätszirkeln auf. Der Unterschied besteht jedoch darin, dass KVP als Teil der Arbeitsaufgabe begriffen werden soll und insofern auf Dauer gestellt wird. Noch gravierender ist der Unterschied zu den bisher in Deutschland üblichen Verfahren, mit denen das Erfahrungs- und Produktionswissen der Beschäftigten abgeschöpft werden sollte. Dafür war das betriebliche Vorschlagswesen eingerichtet, das wesentlich auf einer Trennung von Planung und Ausführung beruhte, eher expertokratisch orientiert war und auch deswegen in vielen Betrieben ein Schattendasein fristete. Allerdings darf nicht übersehen werden, dass der Einfluss der Beschäftigten auf Verbesserungen – auch bei KVP – sich oftmals nur auf die Arbeitsgestaltung, nicht jedoch auf die Arbeitsausführung bezieht. Diese wird ihnen vielmehr in Form standardisierter Arbeitsanweisungen strikt vorgeschrieben, so dass Verbesserungen der Arbeitsgestaltung eine Verschärfung der Arbeitsausführung bis hin zu einem Verlust von Arbeitsplätzen nach sich ziehen können. Die Umsetzung von KVP scheitert deswegen häufig daran, dass für den »Bumerang« (Schumann u. a. 1994: 661) Arbeitsplatzabbau und Arbeitsintensivierung als Folge selbst initiierter Leistungssteigerung keine Regelungen getroffen worden sind, die Beteiligung an KVP für die Beschäftigten mithin ein nicht unerhebliches Risiko darstellt und aus wohlverstandenem Eigeninteresse eher zögerlich gehandhabt wird.

7.1.2 Projektgruppen

Projektgruppen (ausführlich dazu Schwarzbach 2005) haben Ähnlichkeit mit einer Matrixorganisation (vgl. Kap. 7.2), unterscheiden sich von dieser aber durch ihre zeitliche Befristung. Ihre Aufgabe ist, wie der Name sagt, die Durchführung eines Projekts, nach dessen Beendigung sie sich wieder auflösen. Sie sind also von vornherein zeitlich begrenzt, was einen Unterschied zu Qualitätszirkeln ausmacht; ein anderer Unterschied ist darin zu sehen, dass Arbeit in Projektgruppen einen Full-time-job darstellt, während Arbeit in Qualitätszirkeln zusätzlich zur eigentlichen Arbeitsaufgabe und auch außerhalb der Arbeitszeit stattfindet.

Projektgruppen werden eingerichtet, wenn es um die Lösung komplexer und innovativer Aufgaben geht. Ihre Mitglieder kommen aus unterschiedlichen Abteilungen, sind den Projektgruppen für die Dauer des Projektes fest zugeordnet und gehen nach Beendigung des Projektes in ihre angestammten Abteilungen zurück. Projekte sind Vorhaben, für die eine Einmaligkeit der Bedingungen, eine Zielvorgabe sowie zeitliche, finanzielle und personelle Begrenzungen und auch eine Abgrenzung gegenüber anderen Vorhaben charakteristisch ist. Damit sind Projekte immer durch eine gewisse Neuartigkeit gekennzeichnet.

Üblicherweise werden vier Formen von Projektorganisationen unterschieden. Die **Stabsprojektorganisation** zeichnet sich durch die Koordination des Projektes durch Stäbe aus. Die Projektmitglieder bleiben weiterhin ihren Stammabteilungen vollständig zugeordnet; der Projektleiter hat in diesem Fall nur eine Beratungs- und Informationsfunktion, denn die Verantwortung und die Weisungsbefugnisse für das Projekt verbleiben bei den zuständigen Fachabteilungen. Die **reine Projektorganisation**, die zweite Form, ist im Gegensatz zur Stabsprojektorganisation dadurch gekennzeichnet, dass die Mitglieder nur für das Projekt arbeiten und von anderen Aufgaben freigestellt sind. Der Projektleiter hat hier eine eindeutige Leitungsfunktion gegenüber den Projektmitgliedern; es wird eine eigenständige Projektorganisation geschaffen.

Von diesen beiden Projektformen ist drittens die **Matrixprojektorganisation** zu unterscheiden; sie ist sowohl funktions- als auch projektorientiert ausgerichtet. Dabei wird die funktionale Struktur der Organisation mit der horizontalen Struktur des Projektes verknüpft. Dies führt zu einer geteilten Verantwortung und Kompetenz zwischen Linienvorgesetzten und Projektleiter. Als eine vierte Form der Projektorganisation wird die Schaffung **projektorientierter Teilbereiche** bezeichnet. Es ist aber strittig, inwieweit projektorientierte Teilbereiche als Projekt bezeichnet werden können, da eine zeitliche Befristung der Organisationsform in diesem Fall nicht vorgesehen ist. Die Organisation wird als Ganzes verändert und stellt – nicht wie bei den anderen drei Formen – eine Ergänzung der Linienorganisation dar.

Es gibt diverse Systematisierungen, die Projekte auf unterschiedlichen Ebenen klassifizieren. Kalkowski/Mickler (2002) beispielsweise unterscheiden Projekte nach produkt- oder organisationsbezogenen Projekten, Witschi u. a. (1998) nach dem Grad der Komplexität des Projektinhaltes und der Projektumwelt. Wiederum andere differenzieren Projekte danach, ob es sich um ein internes oder externes Projekt handelt, ob also der Auftraggeber innerhalb oder außerhalb der durchführenden Organisation angesiedelt ist. Je nach Interesse und Perspektive der Betrachtung von Projekten ergeben sich so unterschiedliche Differenzierungsmöglichkeiten, die die Vielfältigkeit der in der Realität existierenden Projekte verdeutlichen.

7.1.3 Gruppenarbeit: Formen, Verbreitung und Folgen

Von besonderer Bedeutung bei operativer Dezentralisierung ist die Gruppenarbeit in der Fertigung, das heißt die Arbeit in einer dauerhaft eingerichteten Gruppe. Bei dieser Arbeitsform handelt es sich keineswegs um ein neues Prinzip der Arbeitsorganisation. Bereits in den zwanziger Jahren wurde bei Mercedes in Sindelfingen mit Gruppenarbeit experimentiert. Seit den fünfziger Jahren wurden im Rahmen sozio-technischer Systemgestaltung die Vorteile derartiger Formen der Arbeitsorganisation herausgestellt; in den skandinavischen Ländern wurde Gruppenarbeit mit den darin eingelagerten Prozeduren direkter Partizipation als wichtiger Beitrag zur »industriellen Demokratie« gesehen. Auch in Deutschland waren in den siebziger und achtziger Jahren durch das Programm »Humanisierung des Arbeitslebens« der Bundesregierung viele derartige Projekte gefördert worden; diese Projekte waren freilich in der überwiegenden Zahl der Fälle insulär und wurden nach Auslaufen der staatlichen Förderung oftmals wieder rückgängig gemacht.

Diese Diskussion bekam durch die MIT-Studie (Womack u. a. 1991) einen neuen Schub. In der schlanken Produktion geht es auf der Fabrikebene um die bessere Nutzung der Qualifikation der Arbeitskräfte. Dies ist, so die Autoren, am ehesten zu gewährleisten durch eine Delegation von Verantwortung nach unten und die Organisation der Arbeit in Form von Gruppenarbeit; es ist »das dynamische Arbeitsteam, das sich als Herz der schlanken Fabrik entpuppt« (Womack u. a. 1991: 104). In diesen Gruppen werden auch Tätigkeiten von den Gruppenmitgliedern ausgeübt, die, wie kleinere Maschinenreparaturen, Qualitätsprüfungen, Reinigungsarbeiten und Materialbereitstellung, in einer klassisch tayloristischen Organisation den sogenannten indirekten Tätigkeiten zugerechnet werden.

Die Botschaft von den **Vorteilen der Gruppenarbeit** stieß auf erhebliches Interesse unter Wissenschaftlern und betrieblichen Praktikern, wovon nicht nur eine Flut von Veröffentlichungen zum Thema, sondern auch die rege Teilnahme an einschlägigen Kongressen (vgl. etwa Binkelmann u. a. 1993) zeugt. Vor allem aber zeigte die Botschaft praktische Wirkung: Im letzten Jahrzehnt des ausgehenden zwanzigsten Jahrhunderts wurde in erheblichem Maße mit Gruppenarbeit in der Fertigung experimentiert. Dies hat dazu geführt, dass mittlerweile unter dem Label »Gruppenarbeit« eine Vielzahl höchst unterschiedlicher Organisationsformen figuriert. Denn bei **Fertigungsgruppen** kann es sich je nach Aufgabenumfang um Gruppen handeln, die nur ein Teilprodukt fertigen, wie auch um Gruppen, die eine komplette Teilefamilie herstellen. Ebenso kann Arbeit in Fertigungsgruppen mit einem Qualifikationsschub verknüpft sein, zwingend ist dies keineswegs; eine deutliche fachliche Aufwertung durch Gruppenarbeit setzt die Integration anspruchsvoller Aufgaben wie Qualitätssicherung, Instandhaltung etc. in die Gruppe voraus. Und Unterschiede zeigen sich auch in dem Ausmaß, in dem den Gruppen Kompetenzen übertragen werden, für die zuvor hierarchisch vorgelagerte Instanzen zustandig waren.

Es gibt eine Reihe von Versuchen, diese Unterschiede begrifflich zu fassen. Pekruhl (2001) unterscheidet zwischen teilautonomen Arbeitsgruppen, Gruppentechnologie und Fertigungsgruppen. Bei **teilautonomen Arbeitsgruppen** handelt es sich um ein im Grundsatz normatives Konzept, das Pate stand für eine Reihe von Arbeitsstrukturierungsmaßnahmen im Rahmen des HdA-Programms. Es geht zurück auf den sozio-technischen Systemansatz (vgl. dazu Ulich 1992), der in den fünfziger und sechziger Jahren am Tavistock-Institute in England entwickelt wurde und Grundlage einer Vielzahl von arbeitspsychologischen Arbeitsgestaltungsvorschlägen ist, die zu einer motivierenden und menschengerechten Arbeitsgestaltung beitragen sollen. Arbeit soll Herausforderung sein, Abwechslung und Weiterqualifizierungsmöglichkeiten eröffnen, Autonomie gestatten, Hilfsbereitschaft und Anerkennung fördern, Sinnhaltigkeit in der Arbeit verdeutlichen und eine wünschenswerte Zukunft vermitteln. Dafür ist eine gemeinsame Arbeitsaufgabe von großer Bedeutung; sie besteht im Zusammenschluss von Einzelaufgaben zu einer Gruppenaufgabe und der Erfüllung dieser gemeinsamen Aufgabe in kollektiver Verantwortung. Eine solche Gruppenaufgabe ist konstituierendes Merkmal teilautonomer Gruppenarbeit und zugleich Voraussetzung einer persönlichkeitsförderlichen Arbeitsgestaltung, weil dadurch die gewünschte Aufgabenbreite, Eigenverantwortlichkeit und Abwechslung in der Arbeitstätigkeit gewährleistet wird.

Entscheidend ist der **Handlungsspielraum**, den die Arbeit lässt (Ulich 1992: 119). Dieser wird gebildet aus dem Tätigkeitsspielraum auf der einen und dem Entscheidungs- und Kontrollspielraum auf der anderen Seite. **Job rotation** (Aufgabenwechsel) und **job enlargement** (Aufgabenvergrößerung) sind zwar zu begrüßen, bewirken aber nur Veränderungen auf der Dimension des Tätigkeitsspielraums. Erst ein vergrößerter Entscheidungs- und Kontrollspielraum in Form einer qualitativen Anreicherung der Arbeit (**job enrichment**) und vor allem eben in Form einer teilautonomen Arbeitsgruppe, der Aufgaben übertragen werden, die zuvor auf einer hierarchisch höher gelegenen Stufe ausgeübt wurden, vermag das Ziel der Persönlichkeitsförderlichkeit zu realisieren.

Ein derart ambitioniertes Gestaltungskonzept ist eng verbunden mit einer Rationalisierungsstrategie, die durch das Primat einer Humanisierung der Arbeit oder wenigstens die Gleichrangigkeit von Humanisierung und Effektivierung gekennzeichnet ist (Springer 1999: 35). Entsprechend finden sich nur wenige Belege der Umsetzung. In der Regel wird auf den Automobilhersteller Volvo verwiesen, der in seinem schwedischen Werk in Kalmar und später in Uddevalla Gruppen einrichtete, die ein gesamtes Auto montierten. Von Wissenschaftlern wurde dies mit großer Aufmerksamkeit, von Praktikern jedoch eher mit Skepsis betrachtet; mittlerweile sind diese Experimente auch wieder rückgängig gemacht worden.

Von der teilautonomen Gruppenarbeit zu unterscheiden ist Pekruhl zufolge die Gruppenarbeit im Rahmen der **Gruppentechnologie**.

Hier geht es darum, das Spektrum der Aufträge zu bündeln und dadurch eine Komplettbearbeitung zu ermöglichen, die in räumlich und organisatorisch festgelegten Einheiten erfolgt (Brödner 1985: 146). Aufgrund der Komplettbearbeitung wird solchen Fertigungsinseln ein relativ weitreichendes Spektrum an Qualifikationen abverlangt und auch ein Handlungsspielraum eröffnet, so dass hier durchaus Anknüpfungspunkte an das Konzept der teilautonomen Arbeitsgruppen bestehen. Andererseits – darauf weist Pekruhl (2001: 87) zu Recht hin – haben beide Konzepte völlig unterschiedliche Wurzeln und Ausrichtungen: bei teilautonomen Arbeitsgruppen steht eine persönlichkeitsfördernde Arbeitsgestaltung im Vordergrund, bei Fertigungsinseln hingegen eine Effektivierung der Prozessabläufe.

Fertigungsteams schließlich sind die Gruppen der lean production, orientiert am japanischen Vorbild. Sie finden sich im Bereich der Massenproduktion und zeichnen sich durch folgende Merkmale aus: »Im typischen Fertigungsteam in einem Automobilunternehmen arbeiten die Beschäftigten taktgebunden am Band. Von jedem der ca. zehn Mitglieder der Gruppe wird erwartet, dass er oder sie drei weitere Arbeitsstationen im Arbeitsbereich des Teams beherrscht, um eine gegenseitige Vertretung bei weitgehender Vermeidung von Puffern realisieren zu können. Einfache Formen der Qualitätskontrolle mit dem Ziel der Null-Fehler-Produktion sind in die Zuständigkeit des Teams verlagert. Der Teamleader wird vom Management bestimmt« (Pekruhl 2001: 92).

Nun bleibe dahingestellt, ob es sich dabei wirklich um ein »typisches Fertigungsteam in einem Automobilunternehmen« handelt – schließlich besteht die Arbeit in einer Autofabrik keineswegs nur aus Fließbandarbeit. Richtig aber ist, dass die Gruppenarbeit der schlanken Produktion nicht auf eine Humanisierung der Arbeit zielt, sondern auf eine konsequente Rationalisierung durch eine bessere Nutzung der Arbeitskraftpotentiale, und richtig ist auch, dass eine am japanischen Vorbild orientierte Gruppenarbeit sich durch eine hohe Standardisierung, eine rigide Vorstrukturierung der Arbeitsabläufe und einen nur geringen Handlungsspielraum auszeichnet.[36] Springer

36 In Deutschland ist ein solches Arbeitssystem vor allem in dem 1992 neu gebauten Opel-Werk in Eisenach realisiert worden, das lange Zeit als die modernste Autofabrik in Europa galt.

(1999) spricht in diesem Zusammenhang denn auch von »standardisierter Gruppenarbeit«.

Ob nun freilich die Idealvorstellung der teilautonomen Gruppenarbeit, die ja keinen Idealtypus im Sinne von Max Weber, sondern einen anzustrebenden Sollzustand darstellt, ein sehr sinnvoller Maßstab ist, steht auf einem anderen Blatt; gegenüber einem Idealzustand ist die Realität immer enttäuschend. Deswegen wird oftmals auf Klassifikationen zurückgegriffen, die mehr analytisch und weniger normativ sind. So unterscheiden Gerst u. a. (1995) eine **strukturkonservative** von einer **strukturinnovativen Variante** von Gruppenarbeit. Die erste Variante hält an wichtigen Prinzipien bisheriger Arbeitskraftnutzung fest: Hohe Leistungsgrade sollen weiterhin durch standardisierte Formen der Aufgabenerfüllung erreicht werden, die Handlungs- und Entscheidungsspielräume der Gruppen bleiben gering, an dem Prinzip der Trennung von Planung und Ausführung wird festgehalten, hierarchische Zuständigkeiten werden nicht angetastet. Das strukturinnovative Konzept stellt demgegenüber in mancher Hinsicht einen Bruch mit bisherigen Leitlinien der Arbeitsgestaltung dar: in den Aufgabenbereich der Gruppe werden auch indirekte und planende Funktionen integriert, die Gruppe hat sich in wichtigen Punkten selbst zu regulieren, wichtige Angestellten- und Spezialistenfunktionen werden dezentralisiert und die Gruppen werden in die Optimierung betrieblicher Abläufe einbezogen.

Eine andere Klassifikation findet sich bei Saurwein (2000). Anhand verschiedener Kriterien unterscheidet er zwischen funktionaler, teilautonomer und qualifizierter Gruppenarbeit.

Gruppenarbeit scheint im europäischen Vergleich in Deutschland eher weniger verbreitet zu sein (Fröhlich/Pekruhl 1996; Pekruhl 2001). Am häufigsten findet sie sich in den skandinavischen Ländern, am seltensten in den südeuropäischen Ländern; Deutschland belegt einen Platz im unteren Mittelfeld. Gruppenarbeit wird in Deutschland also eher zögerlich eingeführt. Soweit Untersuchungen vorliegen, stimmen sie allerdings darin überein, dass für die neunziger Jahre des letzten Jahrhunderts ein Schub in der Einrichtung von Gruppen in der Fertigung zu konstatieren ist. Für den deutschen Maschinenbau etwa zeigte sich in einer repräsentativen Panel-Untersuchung, die seit Beginn der neunziger Jahre durchgeführt wurde (Widmaier 2000), dass zwischen 1993 und 1998 leichte Zuwachsraten beim Einsatz von Arbeitsgruppen zu verzeichnen sind; gaben im Jahr 1993 noch 40,5 Prozent der Betriebe an, dass sie in ihrer Fertigung Gruppenarbeit mit mindestens einer Fertigungsgruppe realisiert hatten, so waren es im Jahr 1998 bereits 46 Prozent, wobei man sicherlich davon ausgehen kann, dass die Zuwachsraten um einiges höher ausgefallen wären, wenn das Ausgangsjahr früher als 1993 gelegen hätte, in dem die »Lean«-Debatte schon voll entbrannt war. Dabei korreliert die Einführung von Gruppenarbeit mit der Betriebsgröße: je größer die Betriebe, desto höher der Anteil der Gruppen (Saurwein 2000).

Abbildung 5: Formen von Gruppenarbeit[37]

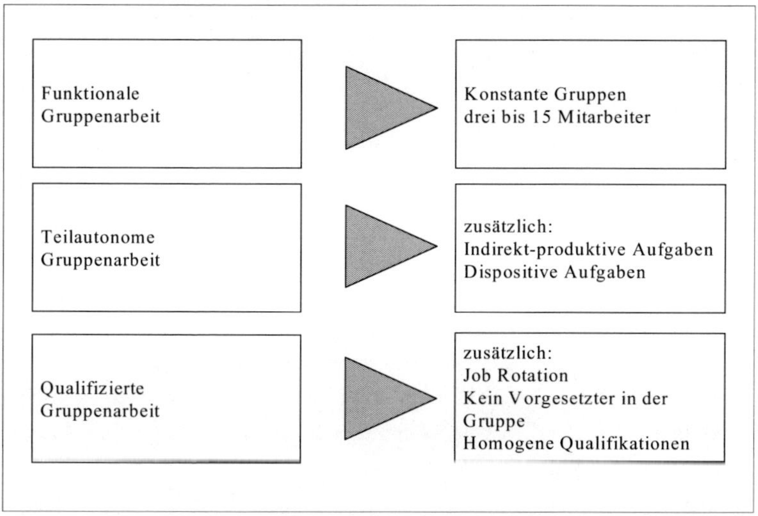

Freilich war die Resonanz in der öffentlichen Diskussion über Gruppenarbeit offenbar größer als deren tatsächliche Verbreitung; immerhin zeigt die Maschinenbaustudie auch, dass in der Hälfte aller Betriebe eben nicht in Gruppen gearbeitet wird. Und selbst in der Automobilindustrie, die in dieser Hinsicht eine Vorreiterstellung einnahm, ist die auf Gruppenarbeit basierende Restrukturierung längst nicht in allen Bereichen umgesetzt; Mercedes-Benz etwa gab

37 Quelle: Saurwein 2000

1996 für das eigene Unternehmen eine Umsetzung von 50 Prozent an (Schumann 1997). Noch stärkere Ernüchterung kehrt ein, wenn nach dem Verbreitungsgrad unterschiedlicher Formen von Gruppenarbeit gefragt wird: ambitionierte Konzepte von Gruppenarbeit lassen sich kaum nachweisen. So berichtet Pekruhl (2001) aus einer repräsentativen Befragung von abhängig Beschäftigten in Deutschland im Alter zwischen 16 und 65 Jahren, dass 1998 gerade mal 3,2 Prozent aller Beschäftigen in »selbstbestimmter Gruppenarbeit« tätig waren, einem Typ von Gruppenarbeit, der sich durch ein hohes Maß an Autonomie und Beteiligungsmöglichkeiten auszeichnet und der teilautonomen Gruppenarbeit recht nahe kommt. Dieser Befund ließ sich auch im Maschinenbau bestätigen: »Der Anteil der Unternehmen mit einer Realisierung von ›qualifizierter Gruppenarbeit‹ entsprechend dem idealtypischen Modell (...) sowie entsprechende Steigerungsraten zwischen 1993 und 1998 sind statistisch gesehen bedeutungslos. Die Arbeitsorganisation im Bereich der Fertigung des deutschen Maschinenbaus wird somit auch am Ende des 20. Jahrhunderts weitgehend von den traditionellen Fertigungsorganisationsformen (...) dominiert« (Saurwein 2000: 176).

Die empirischen Befunde differieren im Detail, doch sie gleichen sich im Tenor, dass Gruppenarbeit zwar mit zunehmender Tendenz eingeführt wird, dass dieses aber eher vorsichtig geschieht, und vor allem, dass sich eine Realisierung weitreichender Konzepte empirisch kaum nachweisen lässt.[38] Dabei wird die **Reichweite von Gruppenarbeit** an den der Gruppe übertragenen Aufgaben und den dadurch entstehenden Anforderungen gemessen. Dies ist eine gute industriesoziologische Tradition und hat durchaus in vielerlei Hinsicht seine Berechtigung. So konnte etwa gezeigt werden (Schumann u. a. 1994; Kuhlmann/Schumann 2000; Pekruhl 2001; Kuhlmann u. a. 2004), dass die in Fertigungsgruppen Beschäftigten ihre Arbeitssituation umso positiver bewerten, je mehr das realisierte Konzept dem Modell einer »strukturinnovativen« (oder »teilautonomen« oder »qualifizierten« oder »selbstorganisierten« oder wie auch immer genannten) Variante von Gruppenarbeit entspricht. Allerdings ist die oftmals

38 Und mittlerweile wird die bange Frage gestellt, ob nicht (zumindest in der Automobilindustrie) eine »Arbeitspolitik im Rückwärtsgang« (Gerst 2000) oder gar eine »Rückkehr zum Taylorismus« (Springer 1999) konstatiert werden muss.

mitlaufende Annahme: »hohe Qualifikationsanforderungen = hohes Maß an Selbstentfaltung und weniger Belastung« kaum aufrechtzuerhalten; durch die intensive Einbindung in ein enges Kooperationsgeflecht wird individuelle Handlungsautonomie gerade begrenzt (Wittke 1993) und auch die Vorstellung eines umgekehrt proportionalen Zusammenhangs zwischen Qualifikationsanforderungen und Chancen zur Belastungsregulation ist »in dieser Schlichtheit nicht haltbar« (Böhle u. a. 1993: 91; Moldaschl 2001: 153). Die Einführung von Gruppenarbeit und die mit dieser Arbeitsform verbundene Selbstorganisation ist jedenfalls nicht umstandslos mit einer durchgängigen Verbesserung der Arbeitssituation gleichzusetzen (Schumann/Gerst 1997; Zimolong/Windel 1996).

7.1.4. Partizipation im Arbeitsprozess

Dezentralisierung bedeutet, wie gesagt, eine Verlagerung von Kompetenzen nach »unten«, an die ausführende Stelle, die dementsprechend mehr Kompetenzen erhält. Damit werden Einheiten in betriebliche Entscheidungen einbezogen, die in einem tayloristischen Arbeitssystem von einer Beteiligung ausgeschlossen sind; Arbeiter in Gruppen sind, wie minimal auch immer, stärker an Entscheidungsprozessen beteiligt als zuvor.

Dies wird als Partizipation bezeichnet, und zwar als **direkte Partizipation** im Unterschied zu einer indirekten Partizipation über den Betriebsrat. In der allgemeinsten Bestimmung bedeutet Partizipation »eine auf unterschiedlichen Niveaus mögliche Teilnahme der Mitglieder einer Organisation an Organisationsentscheidungen« (Dörre 1996: 7). Solche Teilhabe an Entscheidungen kann sich im Prinzip auf das unmittelbare Arbeitsumfeld, auf das Unternehmen oder die überbetriebliche Ebene richten. Direkte Partizipation besagt, dass vom Grundsatz her alle Beschäftigten eines Unternehmens an betrieblichen Entscheidungsprozessen beteiligt sind. Da nun aber kaum alle bei allen Entscheidungen beteiligt werden können, meint direkte Partizipation vor allem die Teilhabe an Entscheidungen, die das unmittelbare Arbeitsumfeld betreffen. Die Beschäftigten werden so zumindest der Tendenz nach von Anweisungsempfängern zu

Verhandlungspartnern; sie sollen in betriebliche Veränderungsprozesse einbezogen und ihr Wissen soll für Veränderungen genutzt werden. Dies erfordert eine Verstärkung von Kommunikation im Unternehmen. Denn einbezogen werden auch Aspekte der Arbeitssituation, die bei den tradierten Formen betrieblicher Mitbestimmung entweder durch allgemeine Rahmenbedingungen reguliert werden oder völlig in den Zuständigkeitsbereich des Vorgesetzten fallen. Partizipation kann sich auf Fragen der Arbeitsgestaltung ebenso erstrecken wie auf Fragen der Planung von Arbeitszeit, Urlaub und Vertretung am Arbeitsplatz.

Betriebe stellen nicht um auf Partizipation aus Gründen einer »Demokratie im Betrieb« oder zum Zwecke einer »Mitbestimmung am Arbeitsplatz«, wie es noch zu Zeiten des HdA-Programms für sinnvoll erachtet wurde (Fricke u. a. 1982), sondern aus Gründen der Effizienz. Es geht – auch dieses eine Erfahrung aus Japan – um eine verbesserte Nutzung des Wissens der Produktionsarbeiter und damit um die Nutzung einer Ressource, die durch eine tayloristische Arbeitsgestaltung weitestgehend unausgeschöpft bleibt. Es handelt sich bei Partizipation also immer um »funktionalisierte, unternehmenszielkonforme Partizipation« (Wolf 1994), um Partizipation, die auf ein Ziel ausgerichtet ist, und dieses Ziel lautet: aus **Rationalisierungsbetroffenen** sollen **Rationalisierungsträger** werden. Dass sich dieses Ziel zumindest in Teilbereichen auch mit den Perspektiven und Wünschen der Beschäftigten deckt, die im Unterschied zu tayloristischen Arbeitssystemen immerhin auch als »Experten in eigener Sache« ernst genommen werden, ist Voraussetzung, weil ansonsten die Motivation zur Partizipation zerstört würde.

Freilich unterscheiden sich die Formen und damit auch die Reichweite direkter Partizipation. So differenzieren Greifenstein u. a. (1993) zwischen **Korrektur-** und **Konzeptionspartizipation**: Erstere dient dazu, die Kreativität von Arbeitnehmern zu erschließen und zur Modernisierung zu nutzen, um technisch-organisatorische Neuerungen sozialverträglich zu modifizieren und nachzubessern, während mit letzterer auch Einfluss genommen wird auf die Entscheidungen im Vorfeld technisch-organisatorischer Neuerungen. Auf Basis von Recherchen in 36 Betrieben verfeinert Dörre (2002: 205ff.) dies zu fünf Typen partizipativer Arbeitsformen:

- *sozialintegrative Beteiligung im Kleinfirmennetz*: aufgrund von Kooperationsanforderungen entstandene Netze als Folge marktgetriebener Dezentralisierung ermöglichen den Beschäftigten weitgehende Partizipation bis hin zur Konzeptionspartizipation;
- *erzwungene (Schein-)Partizipation im desintegrierten Betrieb*: Partizipationsrhetorik dient der Sanierung und Effizienzsteigerungen mittels Kostensenkung und Leistungsintensivierung, oftmals exekutiert durch einen »Radikalsanierer«;
- *gelenkte Partizipation in gestrafften Firmenbürokratien*: in managementgeführten Gruppen ist die Beteiligung bei weiterhin bestehender, jedoch formal gestraffter und personell ausgedünnter Hierarchie auf die Bewältigung elementarer Kooperationsanforderungen (Werkzeugwechsel, Schichtübergabe) beschränkt;
- *selbstgesteuerte Partizipation in teilautonomen Gruppen*: Beteiligung betrifft nicht nur die Feinabstimmung des Arbeitsprozesses, sondern bezieht auch die Integration indirekter Bereiche (Instandhaltung, Qualitätssicherung etc.) ein, Konzeptionspartizipation ist jedoch nur im Ausnahmefall möglich;
- *individualisierte Beteiligung in gering formalisierten Unternehmen*: auf Basis der Arbeitskulturen qualifizierter Wissensarbeiter erfordert der Arbeitsprozess eine intensive Kooperation mit anderen Experten, bei der formale Rangordnungen in den Hintergrund treten.

Partizipation ist also nicht an Gruppenarbeit gebunden, sondern kann auch mit Einzelarbeit kombiniert werden. In jedem Fall aber verändern partizipative Arbeitsformen die innerbetriebliche Hierarchie und das Statusgefüge. So steht Partizipation immer in einem Spannungsverhältnis: auf der einen Seite eine Steigerung und tendenziell betriebsweite Verbreitung eines kommunikativen, diskursiven Elements in Entscheidungsprozessen, auf der anderen Seite eine deutliche, vorgegebene Diskursorientierung. Partizipation zielt auf eine Selbstaktivierung der Beschäftigten zum Zwecke von Prozessverbesserungen.

Das macht zum einen ein Risiko von Partizipation aus, denn Partizipation garantiert keineswegs sozialverträgliche Ergebnisse; zum anderen liegen darin die **Paradoxien von Dezentralisierung** begründet. Greifenstein u. a. (1993: 318f.) haben mit ihrem Begriff der »gemanagten Partizipation« auf die Paradoxie hingewiesen, dass direkte Arbeitnehmerbeteiligung ohne Beteiligung der Arbeitnehmer in die Betriebe kommt; Kühl (2001) hat dies weiter ausgearbeitet und unterscheidet drei Paradoxien:

- das *»Sei-selbstständig-Paradox«*: Die dezentralen Einheiten sollen selbstständig sein, doch diese Selbstständigkeit wird durch die zentralistische Einführung solcher Einheiten angeordnet;
- das *»Entscheide-selbst-aber-nur-unter-Vorbehalt-Paradox«*: Es werden eigene Entscheidungen verlangt, doch die müssen von den Vorgesetzten genehmigt werden, die sich wiederum überflüssig machen würden, wenn zu viel selbst entschieden würde;
- das *»Organisier-dich-selbst-aber-nicht-so-Paradox«*: Das Management fordert Selbstorganisation, doch dadurch werden die bereits bestehenden Formen der Selbstorganisation bedroht, ohne die kein Betrieb auskommt.

Empirische Untersuchungen weisen aus, dass die Einführung partizipativer Managementkonzepte ein Kennzeichen der vergangenen Dekade gewesen ist, allerdings nicht in einer linearen Aufwärtsbewegung, sondern mehr in Gestalt einer Pendelbewegung. So kommt Dörre (2002) zu dem Schluss, dass sich in der ersten Hälfte der neunziger Jahre des letzten Jahrhunderts eine breite Rezeption und experimentelle Einführung von partizipativen Arbeitsformen beobachten lässt; allerdings wurden diese in der zweiten Hälfte des Jahrzehnts oftmals zurückgedrängt, ohne dass dadurch der Ausgangszustand freilich wieder hergestellt wurde. Partizipationsansätze wurden mehr selektiv, mehr als Rationalisierungsinstrument genutzt, während Humanisierungsversprechen uneingelöst blieben. Doch kann dies nicht einfach als Rückschritt interpretiert werden: »Von arbeitspolitischem Rückschritt kann gesprochen werden, wenn man die Gesamtentwicklung von der Spitze der Reorganisationsbewegung aus bewertet. (...) Nimmt man die Gesamtheit der Reorganisationsmaßnahmen als Maßstab, so lässt sich selbst der repressive Typus schwerlich als strukturkonservative Beharrung interpretieren« (Dörre 2002: 381).

Insgesamt ist in vielen Betrieben, wie auch andere Studien belegen (etwa Kuhlmann u. a. 2004), eine Rücknahme der ausgeprägten Trennung von Hand- und Kopfarbeit und eine stärkere Einbindung der Beschäftigten auch auf der Prozessebene in die Optimierungsbemühungen zu beobachten. Zwar hat dies mit einer »Demokratisierung im Betrieb« als Zielperspektive nur wenig, mit der Ausschöpfung von Rationalisierungspotentialen hingegen sehr viel zu tun. Doch selbst dann weicht dies ab von den Prinzipien eines traditionellen Taylorismus; das Ziel partizipativen Managements, aus Rationalisierungsbetroffenen Rationalisierungsträger zu machen, kann nur erreicht werden durch die Eröffnung von mehr Möglichkeiten der Mitsprache.

7.1.5 Diskursive Koordinierung

Operative Dezentralisierung bewirkt eine erhebliche Verstetigung und Verdichtung innerbetrieblicher Kommunikation; bei Qualitätszirkeln und Projektgruppen liegt dies auf der Hand, auch Prozeduren der direkten Partizipation erfordern Kommunikation und selbst bei »einfachen« Formen von Gruppenarbeit, die weit entfernt sind von der Zielvorstellung einer teilautonomen Gruppenarbeit, ist eine erhöhte Intensität von Kommunikation zu beobachten. Dies wird deutlich an zwei Merkmalen, die sich bei allen Unterschieden der Ausgestaltung von Gruppenarbeit so oder so ähnlich in allen Varianten wiederfinden lassen (dazu Minssen 1999a): die neugeschaffene Position eines **Gruppensprechers**, der die Vertretung der Gruppen nach außen übernimmt, was gruppeninterne Abstimmungen voraussetzt, und die Einrichtung von regelmäßig durchzuführenden **Gruppengesprächen**. Zwar sollen diese Gespräche ergebnisorientiert sein, das heißt, es sollen Problemlösungen erarbeitet werden, um auf diese Weise zum kontinuierlichen Verbesserungsprozess beizutragen, doch erzeugt auch dies eine erhebliche **Verdichtung innerbetrieblicher Kommunikation**.

Operative Dezentralisierung zieht damit eine Modifikation der bislang geltenden Steuerungsregeln nach sich: nicht mehr nur Steuerung durch Anweisung und Ausführung, sondern auch durch Abstimmung. Dies macht einen gravierenden Unterschied gegenüber Einliniensystemen aus, in denen Steuerung qua Hierarchie, als bürokratische Koordinierung erfolgte. Diese neue Form der Steuerung wird als **diskursive Koordinierung** (Braczyk 1997 und 2001; Minssen 1999a) bezeichnet.

Abbildung 6: Modelle der Koordinierung

Bürokratische Koordinierung	Diskursive Koordinierung
– Anweisung und Ausführung – Prozesskontrolle – Hierarchisch	– Verhandlung und Abstimmung – Ergebniskontrolle – Heterarchisch

Mit diskursiver Koordinierung wird der Sachverhalt benannt, dass die veränderten Organisationsstrukturen eine engere Kommunikation zwischen Vorgesetzten und Mitarbeitern wie auch zwischen den Beschäftigten selbst nahe legen. Damit ist nicht, obwohl sich diese Assoziation aufdrängt, ein herrschaftsfreier Diskurs im Sinne von Habermas gemeint; auch bei diskursiver Koordinierung muss von asymmetrischen Kommunikationsbeziehungen im Unternehmen ausgegangen werden, was allein schon daran deutlich wird, dass die von der Unternehmensspitze festgelegten Ziele dem betrieblichen Diskurs entzogen sind (Braczyk 2001: 49). Doch die strikte Trennung zwischen Planung und Ausführung wird der Tendenz nach aufgehoben und dies zieht eine weit reichende soziale und organisatorische Restrukturierung nach sich. In letzter Konsequenz wird hierarchische Steuerung umgestellt auf eine Steuerung qua **Zielvereinbarung**, das heißt über Ziele, die mit Einzelnen oder mit Gruppen für einen bestimmten Zeitraum vereinbart werden. Zwar ist das Instrument der Zielvereinbarung noch keineswegs betriebliche Praxis; gerade mal jedes vierte von 85 deutschen Industrieunternehmen gab in einer Umfrage (Hey/Pietruschka 1998) zu erkennen, mit Zielvereinbarungen im eigentlichen Sinne zu steuern, also Ziele zu vereinbaren und nicht in der einen oder anderen Weise vorzugeben, doch die Anzahl der Unternehmen, die dieses Instrument einsetzen, ist in den letzten Jahren gewachsen. Jedenfalls hat dieses Thema Konjunktur und immerhin 85 Prozent der Manager gehen von einer wachsenden Bedeutung dieser Methode aus (Bahnmüller 2002).[39]

Diskursive Koordinierung bedeutet keinen Verzicht auf Formen hierarchischer Koordinierung und keine vollständige Umstellung von Koordinierung qua Hierarchie auf Koordinierung qua Diskurs. Doch es entsteht ein neuer Modus betrieblicher Kommunikation und vor allem eine erheblich gesteigerte Kommunikationsdichte; vertikale und horizontale Kommunikation gewinnen an Bedeutung – und dies macht operative Dezentralisierung so schwer, weil es der sozialen Architektur eines Betriebes nicht entspricht, der nach der tayloristischen Maxime: »Arbeiten, nicht schwätzen!« aufgebaut war.

Wie das nun einzuschätzen ist, vor allem, von welcher Reichweite die Prozesse sind, darüber gehen die Wertungen in der Industriesoziologie weit auseinander. Auf der einen Seite wird in den veränderten Modi der Steuerung und Koordinierung zwar kein Strukturbruch kapitalistischer Rationalisierung erkannt, wie ihn noch Kern/Schumann (1984) hinsichtlich ihrer neuen Produktionskonzepte ausmachten, aber doch eine sehr tief greifende Veränderung erblickt: »Das ›Lean-Projekt‹ – hierin liegt der Kern – bricht vorherrschende Muster industriegesellschaftlicher Arbeit auf. War diese bislang durch tayloristische Zergliederung, hierarchische Koordination, formale Regelungen und bürokratische Verwaltung gekennzeichnet, verschwimmen nun allmählich die Abgrenzungen, Eindeutigkeiten und Standards; klare Strukturen und feste Gebilde lösen sich in Unternehmens- bzw. Wertschopfungsprozessen auf« (Jäger 1999: 9).

Auf der anderen Seite wird dem entgegengehalten, dass das Neue so grundlegend neu nicht sei, sondern auf alt Bekanntem beruhe: »Die Tendenz zur Dezentralisierung und zu einem entsprechenden Formwandel von Management- und Arbeitsfunktionen (...) ist durchaus ein wichtiges Merkmal gegenwärtiger industrieller Reorganisation. Doch sie hat mit einer ›Wiedereinführung der Freiheit in die Organisation‹ (...) nichts zu tun. Die Dezentralisierungsstrategien von Großunternehmen orientieren sich an Leitvorstellungen, die den Rahmen bürokratisch-kapitalistischer Beherrschungs- und Ökonomisierungslogik nicht verlassen« (Wolf 1997: 219f.). Die Pointe liege in der Koexistenz von Partizipationsangeboten und Freigabe von Handlungsspielräumen bei gleichzeitigen bürokratischen Beherrschungs- und Einbindungsversuchen.

39 Zu Zielvereinbarungen vgl. auch Kap. 8.3.

Diese unterschiedlichen Bewertungen sind nicht Resultat unterschiedlicher, auf speziellen Vorlieben beruhender Sichtweisen von Wissenschaftlern, sondern spiegeln die Verschiedenartigkeit und die Uneinheitlichkeit der realisierten Formen wider, aus denen die Ambivalenzen diskursiver Koordinierung, speziell der Gruppenarbeit, entstehen. So darf nicht übersehen werden, dass trotz aller diskursiver Koordinierung vor allem in den arbeitsintensiven Bereichen der Low-Tech-Fertigung ein Typus von Arbeit keineswegs verschwunden ist, der als »repetitive Arbeit« bezeichnet wird, wie Kurz (1998) in einer Untersuchung in der Automobilmontage gezeigt hat. Dieser Typus von Arbeit ist durch kurzzyklische Arbeitsvollzüge, hohe Belastungen, minimale Spielräume zur Gestaltung von Arbeitsmethode und Arbeitstempo sowie ein hohes Maß an Fremdkontrolle und Leistungsdichte gekennzeichnet und stellt gewissermaßen den Urtypus tayloristischer Arbeitsgestaltung dar.

7.2 Strategische Dezentralisierung

Dezentralisierung ist keine neue Strategie, auf die Unternehmen zurückgreifen, um die gewachsene Komplexität zu bewältigen; vielmehr lässt sie sich bis in die sechziger und siebziger Jahre zurückverfolgen (Funder 1999). Formen der strategischen Dezentralisierung standen aber lange Zeit nicht im Fokus des industriesoziologischen Interesses, sondern fanden mehr die Aufmerksamkeit von Betriebswirten (vgl. hierzu Schreyögg 1999; Staehle 1999). Zwei Organisationsformen können in diesem Zusammenhang hervorgehoben werden: die **Matrixorganisation** und die Bildung von **Profit-Centern**.

Die Matrixorganisation stellt eine »Dualorganisation« (Schreyögg 1999: 176) dar; sie wird als Alternativmodell zu der klassischen Linienorganisation angesehen. Eine Dualorganisation ist sie insofern als sich mindestens zwei Hierarchielinien überlappen; die funktionale Gliederung wird ergänzt durch eine projekt- oder produktorientierte Struktur.

Abbildung 7: Die Matrixorganisation

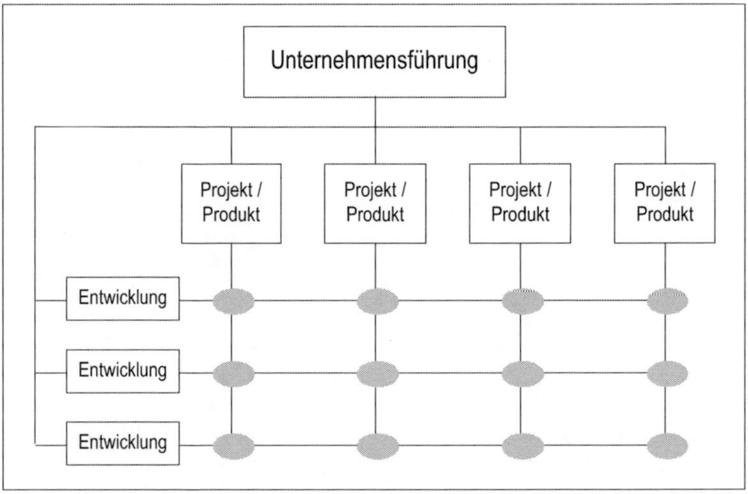

Eine derartige Organisationsform ist das erste Mal von der amerikanischen Weltraumbehörde NASA geschaffen worden, als es darum ging, den Vorsprung der damaligen Sowjetunion im Weltraum aufzuholen, als also eine äußerst komplexe Aufgabe zu bewältigen war. Dies gilt nach wie vor als Vorteil der Matrixorganisation: sie ermöglicht eine Bündelung von Kompetenzen, die über unterschiedliche Abteilungen verstreut sind, deren Synergieeffekte aber genutzt werden sollen. Deswegen findet sie besonders häufig Anwendung in Entwicklungsprojekten wie etwa der Entwicklung eines neuen Autos oder einer neuen Software. Neben solchen unbezweifelbaren Vorzügen hat sie aber auch eine ganze Reihe von Nachteilen (vgl. Schreyögg 1999: 185), die vor allem in der erhöhten Intransparenz, der möglichen Verzögerung von Entscheidungen, hohen Koordinationskosten, persönlichen Belastungen durch eine hohe Konfliktdichte und einer Tendenz zur Bürokratisierung aufgrund vieler Abstimmungssitzungen gesehen werden.

Abbildung 8: Profit-Center

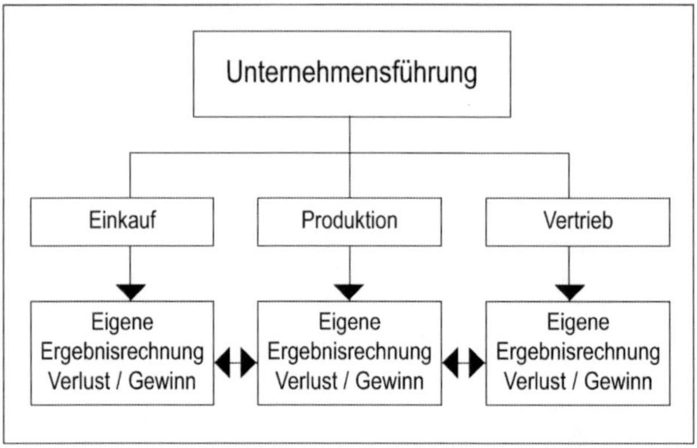

Profit-Center werden auch unter Schlagworten wie »Fabrik in der Fabrik« diskutiert und sind in gewisser Weise eine Fortführung und Radikalisierung der der Matrixorganisation zugrunde liegenden Vorstellungen von Dezentralität. Sie zielen auf die Implementation von Kunden- und Marktbeziehungen, auch innerhalb der Organisation. Subsysteme eines Unternehmens werden zu selbstständig wirtschaftenden Einheiten, die mit anderen Subsystemen des gleichen Unternehmens in eine über Geld gesteuerte Beziehung treten. Im extremen Fall kann dies bis zu einer rechtlichen Selbstständigkeit dieser Subsysteme reichen. Davon erhofft man sich eine stärkere Kundenorientierung, vor allem aber eine Stärkung des Unternehmer-Denkens: Mitarbeiter eines Unternehmens sollen wie Unternehmer denken, wie ein »Intrapreneur«[40].

Neben Matrixorganisationen und Profit-Centern stellt die **Holding** eine dritte und sogar vermutlich die empirisch verbreitetste Form strategischer Dezentralisierung dar. Sie besteht aus einer Vielzahl von rechtlich selbstständigen Einheiten, die eng verflochten sind und gemeinsam, eben als Holding geführt werden. Diese umfasst eine Zentrale, die die Einheiten koordiniert und oftmals nur aus einer Verwaltung besteht. Sie ist nicht zuständig für das operative Geschäft, sondern für die Festlegung der Unternehmensstrategie. Die

40 Diese Bezeichnung stammt von Faust u. a. (1995) und stellt ein Kunstwort dar für den »internen Entrepreneur«; dies wird uns noch mal beschäftigen in Kap. 9.2.

Beziehungen zwischen den Unternehmenseinheiten werden im Wesentlichen als Markttransaktion zu marktüblichen Preisen abgewickelt (vgl. Staehle 1999: 745).

Strategische Dezentralisierung beinhaltet also die Ergänzung des für Organisationen geltenden Prinzips der Hierarchie durch **Marktelemente**; deswegen wird dies von manchen als »marktgetriebene« bzw. als »marktgesteuerte Dezentralisierung« bezeichnet, was sprachlich zwar nicht sehr schön ist und inhaltlich ebenso wenig – der Markt als Akteur ist eine soziologisch dann doch etwas problematische Konnotation[41] –, was aber die beiden entscheidenden Momente von Dezentralisierung zusammenbringt: »einerseits die Öffnung des Unternehmens in den Markt (von der möglichst unmittelbaren Marktanbindung der dezentralisierten Organisationseinheiten bis hin zur totalen Ausgliederung), andererseits die Hereinnahme von Markt- und Konkurrenzmechanismen in das Unernehmen über erlös- und renditegesteuerte Profit-Center oder über die ›Simulation‹ von Marktbeziehungen, die über interne Verrechnungspreise oder vergleichbare Steuerungsmodi, also ebenfalls wertgesteuert etabliert werden« (Sauer/Döhl 1997: 28).

Allerdings stellt sich spätestens bei einer Holding die Frage, ob angesichts der sich zunehmend verflüssigenden Grenzen überhaupt noch von einem Unternehmen gesprochen werden kann, da zunehmend undeutlich wird, was »innen« und was »außen« ist. Grenzen werden aufgehoben oder neu gezogen, Formen der Arbeitsteilung entwickeln sich, die über betriebliche Grenzen hinausgreifen, so dass auch der Begriff des Betriebes als einer abgrenzbaren sozialen Einheit fragwürdig wird. Auch wenn man der modernistischen Rede von einer »fraktalen Fabrik«, einer »virtuellen Organisation« etc. nicht folgen mag und auch wenn verlässliche Daten über das Ausmaß derartiger Restrukturierungsprozesse bisher nicht vorliegen, so muss doch konstatiert werden, dass Prozesse einer strategischen Dezentralisierung die Unternehmen aus einer Organisation in Richtung eines innerorganisatorischen Netzwerkes verändern. Folgerichtig spricht Funder (1999: 349) von dezentralisierten Unternehmungen als

41 Später wurde dann auch von »ökonomischer Dezentralisierung« gesprochen (Moldaschl/Sauer 2000) und mittlerweile hat sich für die damit bezeichneten Prozesse die Bezeichnung »Vermarktlichung« eingebürgert.

strukturierten Handlungssystemen, »die die Gestalt von Organisationsnetzwerken aufweisen bzw. als polyzentrisch-kollektive Akteure agieren. (…) Im Falle eines Konzernunternehmens – also eines Organisationsnetzwerkes – haben wir es demnach mit einem re-entry des Marktes in die Organisation zu tun«.

Der Begriff, oder vielleicht auch: die Metapher des **Netzwerks**, hat in den neunziger Jahren eine steile Karriere durchlaufen. Seine Nutzung für die Analyse der Resultate strategischer Dezentralisierung erwies sich als nutzbringend, da es den Blick schärfte für Probleme der Dezentralisierung, die bereits aus der Diskussion um Netzwerke bekannt waren. Diese Grundprobleme einer Dezentralisierung bestehen in den Widersprüchen zwischen Konkurrenz und interner Kooperation sowie zwischen zentraler Kontrolle und dezentraler Autonomie (Hirsch-Kreinsen 1995: 429), zwischen der gewünschten Konkurrenz zwischen den Einheiten, die die erforderliche Kooperationsbereitschaft und -fähigkeit beeinträchtigen kann, und der gewünschten Autonomie der dezentralen Einheiten, die zentrale Eingriffe erfordern kann. Derartige »Kooperations- und Koordinationsdilemmata« (Funder 1999) können die Funktionsfähigkeit der gesamten Unternehmung gefährden; die mit Dezentralisierung eigentlich beabsichtigte Reduzierung von Komplexität durch die »Mischung« von Hierarchie mit Markt kann geradezu erhebliche Komplexität produzieren.

Dezentralisierung ist deswegen kein linearer, sondern ein komplexer Prozess von **Dezentralisierung und Re-Zentralisierung**, der Ausdruck von »teilweise recht hilflosen Suchprozessen« ist und in »eigentümlichen Pendelbewegungen« (Sauer/Döhl 1997) vonstatten geht. Funder (1999) hat in ihrer detaillierten Untersuchung von Dezentralisierungsbemühungen in drei Konzernunternehmungen dann auch herausgefunden, dass nach zum Teil sehr weitgehender Dezentralisierung seit Mitte der neunziger Jahre eine Tendenz der Re-Zentralisierung zu beobachten ist, da der Aspekt der Kohärenz an Bedeutung gewonnen hat. Diese Tendenz ist aber nicht gleichzusetzen mit einer Wiederkehr traditioneller Organisationskonzepte; an einer Dezentralisierung als Grundausrichtung der Reorganisation wird festgehalten, da große Konzernunternehmungen auf die Selbstorganisationsfähigkeit ihrer Einheiten angewiesen sind. Doch dies wird verbunden mit stärker zentralistischen Kontrolleingriffen durch die Zentralen. Strategische Dezentralisierung ist somit ein widersprüchlicher, zum Teil eher problemgenerierender als problemlösender Prozess: »Konzernreorganisation spielt sich in einem Spannungsfeld zwischen Zentralisierung und Dezentralisierung ab und ist durch Reflexivität und Rekursivität gekennzeichnet« (Funder 1999: 359).

Dies ist auch ein Resultat der **Steuerungsprobleme**, die bei strategischer Dezentralisierung entstehen. Die Steuerung erfolgt durch die stärkere Nutzung von Marktmechanismen und die Einführung von Konkurrenzbeziehungen zwischen den einzelnen Einheiten, sofern diese in ausreichendem Maße autonom sind. Insbesondere zwei Formen der Steuerung dezentralisierter Unternehmenseinheiten werden hervorgehoben (Hirsch-Kreinsen 1995: 426f.):

- Rahmenvorgaben durch Strategie und Budget: nach einer unternehmensweiten Festlegung einer mittel- bis langfristigen Strategie werden die Planungen als Budget der dezentralen Einheiten festgelegt, in dem die Aufwand- und Kostenstrukturen sowie die Investitionsvolumina fixiert sind;
- indirekte Kontrolle durch Kennziffern: anhand von Maßzahlen – Auftragseingang, Umsatz, Rentabilität etc. – werden die Einheiten vergleichbar und (dies vor allem) können sich selbst vergleichen, so dass ein offener Wettbewerb geschaffen wird, der die einzelnen Einheiten zur selbstständigen Rationalisierung veranlassen soll.

Solange eine dezentrale Einheit die Produktionsziele erfüllt, handelt es sich bei diesen Formen der Steuerung also nicht um direkte Eingriffe. Die Steuerung erfolgt über Einflussnahme auf die Kontexte, also etwa über Budgets oder zu erfüllende Kennzahlen, so dass diese Form der Steuerung als »Kontextsteuerung« (Hirsch-Kreinsen 1995: 426) bezeichnet werden kann.[42] Allerdings ist eine solche Steuerung

42 Mit dem Begriff »Kontextsteuerung« wird auf die systemtheoretisch inspirierte Organisationsforschung Bezug genommen, die von der Vorstellung einer direktiven Steuerung mit dem Verweis auf die Unmöglichkeit externer Intervention in soziale Systeme wegen deren Autopoiesis Abstand genommen hat. Steuerung könne allenfalls als eine Veränderung von Rahmenbedingungen mit der Hoffnung auf dadurch ausgelöste Irritationen im adressierten System, eben als Kontextsteuerung erfolgen. Vgl. dazu Willke (1995).

über Geld keineswegs unproblematisch, denn die »Vermittlung hocharbeitsteiliger Produktionsprozesse durch den Markt bleibt an abstrakten Rentabilitätskriterien orientiert. Sie verweist also immer wieder nur auf die Effizienz der einzelnen Prozesse und versagt in der strategischen Koordination und Steuerung dieser komplexen Prozesszusammenhänge nach Gesichtspunkten ihrer inhaltlich-stofflichen Zusammengehörigkeit. Dies zeigt sich (...) in (...) mangelnder langfristiger Strategiefähigkeit, fehlender Produktinnovation, mangelndem Aufbau von strategischen Ressourcen etc.« (Sauer/Döhl 1997: 54).

Die Konzepte einer **Vermarktlichung** schlagen auf die Unternehmen zurück, so dass diese an ihre eigenen Grenzen stoßen (Döhl u. a. 2001). Zwar ist Autonomie erwünscht und wird auch zugestanden, da die Wege zur Leistungssteigerung nicht vorgeschrieben sind; zugleich aber erwächst daraus die Gefahr, dass die autonomen Einheiten die übergeordneten Ziele aus den Augen verlieren und die erforderlichen langfristigen Planungen zu Gunsten kurzfristiger Planerfüllungen zurückstellen. Zudem stehen die einzelnen Standorte unter erheblichem Druck, vorgegebene finanzielle Ziele auch zu erreichen – durchaus ein Bruch mit der früheren Strategie insbesondere deutscher Unternehmen, »in der eine produktbezogene Strategie verfolgt wurde und in der einzelne Geschäftsbereiche während schwieriger Perioden Unterstützung erhielten« (Meil u. a. 2003: 135). Auch wegen dieser Folgeprobleme strategischer Dezentralisierung ist, wie gesagt, in manchen Unternehmen eine Re-Zentralisierung zu beobachten, doch wird dies kaum zu einer vollständigen Rückkehr zu integrierten Unternehmen führen.

7.3 Die Folgen der Dezentralisierungsprozesse für Facharbeiter und Meister

Die beschriebenen Prozesse der Dezentralisierung haben erhebliche Auswirkungen, unter anderem auf den Arbeitskrafttypus des Facharbeiters. Wie jeder andere Arbeitnehmer auch wird er rekrutiert über einen spezifischen Arbeitsmarkt. Arbeitsmärkte können unterschieden werden in unstrukturierte, betriebsinterne und berufsfachliche Arbeitsmärkte (Sengenberger 1987; Lutz 1987c; vgl. auch die Zusammenfassung bei Hirsch-Kreinsen 2005, Kap. 7). Der **unstrukturierte Arbeitsmarkt** ist offen für alle, der Zugang erfordert kaum besondere Qualifikationen, die Löhne sind niedrig, die Arbeitskräfte sind nicht gebunden an einen bestimmten Arbeitgeber wie auch die Arbeitgeber nicht an einen bestimmten Arbeitnehmer. Der **betriebsinterne Arbeitsmarkt** ist charakterisiert durch eine betriebsinterne Ausbildung und die strikte Bevorzugung des so ausgebildeten Personals; der Arbeitnehmer ist gebunden an einen bestimmten Arbeitgeber und wenn dieser Arbeitsmarkt geschlossen ist, kommt es zu einer wechselseitigen Bindung. Der **fachliche Arbeitsmarkt** schließlich ist nur denen zugänglich, die bestimmte zertifizierte Qualifikationen vorweisen können; für den Arbeitnehmer besteht eine Bindung an einen bestimmten Typus von Arbeitgebern, für diese wiederum an einen bestimmten Typus von Arbeitskräften. Dieser Teilarbeitsmarkt ist im internationalen Vergleich besonders ausgeprägt in deutschsprachigen Ländern; es ist der Arbeitsmarkt des Facharbeiters.

Dieser stellte eine Stütze des deutschen Produktionsmodells dar; er ist für die deutsche Industrie prägend (Mickler 1981). **Facharbeiter** haben Spielräume zur Gestaltung ihrer Arbeit, verfügen über Produzentenstolz und Produzentensouveränität, leisten einen eigenständigen und qualifizierten Beitrag zu einem hochkomplexen und oft singulären Produkt. Sie sind unverzichtbar für den Betrieb und zeichnen sich durch enge Betriebsverbundenheit und regionale Sesshaftigkeit aus (Hildebrandt/Seltz 1989: 31).

Facharbeiter erwerben ihre Qualifikationen in einem System der beruflichen Ausbildung, das sich durch eine hohe Regelungsdichte auszeichnet. Dieses System ist – eine Spezialität der Berufsausbildung in Deutschland – **dual**, womit der gleichzeitige Erwerb von theoretischem Wissen an Berufsschulen und praktischem Wissen in Betrieben gemeint ist. Durch diese Art der Berufsausbildung wird eine betriebsspezifische Qualifizierung vermieden, die für Arbeitskräfte riskant sein kann, da die so erworbenen Qualifikationen wegen ihrer hohen Betriebsbezogenheit nur begrenzt auf dem überbetrieblichen Arbeitsmarkt verwertet werden können. Mit dem dualen System der Berufsausbildung wird ein Qualifikationspotential geschaffen, das auch über die Ausbildungsbetriebe hinweg nutzbar ist; der Facharbeiter erlernt einen Beruf mit einem spezifischen, in Ausbildungsordnungen definierten Qualifikationsprofil, den er betriebsunabhängig auszuüben in der Lage ist.

Lange Zeit galt diese **Berufsorientierung** als Voraussetzung einer Qualitätsproduktion und geradezu als Garant für den Erfolg des deutschen Produktionsmodells, in dem Wettbewerbsvorteile eher durch qualitativ hochwertige Produkte als durch Preis und Liefertreue gesucht wurden. Allerdings wurde schon früh (etwa von Brater/Beck 1982) darauf hingewiesen, dass die berufliche Organisation der Arbeitskraft mit ihren festgelegten Ausbildungsinhalten immer auch in Gefahr steht, die für die Berufspraxis erforderlichen Fähigkeitskombinationen zu verfehlen; zudem würden alle Facharbeiter auf anderen Fachgebieten zu Laien deklariert. Solche Zweifel an dem deutschen Berufsbildungssystem haben in den letzten Jahren zugenommen; die »Tugenden« des deutschen Modells der Berufsausbildung scheinen »verblasst« (Kern/Sabel 1994). Die Eingebundenheit der Qualifikationen in **Berufsprofile**, in »Arbeitskraftschablonen«, befördert ein Denken und Handeln in Demarkationslinien, das einer Aufgabenintegration, wie sie sich bei operativer Dezentralisierung beobachten lässt, entgegensteht, da an den Grenzen Kompetenzstreitigkeiten zwischen den Spezialisten entstehen. Insofern dürfen bei den Vorteilen des deutschen Systems der Berufsausbildung die Nachteile nicht übersehen werden:

»Welche Unternehmensebene man auch betrachtet, die der Abteilungen oder die der Arbeitsgruppen: immer erweist sich (...) das, was als besonderer Vorzug des deutschen Modells gilt, als höchst ambivalenter Sachverhalt. Einerseits unterfüttert berufliche Kompetenz die Aufgabenintegration und macht sie dadurch praktisch erst möglich. Andererseits verfestigt berufliche Kompetenz ein Denken in Kategorien einer prioritären Zuständigkeit, und es ist eben diese zweite Seite von Kompetenz, die heute die Implementation des Integrationsprinzips auf allen Ebenen der Organisation behindert« (Kern/Sabel 1994: 613).

Berufsprofile beeinträchtigen zumindest der Tendenz nach die notwendige Aufgabenintegration. Zugleich verändern sich auch die Anforderungsprofile, wie Baethge u. a. (1998: 86) am Beispiel des Herstellungsarbeiters, der dem traditionellen Facharbeiter ähnelt, und am Beispiel des Systemregulierers deutlich machen:[43] Die Tätigkeit des Ersteren ist in erster Linie durch handwerkliche Präzision bestimmt, was Geschick und in langjähriger Berufsausübung erworbenes und weiterentwickeltes Erfahrungswissen voraussetzt; notwendig ist eine traditionelle Berufsausbildung, in der vor allem ein festes Set von fachlichen Kenntnissen und Fertigkeiten vermittelt wird. Der Systemregulierer hingegen hat Verantwortung für eine möglichst kontinuierliche Produktion und die schnelle Entdeckung und Beseitigung von technischen und organisatorischen Störungen. Dies ist mit Geschick und Erfahrungswissen allein nicht zu bewerkstelligen, sondern erfordert eine ständige Aktualisierung des Theoriebestandes. Zudem sind **sozial-kommunikative Kompetenzen** erforderlich, weil er mit Facharbeitern aus anderen Berufen zusammenarbeiten muss. Auch er benötigt eine Berufsausbildung, in der jedoch ein weiter gefasstes Set von fachlichen Kompetenzen und zudem die Fähigkeit zur Selbstorganisation und zur Kooperation vermittelt werden muss.

Offenbar kann die Berufsausbildung dies nur unter Schwierigkeiten gewährleisten. Zwar wurden wegen der veränderten Qualifikationsanforderungen neue Berufe geschaffen bzw. vorhandene Berufe neugeordnet,[44] doch die Herausforderungen zunehmend **individualisierter Fähigkeitsprofile** sind dadurch kaum bewältigt worden. Heidenreich (1998: 322) verweist in diesem Zusammenhang auf die Diskrepanz »zwischen der industriegesellschaftlichen Prägung des dualen Berufsausbildungssystems und den Herausforderungen einer flexibler regulierten, dienstleistungs- und innovationsorientierten Wissensgesellschaft«, die als Ursache der Krisensymptome des Berufsausbildungssystems in Betracht gezogen werden müssen. Er nennt neben der bereits von Kern/Sabel (1994) betonten Anforderung an bereichsübergreifendes Denken und Handeln, das von der Berufsausbildung zumindest nicht gefördert wird, zwei weitere Herausforderungen, die sich zunehmend als Grenzen des Berufsausbildungssystems erweisen, nämlich die **Differenzierung und Pluralisierung** von Ausbildungsformen und -anforderungen: zum einen die

43 Sie unterscheiden zusätzlich noch den »Problemlöser«, der hier aber außer Betracht bleiben soll; zum Systemregulierer vgl. Kap. 6.2.

44 Es gibt derzeit ungefähr 390 anerkannte Ausbildungsberufe.

vereinheitlichten und standardisierten Ausbildungsordnungen, die immer weniger in der Lage sind, auf die größere Vielfalt der Beschäftigungsfelder und Qualifikationsanforderungen sowie die erhöhten Anforderungen an Flexibilität vorzubereiten, zum anderen die Erosion der traditionellen betrieblichen Status- und Rekrutierungsmuster, weil aufgrund der Bildungsexpansion Unternehmen inzwischen auch mittlere Positionen mit akademisch ausgebildetem Personal besetzen können, so dass die Stellen für Facharbeiter knapp werden.

Die in der Berufsausbildung erworbenen Kenntnisse und Fertigkeiten reichen kaum noch aus für ein ganzes Berufsleben; angesichts des absehbar zunehmenden erforderlichen technischen Wissens an allen Arbeitsplätzen und angesichts der abnehmenden Halbwertzeit dieses Wissens kommt dem lebenslangen Lernen eine steigende Bedeutung zu. Diese Veränderung wird ausgedrückt in der Unterscheidung von **Qualifikationen** und **Kompetenzen**; erstere sind die von außen herangetragenen Erwartungen an Fachkräfte, deren Erfüllung durch formale Bildungsabschlüsse dokumentiert wird, letztere bezeichnen Fähigkeiten, Fertigkeiten und Kenntnisse aus der Perspektive des Subjekts. Qualifikationen ermöglichen die Umsetzung des Gelernten in regelgebundenes Handeln (»know that«), Kompetenzen beinhalten selbstständiges, reflexives und evaluatives Handeln (»know how«). Qualifikationen sind also eine notwendige, aber keineswegs hinreichende Voraussetzung kompetenten Handelns.

Die notwendige Weiterbildung zum Erwerb und zur Erhaltung von Kompetenzen ist nicht mehr auf den Beruf, sondern auf den jeweiligen Prozessabschnitt gerichtet und findet oftmals dezentral statt (Braczyk/Schienstock 1996: 305). Auf diese Weise zeichnet sich ein neues Muster der Entstehung von zusätzlichen Qualifikationen ab; sie entstehen innerhalb von Gruppen im Arbeitsprozess, flankiert durch begleitend erworbenes Wissen in der betrieblichen Weiterbildung, in der ein spezifisches Prozesswissen vermittelt wird. Dies impliziert dann wiederum eine betriebsspezifische Qualifizierung, durch die die Mobilitätsfähigkeit der erworbenen Qualifikationen und Kompetenzen (Lutz/Meil 2000), also die Möglichkeit zur Verwertung auf dem überbetrieblichen Arbeitsmarkt, beeinträchtigt wird.

Hinzu kommen Nebenfolgen der Dezentralisierung. Wenn Unternehmen aufgesplittet werden in kleinere Einheiten, die zu selbstständigem Wirtschaften angehalten sind, dann stehen in diesen Einheiten auch die **Overhead-Kosten** auf dem Prüfstand, und das heißt eben auch: die Ausbildungskosten. Sie gelten nicht mehr als Zukunftsinvestitionen in Humankapital, sondern als ein Kostenfaktor neben anderen, so dass eine deutliche Abkehr von einer Investitions- hin zu einer kurzfristigeren Kostenorientierung zu beobachten ist (Baethge u. a. 1998: 87; Baethge 1999). Dies kann zu einer Strategie führen, andernorts ausgebildete Facharbeiter unter Vermeidung eigener Ausbildungskosten zu rekrutieren, was letztlich zu einer Austrocknung des dualen Systems beruflicher Ausbildung führen kann (diese Befürchtung bei Wittke 1995).

Und schließlich löst sich der Zusammenhang zwischen formaler, in der Ausbildung erworbener Qualifikation und beruflicher Stellung auf. Zwar ist der Facharbeiterstatus weiterhin formal der zentrale Qualifikationsmaßstab in der Produktion, aber ein relativer Bedeutungsverlust der Facharbeit gegenüber qualifizierter Angestelltentätigkeit ist nicht mehr zu übersehen (Pongratz/Voß 2003: 203f.). Aufstiegsmöglichkeiten in Vorarbeiter- und Meisterfunktionen werden wegen des Hierarchieabbaus zunehmend eingeschränkt und nicht zuletzt gerät der Facharbeiter bei Stellenbesetzungen in Konkurrenz zu (Fach-)Hochschulabsolventen. Gerade unter der Bedingung beschleunigter Innovation neigen Betriebe dazu, (Fach-)Hochschulabsolventen zu rekrutieren statt Facharbeiter für die entsprechenden Stellen weiterzuqualifizieren (Baethge 1999), so dass der betriebsinterne Arbeitsmarkt für Facharbeiter an Bedeutung verliert. Bereits Lutz (1987b) hatte mit Blick auf die neuen Produktionskonzepte nachdenklich von der »Falle« gesprochen, in die junge Industriearbeiter gelockt würden, wenn sie das durchaus verlockende Angebot einer stärkeren Nutzung berufspraktischer Qualifikationen annehmen und damit zukünftig zu einem Verschwinden gerade der Arbeitsplätze in den fertigungsnahen technischen Büros beitragen, die Voraussetzung einer innerbetrieblichen Karriere von Facharbeitern sind. Mittlerweile ist diese Falle zugeschnappt, was nicht nur für die davon Betroffenen problematisch ist, sondern auch wegen des gewissermaßen freiwilligen Verzichts der Betriebe auf einen wichtigen Qualifikationsbestandteil von Facharbeitern; denn (Fach-)Hochschulabsolventen verfügen nicht in ähnlicher Weise wie Facharbeiter über ein Erfahrungswissen, dem Lutz/Meil (2000) eine weiterhin hohe Bedeutung attestieren. Zwar entstehen mit dem Systemregulierer durchaus neue, anspruchsvolle Anforderungsprofile; er spielt quantitativ bisher aber eine noch geringe Rolle, so dass er kaum den Bedeutungsverlust von Facharbeit in anderen Bereichen wird kompensieren können.

Insgesamt also wird das »(vor)industriegesellschaftliche Grundmuster« (Baethge 1999: 490) der Berufsausbildung, das heißt die Dualität der Ausbildung in Schule und Betrieb, in der die betriebliche Seite bei der Definition des quantitativen Bedarfs und bei der Durchführung der Ausbildung dominiert, brüchig. Die derzeitige politisch beklagte Knappheit an Ausbildungsplätzen ist, darauf deuten alle Befunde hin, offenbar kein temporäres Problem; auf jeden Fall wird es sich nicht durch eine Ausbildungsplatzabgabe beheben lassen.[45]

Erschwerend kommt hinzu, dass die Aufstiegspositionen für Facharbeiter zunehmend rar werden. Der eine Grund ist die erwähnte Einstellung von akademisch ausgebildetem Personal für Positionen, die früher den Facharbeitern Karrierechancen eröffneten, der andere Grund ist, dass die Inhaber dieser Positionen, die **Meister**, selbst unter Druck geraten sind. Diese Berufsgruppe ist ebenfalls eine deutsche Spezialität. Meister haben in der Regel eine technische Berufsausbildung, sind für Personaleinsatz und Prozesssteuerung in ihrer Meisterei, die bis zu neunzig Personen umfassen kann, zuständig und stellen das Scharnier dar zwischen Management und Arbeitern, das ihnen eine Art »Sandwich-Position« zuweist; sie haben eine wichtige Funktion für die Transformation von Arbeitskraft in Arbeit, da sie verantwortlich sind für die Leistungserbringung und -überwachung der ihnen Unterstellten.

45 Es gibt freilich auch andere Beobachtungen, die die Zukunft des Facharbeiters nicht ganz so pessimistisch erscheinen lassen. Olsen (2001) etwa erwartet eher eine Transformation als eine Erosion der Facharbeiterberufe. Auch Schumann (2003) beobachtet gewandelte Bedingungen, die die Anforderungen an die Fachausbildungen zwar verändern, diese aber keineswegs haben obsolet werden lassen; er erwartet sogar einen Attraktivitätsgewinn, sofern der Kanon des Facharbeiters um Kommunikations- und Kooperationsfähigkeit und handlungszentrierte Kompetenz erweitert wird.

Der Meister hat eine wechselvolle Geschichte hinter sich und erlebt nicht das erste Mal eine Krise. Er ist entstanden aus dem zünftlerischen Handwerk, in dem er ein Universalmeister war. Zwar wurde mit dem auf Taylor zurückgehenden Funktionsmeisterprinzip, also der Aufsplittung des Universalmeisters auf unterschiedliche Funktionen, die beherrschende Stellung des Meisters für den Produktionsprozess insgesamt reduziert, dennoch gilt und galt er als exzellenter Fachmann, der seinen Arbeitsbereich beherrscht, den Nachwuchs ausbildet und zugleich Ansprechpartner für seine Mitarbeiter ist. Die Herausbildung von Funktionsmeistern war nicht der einzige Anlass, der Beobachter von der »Meisterkrise« hat sprechen lassen. Fischer (1993) hat eine Reihe weiterer Krisenphänomene zusammengetragen, wie etwa den Funktionsverlust und die Entmachtung des Meisters als Folge des Einsatzes neuer Informations- und Kommunikationstechnologien, die Substitution durch Ingenieure oder ähnlich formal Höherqualifizierte, den unterwertigen Einsatz ausgebildeter Meister und nicht zuletzt den Rückgang der Meisterpositionen[46]. Immer wieder also war eine »Meisterkrise« in den letzten Jahrzehnten Gegenstand von Diskussionen, doch insgesamt kann festgehalten werden, »dass die Frage, ob der Meister einem anhaltenden Erosionsprozess unterliegt – trotz der regelmäßigen Debatte über die ›Meisterkrise‹ –, nicht viel berechtigter ist als die nach den Bedingungen seiner immer wieder erfolgenden Stabilisierung« (Fischer 1993: 427). Denn trotz aller Krisen und trotz allem Funktionswandel hat sich der Meister als Arbeitskrafttypus immer wieder stabilisiert, weil er aus betriebsorganisatorischen Gründen notwendig ist, und dies dürfte auch dieses Mal der Fall sein (so Tullius 2004). Durch die Reorganisationsprozesse wird die Figur des Meisters nicht verschwinden, doch unterliegt die Aufgabenbeschreibung und damit die Position des Meisters ein weiteres Mal einem Funktionswandel; was sich für sie allerdings wirklich verändert, ist eine strittige Frage: »Möglichen Erosionstendenzen wie der forcierten Verlagerung von Kompetenzen in die Verantwortung von Fertigungsgruppen stehen Tendenzen der Stabilisierung gegenüber. Die Position absichernd wirkt vor allem der in

46 Die Zahl der Meister in den größten Betrieben der deutschen Automobilindustrie sank zwischen 1993 und 1996 um mehr als ein Fünftel (Tullius 2004: 12).

dezentralen Organisationen steigende Kooperations- und Kommunikationsbedarf, der weiterhin Schnittstellenfunktion erfordert und damit unter anderem den Meister als unterstützende, planende und koordinierende Instanz stärkt« (Schumann/Gerst 1997: 157).

Viele Meister erleben einen Wandel ihrer Rolle »vom Vorgesetzten zum Trainer« (Braczyk/Schienstock 1986: 319). Sie geben Aufgaben der operativen Detailsteuerung an die Gruppen ab. Dies kann, so Kuhlmann u. a. (2004), durchaus einhergehen mit einer Aufwertung dieser Führungsebene, etwa durch zusätzliche Kompetenzen im planerischen Bereich und bei der Kosten- und Budgetplanung, doch oftmals wird dies von den Betroffenen nicht als Bereicherung, sondern eher als zusätzliche Belastung erlebt. Zudem stellt das veränderte Führungsverständnis – »Absprachen statt Anweisungen« – erhebliche Anforderungen vor allem im Bereich sozialer Kompetenz. Auch dieser Wandel der Meisterrolle ist nicht unbedingt neu; dass auf den Meister neue Anforderungen in sozial-kommunikativer Hinsicht zukommen, war schon gemeinsamer Tenor von Beobachtern aus den sechziger Jahren (vgl. den Überblick bei Fischer 1993: 154f.). Daraus ist wohl nicht zu schließen, dass alles beim Alten bleibt, sondern eher, dass die Meisterposition ohnehin einem ständigen Veränderungsprozess unterliegt, dessen Resultate beim derzeitigen Wissensstand indes als offen bezeichnet werden muss. Wichtig in unserem Zusammenhang ist die hohe Bedeutung sozial-kommunikativer Kompetenzen, die die Inhaber dieser Position besitzen müssen, was noch einmal die Relevanz solcher Kompetenzen für Facharbeiter unterstreicht, sofern diese sich Hoffnungen auf eine entsprechende Karriere machen.

Orientierungsfragen:

1. Was ist mit »dualem System der Berufsausbildung« gemeint?
2. Welche unbeabsichtigten Probleme ergeben sich bei strategischer Dezentralisierung?
3. Worin unterscheiden sich Qualitätszirkel, Projektgruppen und Gruppenarbeit?
4. Was sind die Vorteile, was die Nachteile einer Matrixorganisation?
5. Was ist mit Partizipation gemeint und welche Bedeutung hat sie?

Weiterführende Literatur:

Dörre, Klaus (2002), Kampf um Beteiligung – Arbeit, Partizipation und industrielle Beziehungen im flexiblen Kapitalismus, Wiesbaden.

Ausführlicher und kritischer Überblick über die Einführung partizipativer Managementkonzepte in der deutschen Industrie und deren nicht intendierten Folgen.

Faust, Michael/Jauch, Peter/Brünnecke, Karin/Deutschmann, Christoph (1995), Dezentralisierung von Unternehmen – Bürokratie- und Hierarchieabbau und die Rolle betrieblicher Arbeitspolitik, 2. Auflage, München und Mering.

Sehr einflussreiche Untersuchung zu den Formen und Folgen der Dezentralisierungsprozesse in Unternehmen.

Funder, Maria (1999), Paradoxien der Reorganisation, München und Mering.

Detaillierte Studie zu den Prozessen der De- und Re-Zentralisierung in Konzernen und deren Paradoxien.

Kern, Horst/Sabel, Charles F. (1994), »Verblaßte Tugenden – Zur Krise des deutschen Produktionsmodells«, in: Niels Beckenbach/Werner van Treeck (Hg.), Umbrüche gesellschaftlicher Arbeit, Soziale Welt Sonderband 9, Göttingen, S. 605-624.

Aufsatz zum Zusammenhang zwischen neuen Formen der Arbeitsorganisation und Berufsbildungssystem, in dem die Nachteile der Demarkationen zwischen den Berufsprofilen herausgearbeitet werden.

Pekruhl, Ulrich (2001), Partizipatives Management – Konzepte und Kulturen, München und Mering.

Guter, wenngleich manchmal etwas normativer Überblick über die unterschiedlichen Konzepte partizipativen Managements.

Springer, Roland (1999), Rückkehr zum Taylorismus? Arbeitspolitik in der Automobilindustrie am Scheideweg, Frankfurt/New York.

Skeptische, von einem Insider geschriebene Einschätzung zur Zukunft innovativer Arbeitskonzepte.

8. Entgrenzungen von Arbeit

Durch die in Kapitel 7 beschriebenen Prozesse der Dezentralisierung und Vermarktlichung sind ehemals klare Grenzen undeutlich geworden. Dies betrifft nicht nur die organisatorischen Grenzen von Unternehmen, die sich zu Netzwerken wandeln, die durch marktliche Beziehungen verbunden sind, sondern auch die durch die vertikalen und horizontalen Trennlinien gezogenen Grenzen innerhalb von Betrieben und letztlich sogar die Grenzen zwischen Arbeit und Leben. Diese Prozesse werden in der Arbeits- und Industriesoziologie oftmals als **Entgrenzung** bezeichnet (ausführlich Kratzer 2003; Sauer 2005) – eine Metapher, mit der Auflösungserscheinungen in unterschiedlichen gesellschaftlichen Teilbereichen charakterisiert werden sollen und die es ermöglicht, solche Prozesse auf den unterschiedlichsten Dimensionen zu untersuchen (vgl. die Beiträge in Minssen 2000).

Entgrenzung bedeutet eine Erosion gewohnter Grenzen und insofern einen Verlust von bisherigen Gewissheiten bei allerdings gleichzeitiger Ziehung neuer Grenzen. Der Sachverhalt einer Transformation von Arbeitskraft in Arbeit stellt sich in neuartiger Weise; zunehmend wandelt sich diese Transformation von einem Kontrollproblem zu einem Kooperationsproblem. In den Betrieben wird angemessenes Arbeitshandeln nicht mehr nur als ein Problem behandelt, das mehr oder minder ausschließlich durch Anweisung und Kontrolle zu lösen ist; die ehemals klaren Grenzen zwischen »oben« und »unten« beginnen zu verschwimmen. Zunehmend wird auch auf die Bereitschaft der Arbeitenden gesetzt, diese Bereitschaft sogar eingefordert, angemessenes Arbeitshandeln eigenständig in Kooperation mit anderen, auch mit den Vorgesetzten zu erbringen. Daraus entstehen neue Grenzen im Sinne einer (Selbst-)Verpflichtung der Arbeitenden, die dazu erforderlichen Leistungen auch zu erbringen.

Nun ist die Bereitschaft der Arbeiter zu arbeiten, wie mehrmals erwähnt, ohnehin Voraussetzung für jeden Arbeitsprozess; der Unterschied freilich besteht jetzt darin, dass die »ganze Person« in betriebliche Rationalisierungsstrategien einbezogen werden soll, um einen erweiterten Zugriff auf die individuellen Kompetenzen zu erlangen. Das Transformationsproblem wandelt sich damit in gewisser Weise von einem betrieblich zu lösenden Problem zu einem Problem, das Arbeiter und Angestellte selbstständig zu bewältigen haben. Das Subjekt, der arbeitende Mensch, gewinnt an Bedeutung für Rationalisierungsstrategien.

8.1 Subjektivierung der Arbeit

Die Dezentralisierungs- und Reorganisationsprozesse haben zu einer »Wiederentdeckung des Subjekts« (Lohr 2003) geführt, in den Betrieben ebenso wie in der industriesoziologischen Forschung. Manche sehen in dem wachsenden »Subjektivitätsbedarf« der Unternehmen geradezu eine »Umkehrung der bisherigen Rationalisierungslogik« (Moldaschl/Sauer 2000: 216), eine »neue Logik der Rationalisierung« (Moldaschl 2002: 27), die nicht mehr in dem alten Schema »tayloristisch« oder »nicht-tayloristisch« abbildbar ist. Die Relevanz von Subjektivität für einen gelingenden Produktionsprozess ist freilich so neu nun auch wieder nicht. Schon früh ist auf die Bedeutung von Erfahrungswissen[47] für das Funktionieren auch hochtechnisierter Anlagen und computerisierter Arbeitsabläufe hingewiesen worden (Malsch 1987); ebenso ist die Bedeutung »subjektivierenden Arbeits-

47 Damit ist die Fähigkeit gemeint, »aus meist disparaten und nicht selten uneindeutigen Informationen und Signalen, die mit Hilfe verschiedener Sinne aufgenommen werden, unverzüglich (und unter Nutzung früherer Erfahrungen) ein möglichst umfassendes Situationsbild zu konstruieren, das entweder sofortige Interventionen ermöglicht oder schnell anhand quasi experimenteller Eingriffe in den technischen Prozess vervollständigt bzw. korrigiert werden kann« (Lutz/Weil 2000: 28).

handelns« (vgl. Böhle/Milkau 1988; Böhle/Rose 1992; Böhle 1994; Böhle 2001) herausgearbeitet worden, womit darauf aufmerksam gemacht werden sollte, dass im Arbeitsprozess auch Wünsche, Bedürfnisse und Deutungen der Arbeitenden eine Rolle spielen. Insofern gehört die Bedeutung von Subjektivität seit jeher zum Wissensbestand der Arbeits- und Industriesoziologie; er ist allerdings peripher geblieben, solange betriebliche Rationalisierungsstrategien darauf gerichtet waren, Subjektivität im Arbeitsprozess möglichst weitgehend zu negieren. Das hat sich geändert und seitdem hat sich auch die Arbeits- und Industriesoziologie unter dem Begriff der **Subjektivierung** verstärkt der Bedeutung von persönlichen Eigenschaften und Fertigkeiten für betriebliche Produktionsabläufe zugewandt. Eingeführt wurde der Begriff von Baethge (1991), der damit auf das Bedürfnis der Beschäftigen, Subjektivität in die Arbeit einbringen zu können, und auf die zunehmende Bedeutung berufsinhaltlicher, kommunikativer und expressiver Ansprüche an die Tätigkeit hinweisen wollte. Ausschlaggebend für Subjektivierung war:

- erstens der Strukturwandel der Beschäftigung, der eine Ausdehnung der vorberuflichen Sozialisation hervorgerufen hat, durch die individualistische Muster der Identitätsbildung gefördert werden, die den emotionalen Eigensinn der Subjekte stabilisieren,
- zweitens die Rücknahme rigider Arbeitsteiligkeit und die Zunahme komplexer Tätigkeitszuschnitte und
- drittens die zunehmende Erwerbstätigkeit von Frauen – nicht weil deren kommunikative und expressive Ansprüche stärker ausgebildet wären als bei Männern, sondern weil sie zu einem historisch spezifischen Zeitpunkt mit einer spezifischen vorberuflichen Sozialisation und spezifischen Ansprüchen an Selbstbestätigung und Unabhängigkeitserfahrung ins Erwerbsleben drängen.

Unternehmen müssen den gewandelten Ansprüchen ihrer Beschäftigten nachkommen; Baethge (1991: 11) befürchtete gar eine »strukturelle Falle«, in die Unternehmen geraten, sollte es ihnen wegen der weiterhin bestehenden großen Bereiche gering qualifizierter und restriktiver Arbeiten nicht gelingen, diesen Ansprüchen gerecht zu werden.

Die Subjektivität der Beschäftigten, ihre ganz persönlichen Eigenschaften und Fähigkeiten spielen also eine erheblich höhere Rolle in betrieblichen Rationalisierungsprozessen als früher. Dabei meint Subjektivierung nicht nur das Bedürfnis von Menschen, über ihre fachspezifischen Kenntnisse hinaus auch ihre Persönlichkeit in den Arbeitsprozess einbringen zu können, sondern auch – und vermutlich in erster Linie – die Erwartung von Unternehmen, dass diese Fähigkeiten tatsächlich eingebracht werden. Subjektive Fähigkeiten sollen, Ansprüche der Beschäftigten an ihre Arbeit durchaus aufgreifend, für betriebliche Verwertungszwecke genutzt werden. Haltungen, Wissen, Fertigkeiten, Motive, Gefühle, Werte etc. (vgl. Kleemann u. a. 2002) werden in Verwertungsstrategien einbezogen. Insbesondere mit selbstorganisierter Gruppenarbeit gelingt den Betrieben »ein Zugriff auf die Subjektivität der Beschäftigten und darüber vermittelt die Erschließung bislang kaum zugänglicher Leistungspotentiale« (Gerst 2000: 39).

In diesem Sinne unterliegt Erwerbsarbeit einem **doppelten Subjektivierungsprozess** (Kleemann u. a. 2002): Betriebe haben einen erhöhten funktionalen Bedarf nach Subjektivität, die Individuen tragen verstärkt subjektive Ansprüche an ihre Arbeit heran. Ein wichtiges Scharnier dabei ist das Bedürfnis nach **Anerkennung** (vgl. Voswinkel 2001 und die Beiträge in Holtgrewe u. a. 2000). Anerkennung ist schon immer ein wichtiger Motivationsfaktor gewesen (Deutschmann 2003), der jedoch erst jetzt in der Arbeits- und Industriesoziologie aufmerksamer untersucht wird, weil Anerkennungspraktiken sich ändern. Bei Anerkennung wird unterschieden zwischen Würdigung und Bewunderung; gewürdigt werden etwa schwere Arbeit und alltägliche Mühe, was sich in Regeln der Rücksichtnahme, im Senioritätsprinzip oder auch in der Lohnfortzahlung im Krankheitsfall ausdrücken kann, bewundert hingegen besondere Leistungen, die beispielsweise in der Auszeichnung zum »Mitarbeiter des Monats« gipfeln können (Voswinkel 2005), und offenbar werden heute in Unternehmen andere Aspekte des Arbeitshandelns gewürdigt und bewundert als früher. In Arbeitsverhältnissen ist Anerkennung immer spannungsreich und wird dann besonders prekär, wenn durch Reorganisationsprozesse eingespielte Muster der Anerkennung aufgelöst werden.

In der Arbeits- und Industriesoziologie werden die Prozesse der Subjektivierung von Arbeit durchaus skeptisch betrachtet. Manche vermuten nicht nur eine erweiterte Form, sondern eine neue Qualität der Zugriffsweise, die »einen Totalitätsanspruch betrieblicher Verfügung über Subjektivität als möglich erscheinen« (Pongratz/Voß 2003: 217) lässt. Andere verweisen auf die Ambivalenz der erforderlichen Selbstorganisation, die immer im Rahmen fremdgesetzter Ziele stattfindet; Döhl u. a. (2001: 231) verwenden den Begriff der Selbstorganisation deswegen ohne die »›eindimensionale‹ Konnotationen von Freiheit, Selbstbestimmung, Selbstentfaltung«. Subjektivierung führt zu einer veränderten Balance von Autonomie und Herrschaft, von Freiheit und Zwang, von Moldaschl (2001: 137) in die pointierte Frage überführt, ob Herrschaft und Autonomie überhaupt noch als Gegensatz begriffen werden könne oder ob nicht die Möglichkeit einer Herrschaft *durch* Autonomie in Betracht gezogen werden müsse: »Wenn Herrschaft bedeutet, fremden Willen aufzwingen zu können, so besteht der mehr oder weniger neue Herrschaftsmodus darin, Bedingungen zu schaffen, unter denen die Beherrschten mehr als bisher dieselben Ziele verfolgen wie die Herrschenden (sich also in funktional Selbstbeherrschte verwandeln), womit sich eine Aktualisierung von Herrschaft im selben Maße erübrigt« (Moldaschl/Sauer 2000: 213).

Wichtig an solchen Überlegungen, deren Begründung nicht völlig gefolgt werden muss,[48] ist der Hinweis auf die **Ambivalenz von Subjektivierung**: Die Möglichkeit, die eigene Subjektivität in den Arbeitsprozess einbringen zu können, bedeutet zugleich den Zwang, sie zu ökonomisieren, also die Subjektivität an den ökonomischen Zielen des Betriebes auszurichten und diese zu internalisieren. Subjektivierung zielt auf eine Aufhebung der Differenz zwischen Verwertungsinteressen und Arbeitskraftinteressen, doch die Interessen der Subjekte können nicht gänzlich ökonomisiert werden. Insofern ist Subjektivierung immer ein sehr komplexer Prozess von Unterwerfung unter betriebliche Ziele, die nicht unfreiwillig erfolgt, und per-

48 Da Herrschaft auf dem Legitimitätsglauben der Beherrschten beruht (vgl. Maurer 2004 und oben Kap. 5.1) – das unterscheidet sie von der Macht –, sind Herrschaft und Autonomie nicht unbedingt ein Gegensatz; zumindest schränkt Herrschaft Autonomie nicht mehr ein als jegliche soziale Ordnung.

sönlicher Entfaltung, da den Ansprüchen der Arbeitenden an ihre Arbeit Rechnung getragen wird. Entsprechend widersprüchlich sind die empirischen Befunde, wonach einerseits Prozesse gegenseitiger Selbstausbeutung beobachtet – »die werden zu Hyänen« (Moldaschl 1994) –, andererseits (Kuhlmann u. a. 2004: 307) eine Tendenz zur Selbstausbeutung oder ein »Arbeiten ohne Ende« gerade nicht festgestellt werden.

8.2 Ein neuer Typus von Arbeitskraft? Der Arbeitskraftunternehmer

Besonders deutlich wird die Ambivalenz von Subjektivierung im Typus des Arbeitskraftunternehmers. Die veränderten Strategien der betrieblichen Nutzung von Arbeitskraft, das heißt die marktgerechte Zuschneidung subjektiver Fähigkeiten und Motivlagen, verändern den Status von Arbeitskraft; sie wandelt sich, so die These, vom verberuflichten Arbeitnehmer zum **Arbeitskraftunternehmer** (Voß/Pongratz 1998; Pongratz/Voß 2000), zum Unternehmer, der die eigene Arbeitskraft vermarktet. Der relativ gesicherte und standardisierte Status eines Arbeitnehmers mit relativ stetigen Arbeitsvorgaben wird ersetzt durch einen Auftragnehmer mit temporären Auftragsbeziehungen; der Arbeitnehmer wird zum Auftragnehmer einer zu erbringenden Leistung. Da eine eng kontrollorientierte Strategie der Nutzung von Arbeitskraft für die betrieblichen Produktivitätsziele zunehmend weniger ausreicht, wird das Problem der Transformation von Arbeitskraft in Arbeit an die Arbeitenden gewissermaßen zurückgegeben; sie haben sicherzustellen, dass die erwartete Leistung erbracht wird, wobei es ihnen überlassen bleibt, wie sie das erreichen. Insofern wird auf Kontrolle auch nicht verzichtet; die früher übliche Prozesskontrolle allerdings wird ersetzt durch eine Ergebniskontrolle und vor allem durch eine verstärkte Selbstkontrolle der Arbeitenden, die sich insbesondere bezieht auf die Arbeitszeit, den Arbeitsort, die Regulierung der interpersonalen Beziehungen, die fachliche Flexibilität und die Fähigkeit zur Eigenmotivation.

Der Arbeitskraftunternehmer muss sich selbst organisieren und verhält sich in gewisser Weise zu sich selbst wie ein herrschaftsausübender Unternehmer. Seine Arbeit, ja sein Leben ist gekennzeichnet durch Selbstkontrolle, Selbstökonomisierung und Selbstrationalisierung.

Abbildung 9: Merkmale des Arbeitskraftunternehmers[49]

Selbst-Kontrolle	Verstärkte selbstständige Planung, Steuerung und Überwachung der eigenen Tätigkeit
Selbst-Ökonomisierung	Zunehmende, aktiv zweckgerichtete »Produktion« und »Vermarktung« der eigenen Fähigkeiten und Leistungen – auf dem Markt wie innerhalb von Betrieben
Selbst-Rationalisierung	Wachsende bewusste Durchorganisation von Alltag und Lebenslauf und Tendenz zur Verbetrieblichung der Lebensführung

Die Arbeitenden sind verantwortlich für eine aktive Selbststeuerung und Selbstüberwachung ihrer eigenen Arbeit bei zunehmend weniger betrieblichen Handlungsvorschriften; **Selbst-Kontrolle** wird systematisch erweitert bei abnehmender Fremdkontrolle. Im Zuge einer solchen Entwicklung ändert sich das Verhältnis zur eigenen Arbeitskraft als Ware; das Arbeitsvermögen muss hinsichtlich seiner wirtschaftlichen Nutzung entwickelt und aktiv verwertet werden. Diese **Selbst-Ökonomisierung** umfasst nicht nur eine aktive Entwicklung der individuellen Potenziale, sondern auch ein gezieltes Selbst-Marketing, um die Arbeitskraft potentiellen Auftraggebern anzubieten. Selbst-Kontrolle und Selbst-Ökonomisierung haben schließlich Einfluss auf die gesamte Lebensorganisation, auf das Verhältnis von »Arbeit und Leben«. Erforderlich ist eine **Selbst-Rationalisierung** des gesamten Lebenszusammenhanges. Es muss systematisch durchgestaltet und auf Erwerb ausgerichtet werden; private Organisations- und Kommunikationsmittel wie Terminplaner, Handy und Laptop werden unentbehrlich, die **Grenzen zwischen Arbeit und Leben** verschwimmen.

Dieser Arbeitskrafttypus hat im Vergleich mit dem Typus des **verberuflichten Arbeitnehmers** durchaus Chancen; zu nennen sind

---

49 Quelle: Pongratz/Voß 2003

etwa ein selbstbewussteres und aktiveres Verhältnis zur eigenen Arbeitskraft oder auch ein selbstbestimmteres Arbeiten und die Möglichkeit zu flexibleren Arrangements mit anderen Lebensinteressen. Insgesamt gesehen jedoch sind die Folgen auch hier ambivalent (vgl. Pongratz/Voß 2000: 237):

- die Erwerbslagen individualisieren sich, so dass die Marktmacht der Beschäftigten gegenüber den Abnehmern vereinzelt wird und eine Verschlechterung der Erwerbslagen zu befürchten ist;
- besondere Chancen sind für die Arbeitskraftunternehmer zu erhoffen, die über das entsprechende ökonomische, soziale und kulturelle Kapital verfügen. Bei denjenigen aber, die bereits in dieser Hinsicht benachteiligt sind, können sich die Nachteile einer verringerten sozialen Regulierung von Arbeit kumulieren;
- unterschiedliche Erwerbslagen häufen sich; immer wieder muss mit Phasen des Abstiegs kalkuliert werden. Karriere wandelt sich zum individuellen Verlaufspfad und führt zu stets neuen Bewährungssituationen;
- Erfolg und Leistung werden auf neuartige Weise gesellschaftlich ideologisiert. Individuelle Leistungsfähigkeit muss immer wieder demonstriert werden, Misserfolge und Rückschläge gelten, obwohl in weiten Bereichen unvermeidlich, als individuelles Versagen.

Die These vom Arbeitskraftunternehmer ist nicht unwidersprochen geblieben (vgl. etwa einige Beiträge in Kuda/Strauß 2002). Bemängelt wird zum einen die »Ausrufung« eines neuen Typus von Arbeitskraft; schließlich seien Eigenkontrolle, Vermarktung und Reproduktion von Arbeitskraft seit jeher ein Kennzeichen kapitalistischer Gesellschaften, so dass es nicht gerechtfertigt sei, einen vielleicht richtig beobachteten inkrementalen Wandel der Nutzung von Arbeitskraft gleich zum epochalen Bruch zu erheben. Zum anderen wird die empirische Relevanz dieses Typus von Arbeitskraft bezweifelt. Bosch (2000) verweist darauf, dass die weit überwiegende Mehrheit der Beschäftigten weiterhin fremdbestimmt arbeitet, und dies sogar mit eher steigender Tendenz; auf diese Beschäftigten zumindest treffen die behaupteten Merkmale des Arbeitskraftunternehmers nicht zu. Ebenso wenig lasse sich statistisch eine Informalisierung der Arbeitszeit und eine damit einhergehende Auflösung der Grenze zwischen Erwerbs- und Nicht-Erwerbssphäre nachweisen.

In der Tat scheint die empirische Basis ein Schwachpunkt der These vom Arbeitskraftunternehmer zu sein. Zunächst hatten die Protagonisten den Arbeitskraftunternehmer vor allem unter den Freiberuflern gesehen, insbesondere (vgl. Pongratz/Voß 2003: 29) in der Branche der stark projektförmig organisierten Kommunikations- und Informationstechnologien, aber auch in Medien- und Kulturberufen, im Weiterbildungssektor, in der Organisationsberatung und in den Unternehmen der »New Economy«[50], in Bereichen also, die geprägt sind von prestigeträchtigen Tätigkeiten mit hohen Qualifikationsanforderungen, die besonders für junge Hochschulabsolventen attraktiv sind. Mittlerweile wurde die These auch für abhängig Erwerbstätige überprüft, deren Tätigkeit in hohem Maße der Normalarbeit durchschnittlicher Beschäftigten entspricht, die sich aber insofern von anderen Arbeitnehmern abheben als sie in spezifischen Arbeitsformen mit einem hohen Anteil von Möglichkeiten und Anforderungen der Selbstorganisation tätig sind, nämlich in Gruppenarbeit bzw. Projektgruppen. Dabei wurde der Frage nachgegangen, ob die vorfindlichen Arbeitsorientierungen von Beschäftigten in partiell entgrenzten Arbeitsformen für oder gegen die Ausbreitung eines neuen Arbeitskrafttypus sprechen, und diese Frage ist »mit einem entschiedenen *sowohl – als auch* zu beantworten: Wir finden sowohl Anhaltspunkte für Wandlungstendenzen in Richtung Arbeitskraftunternehmer als auch Hinweise auf ein beträchtliches Beharrungsvermögen« (Pongratz/Voß 2003: 191; Hervorhebung im Original).

50 Diese Bezeichnung als Branchenbezeichnung ist natürlich einigermaßen problematisch – nicht nur wegen der mit dem Adjektiv indizierten Abgrenzung zur »Old Economy«, obwohl, wie man mittlerweile nach dem Niedergang vieler Unternehmen der »New Economy« weiß, die Marktgesetze sich nicht sehr unterscheiden, sondern auch wegen der kaum zu vollziehenden Abgrenzung zu anderen Branchen. Der Einfachheit halber sei unter »New Economy« hier der Teilbereich des IT-Sektors verstanden, der aus jüngeren, kleineren Unternehmen besteht, die sich vor allem auf die Entwicklung von Hard- und Software spezialisiert haben. Der IT-Sektor wiederum umfasst die Herstellung von Datenverarbeitungsgeräten und -einrichtungen, Rundfunk- und Nachrichtentechnik, Fernmeldedienste, Datenverarbeitung inkl. Entwicklung und Beratung sowie den Medien- und Kommunikationsbereich, wobei dieser Bereich auch ältere Großunternehmen umfasst; vgl. dazu Töpsch u. a. (2001), Boes/Baukrowitz (2002).

Die Befunde für diese »verbetrieblichten Arbeitskraftunternehmer« führen so zu einem etwas ernüchternden Ergebnis. Dieser Typus ist im Wesentlichen ein Angestelltenphänomen, während bei Arbeitern die Erwerbsorientierungen eines verberuflichten Arbeitnehmers vorherrschen.[51] Insofern könne auch nicht von einer eindeutigen und ungebrochenen Entwicklung in Richtung des Arbeitskraftunternehmers gesprochen werden; wahrscheinlicher sei vielmehr auch mittelfristig eine Pluralität von Arbeitskrafttypen (Pongratz/Voß 2003: 227).

Dies ist sicherlich keine Revision der These, aber doch eine erheblich vorsichtigere Formulierung; einige Jahre zuvor hatten die gleichen Autoren noch behauptet, dass »ein struktureller Wandel der gesellschaftlichen Verfassung von Arbeitskraft vor sich geht. Die bisher vorherrschende Form des ›verberuflichten Arbeitnehmers‹ wird in vielen Arbeitsbereichen abgelöst durch einen neuen strukturellen Typus, den ›Arbeitskraftunternehmer‹« (Voß/Pongratz 1998: 131), der »zur Schlüsselfigur des derzeitigen Wandel der industriellen Arbeitsgesellschaft werden« (Voß/Pongratz 1998: 149) könnte. Damals war der Typus des Arbeitskraftunternehmers schon fast Gegenwartsbeschreibung, mittlerweile wird die These vom Arbeitskraftunternehmer nur noch als »Prognose« bezeichnet; er ist ein zukünftiger »Leittypus« der gesellschaftlichen Formung von Arbeit (Pongratz/Voß 2003: 28). Zudem ist er ein **Idealtypus**, ein analytisches Konstrukt, in dem bestimmte Merkmale verdichtet sind, um es gegen andere Konstrukte, in diesem Fall den »verberuflichten Arbeitnehmer« zu kontrastieren. Aber Idealtypen pflegen, so schon Max Weber, in der Realität selten rein vorzukommen.

Der Arbeitskraftunternehmer ist also nicht der bereits quantitativ vorherrschende Arbeitskrafttypus, aber er ist doch Realität, wenn auch nur in einigen Bereichen der modernen Dienstleistungs-, Medien- und Telekommunikationsindustrien und nicht im Dienstleistungssektor insgesamt oder gar in den industriellen Kernsektoren. Angesichts dieser geringen Verbreitung bezeichnet Deutschmann (2001) den Arbeitskraftunternehmer als ein ideologisches Konstrukt, einen »Mythos«. Ein solcher Mythos kann freilich, stößt er auf Reso-

51 Untersucht wurden Arbeiter in Gruppenarbeit und Angestellte in Projektarbeit. Letzteres ist nun allerdings eine Arbeitsform, die sich, wie oben in Kap. 7.1.2 gezeigt wurde, in besonderer Weise durch die Neuartigkeit der Arbeitsaufgabe auszeichnet und deswegen durch einen besonderen Typus von Arbeitskraft gekennzeichnet sein kann. Insofern muss schon die Frage gestellt werden, ob diese Untersuchungsgruppe für den Nachweis des gesuchten Arbeitskrafttypus nicht besonders günstig war. Auf jeden Fall kann der Befund nicht für alle Angestellten verallgemeinert werden – was die Autoren allerdings auch nicht beabsichtigen.

nanz, eine sich selbst bestätigende Wirkung entfalten. Selbst wenn der Arbeitskraftunternehmer heute noch weniger verbreitet ist, als die Protagonisten anfangs glaubten, schließt dies keineswegs aus, dass mit diesem Typus eine zukünftige Entwicklungsrichtung zumindest eines Teils der Beschäftigten gekennzeichnet ist.

8.3 Veränderungen in der Gestaltung von Lohn und Leistung

Das Scharnier zwischen Verwertungsinteressen und Arbeitskraftinteressen ist das Entgelt. Wenn nun die Formen einer Transformation von Arbeitskraft in Arbeit sich offensichtlich verändert haben, dann müssen diese Veränderungen ihren Niederschlag auch in der Gestaltung des **Lohn-/Leistungsverhältnisses** finden. Bevor darauf eingegangen wird, sind jedoch einige Ausführungen zur Entgeltgestaltung generell erforderlich.

Ganz allgemein hat der Verkäufer der Ware Arbeitskraft ein Interesse daran, für seine Ware möglichst viel Geld zu erhalten und gleicht in dieser Hinsicht jedem anderen Verkäufer. Der Käufer wiederum will möglichst wenig zahlen, da sein Gewinn umso größer ausfällt, je billiger er die Arbeitskraft einkaufen kann. Wenn die Akteure sich also rational verhalten, sind mehr oder minder alltägliche Auseinandersetzungen um das Verhältnis von Lohn und Leistung anzunehmen.

Entgeltfragen sind ein wesentlicher Verhandlungsgegenstand zwischen den Tarifvertragsparteien, den Gewerkschaften und den Arbeitgeberverbänden[52], sowie den Betriebsvertragsparteien, den Betriebsräten und Geschäftsführungen. Grundsätzlich können zwei Entgeltformen unterschieden werden: der **Zeitlohn**, mit dem für eine bestimmte Arbeitszeit ein festes Entgelt (Stunden- oder Monatslohn) vereinbart ist, und der **Leistungslohn**, mit dem das Entgelt an eine definierte Leistung gekoppelt wird. Letzterer beruht auf der Überle-

52 In Deutschland gibt es mittlerweile 35.000 Tarifverträge, in denen das Entgelt geregelt ist; vgl. Klein-Schneider 1999.

gung, dass Arbeiter zu höherer Leistung motiviert werden können, wenn ihr Entgelt von ihrer Leistung abhängt – so jedenfalls die Überzeugung, seit Taylor Anfang des 20. Jahrhunderts den Pensumlohn propagiert hatte. Dies war noch ein recht einfaches Verfahren, eine Mischung aus Zeit- und Leistungslohn, indem für die Ableistung eines bestimmten Pensums ein bestimmtes Entgelt gezahlt wurde. Seit Taylor sind hundert Jahre vergangen und die Verfahren der Leistungsentlohnung sind mittlerweile erheblich verfeinert worden.[53]

In Deutschland war daran maßgeblich der 1924 als »Reichsausschuß für Arbeitsstudien« gegründete und 1951 in »Verband für Arbeitsstudien – REFA – e. V.« umbenannte Zusammenschluss von (vorwiegend) Ingenieuren beteiligt. Die Verfeinerungen betrafen insbesondere drei Punkte (Schmiede/Schudlich 1981: 73): *erstens* die Ablösung des Geldakkords durch den Zeitakkord und die Einführung wissenschaftlicher Methoden des Zeitstudiums, um Willkür bei der Akkordfestsetzung auszuschließen; *zweitens* die Beibehaltung einer proportional verlaufenden Lohn-Leistungs-Linie anstelle eines diskontinuierlichen Prämienlohns und *drittens* schließlich die Verwendung einer **Normalleistung** als Grundlage der Lohnberechnung statt der taylorschen Maximalleistung. Unter einer solchen Normalleistung wird eine Arbeitshandlung verstanden, die dem Beobachter hinsichtlich der Einzelbewegungen, der Bewegungsfolgen und ihrer Koordinierung besonders harmonisch, natürlich und ausgeglichen erscheint. Sie kann erfahrungsgemäß von jedem in erforderlichem Maße geeigneten, geübten und voll eingearbeiteten Arbeiter auf die Dauer und im Mittel der Schichtzeit erbracht werden, sofern er die für die persönlichen Bedürfnisse und gegebenenfalls auch für Erholung vorgegebenen Zeiten einhält und die freie Entfaltung seiner Fähigkeiten nicht behindert wird.

---

53 Vgl. zum Folgenden als ausführlichen und instruktiven Überblick über die diversen Methoden, aber auch die Fallstricke der Entgeltfindung Lang u. a. (1990).

Diese Normalleistung[54] ist der Maßstab, an dem Mehrleistung gemessen wird. In die Bestimmung der Normalleistung ist der Betriebsrat einbezogen; er ist bei der Zeitaufnahme dabei, überprüft die Berechtigung neuer Zeitaufnahmen und kann so die im Betrieb abgeforderte Leistungsintensität kontrollieren. Von **Akkord** nun wird gesprochen, wenn auf Basis der Normalleistung die zur Ausführung notwendige Zeit, die sogenannte Vorgabezeit ermittelt wird und der Zeitverbrauch und damit auch der Verdienst proportional zur Leistung durch den Beschäftigten bestimmbar ist. Beträgt die Vorgabezeit sechzig Minuten für die Fertigung von sechzig Teilen und schafft der Arbeiter diese Leistung exakt in einer Stunde, so erhält er das für die Erreichung der Normalleistung festgelegte Entgelt, also beispielsweise 15 €; produzierte er in einer Stunde jedoch siebzig Teile, so erhält er für die Arbeitsleistung von 117 Prozent auch entsprechend mehr Lohn, in diesem Fall also 17,50 €.

Mehrleistung erfordert die individuelle Beeinflussbarkeit der Leistung; zudem unterstellt die Bestimmung der Normalleistung eine relativ gleichförmige Arbeitsausführung, die wiederum einen normierten Produktionsprozess voraussetzt. Insofern hat der Zeitakkord vor allem in den Branchen eine Rolle gespielt, in denen – wie in der Automobil- oder Elektroindustrie – Produkte in hohen Serien gefertigt wurden und die Arbeitsabläufe standardisiert werden konnten. Allerdings ist die Normalleistung, wie die Definition deutlich macht, keine exakte Maßeinheit, sondern von der Bewertung des Beobachters abhängig, was auch daran deutlich wird, dass die Normalleistung immer wieder neu festgelegt wird, wenn die Akkorde »aus dem Ruder laufen«, das heißt zu viele Arbeiter einen Leistungsgrad über der Normalleistung erreichen.

Um die Leistungsbestimmung von möglicher individueller Willkür zu befreien, die ja auch bei einer Beteiligung des Betriebsrates nicht ausgeschlossen werden kann, wurde das **Verfahren vorbestimmter Zeiten** entwickelt. Dieses Verfahren beruht auf einer Zusammen-

54 Es ist hier nicht der Platz, sich ausführlicher mit diesem für die Akkordentlohnung zentralen Begriff zu beschäftigen; deswegen sei nur auf Offe (1970: 149) verwiesen, der herausgestellt hat, dass damit keine objektiven Arbeitsergebnisse, sondern gruppenspezifische Normen über ein »angemessenes« Arbeitsergebnis widergespiegelt werden.

stellung aller denkbaren menschlichen Bewegungen und deren Zergliederung in kleinste Teilbewegungen, die mit Zeitwerten versehen werden. Alle in einem Arbeitsprozess erforderlichen Arbeitsbewegungen können am grünen Tisch zusammengestellt und mit einem Zeitfaktor belegt werden, so dass die Zeitaufnahme von Arbeitshandlungen im Betrieb entfällt. Zum Extrem getrieben wurde das in den sogenannten MTM-Verfahren, eine Abkürzung, die für »methods of time measurement« steht, von Betroffenen ironisch-verzweifelt aber auch »*M*ach *T*ausend *M*ehr« genannt wird; hier werden Bewegungen in sogenannten TMU (= Time Measurement Unit) gemessen, die dem hunderdtausendsten Teil einer Sekunde entspricht.

Ausgangspunkt jeden Leistungslohns ist die Eingruppierung, das heißt die Zuordnung einer Arbeitsaufgabe zu einer Lohngruppe. Das ist Aufgabe der **Arbeitsbewertung**. Sie erfolgt nach Anforderungsarten und Bewertungsmerkmalen, wobei im Prinzip die Anforderungen Können, Verantwortung, Belastung und Umgebungseinflüsse zugrunde gelegt werden. Zwei Methoden der Arbeitsbewertung lassen sich unterscheiden: die **analytische** und die **summarische Arbeitsbewertung**. Bei der Summarik werden verschiedene Tätigkeiten mittels Gruppenbeschreibungen bewertet, bei der Analytik wird eine Arbeitsaufgabe hinsichtlich einzelner Merkmale (von »Kenntnisse« über »Geschicklichkeit« und »zusätzlicher Denkprozess« bis hin zu »hinderliche Schutzkleidung«; vgl. Lang u. a. 1990: 196) bewertet und die dabei ermittelten Teilarbeitswerte zu einem Gesamtarbeitswert addiert. In beiden Fällen wird der Arbeitswert einem Entgelt zugeordnet, das das Grundentgelt darstellt, das bei einer Normalleistung erreicht wird. Entlohnt wird immer die für die jeweilige Arbeitsaufgabe erforderliche Qualifikation, nicht jedoch die Qualifikation, die der Arbeiter mitbringt; ein Professor, der eine Anlerntätigkeit ausübt, wird für diese Anlerntätigkeit, nicht jedoch als Professor bezahlt.

Jeder Leistungslohn ist, wie gesagt, daran geknüpft, dass der Arbeitende überhaupt Einfluss auf die Leistung hat. In Arbeitsprozessen jedoch, die weitgehend automatisiert sind, ist dieses kaum möglich; am Fließband kann nur so schnell gearbeitet werden, wie das Band läuft. Dies ist einer der Faktoren für die »Krise des Lohnanreizes« (Lutz 1975), dessen Prämisse der Leistungsgerechtigkeit ausgehöhlt wird, wenn bei steigendem Mechanisierungsgrad die individuelle Beeinflussbarkeit des Produktionsergebnisses zunehmend geringer wird. Der Rechtfertigung des Leistungsprinzips durch dessen Anreizfunktion wird dadurch der Boden entzogen (Offe 1970: 159f.).

Die Krise des Lohnanreizes durch Akkordsysteme hat sich – und damit kommen wir zurück auf das hier interessierende Thema »Entgrenzung« – mittlerweile verschärft; 1995 arbeiteten im Produzierenden Gewerbe, mit fallender Tendenz, nur noch 10 Prozent der Beschäftigten unter Akkordbedingungen (Bahnmüller 2002; andere Zahlen, aber gleiche Tendenz bei Jauch/Schmidt 2000). Denn diese Formen der Entlohnung sind für die Anforderungen in neuen Arbeitssystemen kaum geeignet, da vor allem in gruppenarbeitsförmigen Zusammenhängen Arbeitsergebnisse kaum noch individuell zurechenbar sind und somit auch nicht abgebildet werden können. Die 1975 von Lutz diagnostizierten Grenzen des Lohnanreizes aufgrund des gestiegenen Mechanisierungsgrades sind gewissermaßen ergänzt worden durch den Wegfall der arbeitsorganisatorischen Voraussetzungen der Akkordentlohnung.

Die abnehmende Bedeutung von Akkordsystemen bedeutet indes keine generell zurückgehende Bedeutung der Leistungsentlohnung; der Anteil der Leistungslöhner unter den Beschäftigten ist in den letzten zwanzig Jahren ungefähr konstant geblieben (Jauch/Schmidt 2000: 51f.). Doch vermehrt sind Leistungslohnsysteme eingeführt worden, die an der Subjektivierung von Arbeit ausgerichtet sind. Gefragt sind Systeme, die Leistung stimulieren, die dies aber unter Beachtung der geforderten Selbstorganisation bewirken. Solche Entgeltsysteme müssen höchst unterschiedliche Parameter berücksichtigen, neben der Produktivität auch die Qualität, neben der Quantität auch die Qualität von KVP-Vorschlägen, neben dem Erreichen von vereinbarten Zielen auch die Anstrengungen, wenn Zielvereinbarungen dennoch nicht realisiert werden konnten. Kuhlmann u. a. (2004) schlagen deswegen vor dem Hintergrund ihrer Untersuchungen zu »innovativer Arbeitspolitik« ein Entgeltsystem als angemessen vor, das sich durch folgende Prinzipien und Merkmale auszeichnet:

- Anreize für Kompetenzerwerb und Arbeitseinsatzflexibilität, indem nicht ausschließlich die ausgeübte Tätigkeit, sondern auch die benötigten Kompetenzen entlohnt werden;
- Gruppenbezug der Entlohnung, wobei allerdings darauf zu achten ist, dass die individuellen Leistungsanreize nicht in Konflikt geraten mit den Anforderungen der Gruppenselbstorganisation;
- ein breiter Leistungsbegriff, in dem unterschiedliche quantitative und qualitative Leistungsziele enthalten sind;
- Mitsprache bei Leistungszielen, womit insbesondere eine Zielvereinbarung statt eine Zielverordnung gemeint ist.

Einiges davon ist offenbar mittlerweile umgesetzt. Klein-Schneider (1999) jedenfalls kommt nach einer Durchsicht von 127 betrieblichen Vereinbarungen zur Entgeltfindung aus 84 Unternehmen zu dem Schluss, dass diese seltener Akkordlohn oder zeit- und mengenmäßige Prämien und dafür häufiger Leistungszulagen sowie Qualitäts-, Qualifikations- und Produktivitätsprämien zum Gegenstand haben. Leistungsanreize werden vermehrt geschaffen durch Prämienentgelte, durch Provisionen oder Leistungszulagen, die jeweils individuell oder gruppenbezogen sein können.

Zudem lässt sich eine Tendenz zu ergebnisorientierten Entgeltbestandteilen beobachten. Dies kann erfolgen etwa durch **Zielvereinbarungen**, die sich einer zunehmenden Beliebtheit erfreuen (dazu Bender 2002; Menz/Siegel 2002; Bender 2000). Bei Zielvereinbarungen handelt es sich um ein relativ altes Führungsinstrument in allerdings neuen Gewändern. Das alte Führungsinstrument hieß »Führen durch Ziele« und war unter seinem englischen Titel »management by objectives« bekannt; vor allem Führungskräften wurden Ziele gesetzt und das Erreichen der Ziele wurde prämiert. Neu ist der partizipative Aspekt; Ziele sollen nicht gesetzt, sondern vereinbart werden und zwar nicht nur auf den Ebenen der Vorgesetzten, sondern im Prinzip auf allen betrieblichen Hierarchieebenen; das Instrument zielt auf alle Beschäftigten in einem Unternehmen ab. Das Prinzip ist recht einfach. Von der Geschäftsleitung werden Ziele formuliert; diese werden »kaskadenförmig« entlang der betrieblichen Hierarchie weitergegeben, in Teilziele heruntergebrochen und auf diese Weise für jede

Hierarchieebene präzisiert. Dabei werden den Beschäftigten Freiräume zugestanden, indem die Ziele diesen nicht verordnet, sondern mit ihnen vereinbart werden. Zumindest der Idee nach wird so mit allen Beschäftigten eine Zielvereinbarung abgeschlossen, die sich auf das von der Geschäftsleitung formulierte Ziel bezieht.

Führung durch Zielvereinbarung beschreibt also ein Vorgehen, bei dem strategische, eher abstrakte Ziele von oben nach unten in das Unternehmen kommuniziert und im Dialog präzisiert werden. Die Ziele sind damit immer von einer übergeordneten Bedeutung. Sie sind Teil der Umsetzung von Strategien, von Wandlungs- und Veränderungsprozessen. Gleichzeitig ergänzen sie das Arbeitspaket eines jeden Beschäftigten um eben diesen Aspekt; das Erreichen der vereinbarten Ziele wird Teil der Arbeitsaufgabe. Zielvereinbarungen sind ein Element von partizipativem Management und fordern die »ganze Person« – woraus sich die Vorteile, aber auch die Nachteile dieses Instruments ergeben (ausführlicher Voswinkel 2003).

Solche neuen Formen der Leistungsbeurteilung verändern sehr grundlegend die eingeprobten Methoden der Entgeltfindung. Bewertet wird nicht mehr (Bahnmüller 2002: 49) wie bei Akkord- oder auch Prämienentlohnung die Anstrengung, die zu einem stofflichen Ergebnis in einem bestimmten Zeitraum führt, sondern durch die Integration markt- und betriebswirtschaftlicher Kennziffern, also durch die Prozesse der Vermarktlichung wird Leistung gewissermaßen vom Ende der Prozesskette definiert: »Leistung ist, was der Markt als solche anerkennt«. Dies ist ein »fundamentaler Bruch« (Kratzer 2005: 259) mit dem bisherigen Modus der Leistungsbewertung und damit der Anerkennung von Leistung, die anhand des erbrachten Aufwandes erfolgte. Bender (2002: 26) fasst diese Veränderungen in vier Thesen zusammen:

- die Leistungsbeurteilung basiert nicht mehr auf einem standardisierten Leistungsmaßstab, sondern der Einzelfall wird ein integraler Bestandteil der Leistungsbeurteilung;
- diese entstandardisierten Formen implizieren einen »funktionalen« Leistungsbegriff, da als Leistung nicht mehr die der Aufgabe angemessene Leistungsverausgabung gilt, sondern der Grad der Erreichung der möglichst präzise bestimmten Aufgabenstellung;

- die Leistungsbeurteilung wird zu einer Form des individuellen Leistungsmanagements, das zunehmend weniger zentral reguliert werden kann;
- durch diese Form der Leistungsbeurteilung wird die Unterscheidung von Angestelltenarbeit und gewerblicher Arbeit nicht nur leistungspolitisch obsolet.

Und in der Tat sind beispielsweise in dem 2004 zwischen der IG Metall und dem Arbeitgeberverband Metall vereinbarten Entgeltrahmenabkommen weitreichende Änderungen beschlossen worden, die in den nächsten Jahren umgesetzt werden sollen. Dazu gehört nicht nur die Aufhebung der Differenzierung zwischen dem Lohn der gewerblichen Arbeiter und dem Gehalt der Angestellten durch die Schaffung gemeinsamer Entgeltgruppen für Arbeiter und Angestellte, sondern auch und vor allem die Umstellung der bisher geltenden Grundsätze der Eingruppierung. Sie soll nun anhand der Anforderungsmerkmale Können, Handlungs- und Entscheidungsspielraum, Kooperation und Mitarbeiterführung vorgenommen werden. Daneben besteht das Entgelt aus einem variablen Anteil, bei dem Zielvereinbarungen und Prämienlohnsystem eine herausgehobene Rolle spielen. Durch solche Formen der Leistungsentlohnung steigt der Bedarf an innerbetrieblicher Kommunikation. Denn Leistung kann zunehmend weniger anhand von standardisierten Kriterien definiert, sondern muss von Vorgesetzten beurteilt werden (Bender 1997); was als Leistung definiert wird, ist als Gegenstand der Auseinandersetzung in den Betrieb zurückgekehrt (Menz/Siegel 2002).

8.4 Flexibilisierung von Arbeitszeit und Arbeitsort: Erosion des Normalarbeitsverhältnisses?

Dass Erwerbsformen und Beschäftigungsverhältnisse sich ausdifferenzieren, ist weitgehend unbestritten. Aus der Perspektive der Beschäftigten bedeuten die beschriebenen Entgrenzungsprozesse erhöhte Flexibilisierungsanforderungen. Dies betrifft nicht nur die Anforderungen an ihre Qualifikationen und ihre Bereitschaft zu arbeiten, sondern auch Anforderungen an eine Flexibilisierung von

Lage und Ort der Arbeit. Dabei spielen zwei Veränderungen eine herausgehobene Rolle: Die Flexibilisierung der Arbeitszeit und die Telearbeit.

Arbeitszeiten in Deutschland sind kollektivvertraglich geregelt; die tatsächliche Arbeitszeit entspricht jedoch nicht der vereinbarten.

Abbildung 10: Vertraglich vereinbarte und tatsächliche durchschnittliche Wochenarbeitszeit in Deutschland[55]

	1995		1999		2003	
	vereinbart	tatsächlich	vereinbart	tatsächlich	vereinbart	tatsächlich
Westdeutschland						
Vollzeit	38,5	42,0	39,0	41,5	38,9	41,9
Teilzeit	21,3	22,3	20,2	21,1	20,2	21,4
Ostdeutschland						
Vollzeit	40,0	42,9	39,7	42,1	39,8	43,0
Teilzeit	26,7	29,0	24,5	26,7	23,8	25,8

Viele Beschäftigte arbeiten länger als vereinbart; die 42-Stunden-Woche, in Ostdeutschland sogar die 43-Stunden-Woche ist trotz aller gewerkschaftlichen Bemühungen um Arbeitszeitverkürzung immer noch die Durchschnittsarbeitszeit für Vollzeitbeschäftigte. Insbesondere die Beschäftigten mit einem hohen betrieblichen Status arbeiten länger; bei einem guten Fünftel liegt die tatsächliche Arbeitszeit über 48 Stunden (Bauer/Munz 2005: 43) weswegen Bosch u. a. (2001: 39) von einer »Spreizung« der Arbeitszeiten nach Qualifikationsstufen sprechen.

Die **Diskrepanz zwischen vereinbarter und tatsächlicher Arbeitszeit** rührt daher, dass in vielen Betrieben Überstunden nicht die Ausnahme, sondern eher die Regel sind; Herrmann u. a. (1999) etwa haben ermittelt, dass im Jahr 1995 rein rechnerisch jeder Beschäftigte in der metallverarbeitenden Industrie 4,1 Stunden Mehrarbeit leistete, wobei dieses Mehrarbeitsvolumen in einem gesamtwirtschaftlichen Vergleich, also im Vergleich mit anderen Branchen sogar eher auf einem unterdurchschnittlichen Niveau liegt. Insgesamt lässt sich ein Anstieg der Überstundenarbeit in den neunziger Jahren beobachten,

55 Quelle: Bauer/Munz (2005).

der als »dramatisch« (Eberling u. a. 2004: 26) bezeichnet werden muss.

Die **Flexibilisierung der Arbeitszeit**, das heißt die Flexibilisierung in Bezug auf die Lage, Dauer und Verteilung der täglichen bzw. wöchentlichen Arbeitszeit hat erheblich an Aktualität gewonnen. Dem nordrhein-westfälischen Ministerium für Wirtschaft und Arbeit zufolge, das seit 1987 eine Arbeitszeitberichterstattung durchführen lässt, haben bereits im Jahr 1987 – bei einer weiten Auslegung des Begriffs – 73 Prozent aller Erwerbstätigen in Deutschland in der einen oder anderen Form flexible Arbeitszeiten gehabt und dieser Anteil ist bis 1999 auf 85 Prozent gestiegen; starre Arbeitszeitverhältnisse mit gleichmäßiger Vollzeitbeschäftigung am Tage von Montag bis Freitag ohne Varianten – dies die Definition der Normalarbeitszeit in diesen Untersuchungen – sind keineswegs mehr die Norm.

Sofern solche Arbeitszeitverhältnisse überhaupt jemals die Norm gewesen sind. Denn **Arbeitszeitflexibilisierung** ist kein neues Phänomen; Schichtarbeit, Wochenendarbeit, Gleitzeitarbeit etc. sind seit jeher fester Bestandteil vieler Tätigkeiten. Allerdings sind die betrieblichen Bemühungen um eine Flexibilisierung von Arbeitszeiten als Reaktion auf die erfolgreiche Durchsetzung von Tarifvereinbarungen über Arbeitszeitverkürzungen durch die Gewerkschaften seit den neunziger Jahren erheblich ausgeweitet worden.

Flexibilisierung zielt auf eine möglichst umfassende Auslastung der Betriebsanlagen, indem die Betriebszeiten von den individuellen Arbeitszeiten entkoppelt werden. Eine seit jeher übliche und verbreitete Form dieser Entkoppelung von Arbeitszeit und Betriebszeit ist die **Schichtarbeit**. Die verschiedenen Formen der Schichtarbeit werden über ihre Anzahl definiert; Zweischichtsysteme umfassen eine Früh- und eine Spätschicht, bei Dreischichtsystemen kommt noch die Nachtschicht hinzu. Eine andere Bestimmung erfolgt über die Zeit in der gearbeitet wird; bei kontinuierlicher Schichtarbeit wird die ganze Woche gearbeitet, bei diskontinuierlicher Schichtarbeit ist dies nicht der Fall; hier ist zumeist das Wochenende arbeitsfrei. Schichtarbeit lässt sich nicht vermeiden, sei es aufgrund technischer Anlagen wie etwa in der Stahlindustrie, die nicht ohne weiteres heruntergefahren werden können, sei es aufgrund der erwähnten möglichst umfassenden Auslastung von technischen Anlagen oder aufgrund der notwendigen Bereitstellung mancher Dienste rund um die Uhr wie etwa bei der Polizei, der Feuerwehr und im Öffentlichen Personennahverkehr. Dem Mikrozensus von 2002 zufolge arbeiteten immerhin fünfzehn Prozent aller Beschäftigten in Schichtarbeit, und das mit steigender Tendenz.

Auch **Teilzeitarbeit** ist keine sonderlich neue Form der Arbeitszeitregelung, aber auch sie ist massiv ausgeweitet worden; neu ist zudem, dass seit 2001 für Arbeitnehmer in Unternehmen mit mehr als fünfzehn Beschäftigten ein Rechtsanspruch auf Teilzeitbeschäftigung besteht. Teilzeitbeschäftigung liegt vor, wenn die regelmäßige wöchentliche Arbeitszeit geringer ist als die wöchentliche Arbeitszeit vergleichbarer vollzeitbeschäftigter Arbeitnehmer; es handelt sich also nicht nur um den klassischen Halbtagsjob. Wichtig ist der Verteilzeitraum; beträgt er eine Woche, kann Teilzeitbeschäftigung die tägliche Arbeit mit einer reduzierten Stundenzahl ebenso umfassen wie die auf einige Tage begrenzte Vollzeitarbeit und die Nichtarbeit an den restlichen Tagen. Je länger der Verteilzeitraum – auch Jahresteilzeit ist denkbar –, umso größer sind die Möglichkeiten der Flexibilisierung.

Die eher klassischen Modelle der Arbeitszeitflexibilisierung wie Schichtarbeit und Teilzeitarbeit sind verfeinert und ausgebaut worden. Die Betriebsnutzungszeiten werden weiter kontinuisiert, indem der Arbeitskrafteinsatz noch genauer mit betrieblichen Erfordernissen synchronisiert wird. Ein Arbeitsplatz kann so von mehreren genutzt und auf diese Weise die technischen Anlagen besser ausgenutzt oder aber, was gerade im Dienstleistungsbereich eine zunehmende Anforderung darstellt, eine jederzeitige Ansprechbarkeit sichergestellt werden. Die neueren Flexibilisierungsstrategien zeichnen sich insbesondere durch zwei Maßnahmen aus (vgl. Herrmann u. a. 1999: 26):

- Differenzierung der Länge der Arbeitszeiten nach Beschäftigten (-gruppen). Bei einer Flaute werden beispielsweise Produktionsarbeiter weniger gebraucht als die Spezialisten aus Konstruktion und Fertigung und arbeiten dann für eine begrenzte Zeit auch weniger;
- Variabilisierung der Verteilung des individuellen Arbeitszeitvolumens über einen längeren Zeitraum (von einer Woche bis hin zu

einem Jahr). Damit werden Auftragsschwankungen ausgeglichen, indem in Spitzenzeiten mehr, bei Auftragstiefs weniger gearbeitet wird (»atmende Fabrik«), so dass sich erst über einen längeren Zeitraum die tariflich festgelegte Wochenarbeitszeit als Durchschnitt ergibt.

Vor allem diese Maßnahmen führten zur Einrichtung von **Arbeitszeitkonten**, eine Form der Arbeitszeitflexibilisierung, die mittlerweile »das zentrale Element einer flexiblen Arbeitszeitgestaltung« (Herrmann u. a. 1999: 155) darstellt. Die Differenz zwischen der vereinbarten Arbeitszeit und der tatsächlichen Arbeitszeit, also Zeitguthaben bzw. Zeitschulden werden auf einem Konto angesammelt, dessen Erträge nach den Bedürfnissen der Betriebe etwa bei einer schwachen Auftragslage oder nach den Bedürfnissen der Konteninhaber ausgezahlt werden. Für die Betriebe hat dies den Vorteil, dass nicht nur Mehrarbeit für eine gewisse Phase auch über die tarifvertraglich vereinbarte Arbeitszeit hinaus rechtens ist, sondern dass vor allem eine Unterschreitung der Regelarbeitszeit möglich wird, für die ansonsten Kurzarbeit hätte angemeldet werden müssen; die Regelarbeitszeit muss nur im Durchschnitt eines bestimmten Zeitraumes, etwa eines Monats oder eines Jahres eingehalten werden. Für die Beschäftigten wiederum haben Arbeitszeitkonten den Vorteil, dass sie das durch Überstunden angesammelte Zeitguthaben für persönliche Bedürfnisse nutzen können. Davon erhofft man sich eine bessere Vereinbarkeit von Freizeit und Beruf, oder wie man heute sagt: eine verbesserte »work-life-balance«.

Unter dem Begriff des Arbeitszeitkontos sind sehr unterschiedliche Varianten versammelt. Die bekanntesten sind:

- die Gleitzeit, gewissermaßen die »Mutter« aller Arbeitszeitkonten auch zu einer Zeit, als von »Arbeitszeitkonto« noch nicht die Rede war. Die Dauer der täglichen Arbeitszeit liegt fest, aber innerhalb bestimmter Grenzen, der Kernarbeitszeit, können Beginn und Ende der Arbeitszeit frei gewählt werden;
- das Jahresarbeitszeitkonto, dessen Bezug ein Jahr ist, innerhalb dessen die Arbeitszeit nach oben und unten so verschoben werden kann, dass am Ende des Berechnungszeitraums die durchschnittliche Arbeitszeit der vereinbarten Arbeitszeit entspricht;

- das Sabbatical, das für einen Langzeiturlaub genutzt werden kann, sofern auf dem persönlichen Konto genügend Zeit angespart worden ist;
- das Lebensarbeitszeitkonto, dessen Guthaben einer kürzere Lebensarbeitszeit, also einem früheren Eintritt in den Ruhestand dient.

Dem Kurzbericht Vier aus dem Jahr 2001 des Instituts für Arbeitsmarkt- und Berufsforschung der Bundesagentur für Arbeit zufolge verfügten bereits ein Drittel aller Beschäftigten über ein Arbeitszeitkonto, und dies mit steigendem Anteil; andere Untersuchungen weisen sogar einen noch höheren Anteil von Beschäftigten mit Zeitkonten aus (vgl. die Übersicht bei Seifert 2001). Allerdings wird das Angebot, das ein Arbeitszeitkonto darstellt, von den Beschäftigten eher zögerlich für die eigene Zeitautonomie (zum Begriff: Herrmann u. a. 1999: 28ff.) genutzt, das heißt für die Möglichkeit, die Arbeitszeit in einem allerdings vorgegebenen Rahmen an die eigenen Arbeitszeitinteressen anzupassen. Nicht nur der Aufbau eines Arbeitszeitkontos wird durch betriebliche Belange gesteuert, sondern auch der Abbau; denn bei der Inanspruchnahme von Arbeitszeitguthaben, insbesondere bei der Inanspruchnahme längerer Blockfreizeiten werden die betrieblichen Interessen »im Rahmen der Selbststeuerung in hohem Maße von den Beschäftigten selbst verinnerlicht. Diese stellen ihre persönlichen Interessen nicht nur im Kontext von Branchenkrisen und Standortdebatten zu Gunsten flexibler Mehrarbeit zurück, sondern auch im täglichen Normalbetrieb. Zeitkonten und ähnlich flexible Regelungen machen, so scheint es, das Einverständnis in die notorische Überlast erträglich« (Eberling u. a. 2004: 271).

Somit ist es wohl eher angemessen, in Bezug auf Arbeitszeitkonten statt von einer Zeitsouveränität der Beschäftigten von »einer relativen Fremdbestimmung bei der Arbeitszeitgestaltung zu sprechen, die den Beschäftigten einen beschränkten Gestaltungsspielraum zugesteht« (Seifert 2001: 89). Eine Nutzung längerer Blockfreizeiten bricht sich zudem an der mangelnden sozialen Anschlussfähigkeit, denn da Blockfreizeiten bislang nicht die Regel sind, lassen sie sich zeitlich nur schwer mit den Arbeits- und Freizeiten des sozialen Umfeldes koordinieren. Insofern scheinen Arbeitszeitkonten bisher vor allem den Betrieben zugute gekommen zu sein, die auf diese Weise eine zeitliche Flexibilisierung erreicht haben; zu einer verbesserten »work-life-balance« haben sie kaum beigetragen. Vor allem aber sind – siehe oben – die flexibilisierten Arbeitszeiten mit einer Verlängerung der faktischen Arbeitszeiten verbunden.

Eine weitere Form der Flexibilisierung von Arbeit ist die Trennung von Betrieb und Arbeitsort, also die **Flexibilisierung des Arbeitsortes**. Dies ist vor allem bekannt geworden unter der Bezeichnung **Telearbeit** (vgl. Glaser/Glaser 1995; zusammenfassend: Wehling 2004). Die anfallenden Tätigkeiten werden unter Nutzung moderner Informations- und Kommunikationstechniken außerhalb der eigentlichen Betriebsstätte erledigt. Diese Form der Arbeit eignet sich für alle Tätigkeiten, für die nicht eine dauernde Anwesenheit am Arbeitsplatz erforderlich ist. Die verbreiteste Form ist die alternierende Telearbeit, bei der zu festgelegten Zeiten am eigentlichen Arbeitsort und zu den anderen Zeiten zu Hause gearbeitet wird; eher selten ist die permanente Telearbeit, in der die Arbeit nahezu vollständig außerhalb der betrieblichen Arbeitsstätte erledigt wird. Unterschieden wird zudem danach, wo der Arbeitsplatz sich befindet: in wohnortnahen Telezentren (center-based telework) oder, was die übliche Form ist, zu Hause (home-based telework).

Für Telearbeiter hat diese Organisation der Arbeit, so wird häufig gesagt, den Vorteil einer individuellen Arbeits- und Zeiteinteilung; insbesondere soll sie eine bessere Vereinbarung von Familie und Beruf ermöglichen und damit gerade Frauen entgegenkommen, die dieses Problem immer noch in erster Linie zu lösen haben. Allerdings handelt es sich bei Telearbeit oftmals um hochqualifizierte Tätigkeiten, die eher Männern angeboten werden, während Frauen häufiger an geringer qualifizierten Arbeitsplätzen zu finden sind. Zudem werden zumindest bei alternierender Telearbeit die sozialen Kontakte bei der Arbeit reduziert und schließlich wird auch die Grenze zwischen der Sphäre der Arbeit und der privaten Sphäre aufgelöst; damit können Telearbeiter vor dem Problem einer Entgrenzung zwischen Berufs- und Familiensphäre stehen – ein Problem, das uns weiter oben beim Arbeitskraftunternehmer bereits beschäftigt hat.

Die Tatsache einer Flexibilisierung von Arbeitszeit und Arbeitsort steht in der wissenschaftlichen Diskussion außer Frage. Dadurch ist, so eine oft geäußerte Annahme, das **Normalarbeitsverhältnis** unter

Druck geraten. Dessen normative Grundlagen wurden in der Nachkriegszeit gelegt. Die wirtschaftliche Situation dieser Zeit zeichnete sich in der Bundesrepublik Deutschland durch eine außergewöhnliche Konstellation aus: Der industrielle Sektor verdrängte, flankiert durch eine keynesianische Wirtschaftspolitik, den landwirtschaftlichen Sektor und wuchs so schnell, dass er den weit überwiegenden Teil des Arbeitskräftereservoirs absorbieren konnte. Die Sozialversicherungssysteme wurden ausgebaut, die industriellen Beziehungen stabilisiert und Vollbeschäftigung galt als normal. Dieser »Traum einer immerwährenden Prosperität« (Lutz 1984) ist mittlerweile ausgeträumt; Vollbeschäftigung ist keine Zielgröße mehr, das Beschäftigungsvolumen im industriellen Sektor geht zu Gunsten der Ausweitung von Beschäftigung im tertiären Sektor zurück und auf dem Arbeitsmarkt haben sich in den letzten Jahren gravierende Veränderungen ergeben: Jugendliche treten später, Frauen vermehrt in den Arbeitsmarkt ein und ältere Arbeitnehmer treten aus Gründen der Flexibilisierung früher aus dem Arbeitsmarkt wieder aus – und manche kommen erst gar nicht oder nach einer gewissen Phase der Berufstätigkeit nicht mehr in den Arbeitsmarkt hinein. Erwerbsbiographien sind nicht mehr so stringent, wie sie früher gewesen sind, sie werden zu »Bastelbiographien« (Beck 1986).

Unter Normalarbeitsverhältnis versteht man nun (vgl. etwa Hoffmann/Walwei 1998; Dombois 1999) ein Arbeitsverhältnis, das durch einen unbefristeten Arbeitsvertrag, eine sozialversicherungspflichtige Vollzeitbeschäftigung mit festen Arbeitszeiten, durch ein tarifvertraglich normiertes Entgelt, der Sozialversicherungspflicht sowie der Abhängigkeit und Weisungsgebundenheit des Arbeitnehmers vom Arbeitgeber gekennzeichnet ist. Bosch u. a. (2001: 28) fassen die wesentlichen Elemente zusammen:

»Das klassische Normalarbeitsverhältnis ist in erster Linie ein sozialstaatliches Arrangement zur ›Dekommodifizierung‹[56] der Arbeitskraft; in seinen arbeits- und sozialrechtlichen Regulierungen sind Kompromisse zwischen Kapital und Arbeit, die überwiegend in den fünfziger und sechziger Jahren ausgehandelt wurden, festgeschrieben. Vermittelt über die klassische industrielle Arbeitsorganisation der Massenproduktion gelang eine Synthese zwi-

56 Dekommodifizierung = den Warencharakter senken, abgeleitet aus dem englischen Wort für Ware »commodity«.

schen wirtschaftlicher Effizienz und sozialer Sicherung. Das Normalarbeitsverhältnis war auf den männlichen Alleinverdiener zugeschnitten; die Gründe hierfür sind nicht allein in der Struktur des Normalarbeitsverhältnisses, sondern vor allem im weiteren gesellschaftlichen Umfeld wie der Restaurierung des traditionellen Familienbildes und dem wachsenden Wohlstand in der Nachkriegszeit zu suchen. Auch die hohe Beschäftigungsstabilität ergab sich nicht aus den Regulierungen auf dem Arbeitsmarkt, sondern war Folge der damaligen Wirtschaftslage«.

Dieses Arbeitsverhältnis ist in Bewegung geraten, darüber besteht in der wissenschaftlichen Diskussion Einigkeit. Die Gründe sind vielfältig: politisch gewollte Maßnahmen der Deregulierung, Veränderungen am Arbeitsmarkt und sektoraler Strukturwandel in Richtung Dienstleistungssektor, in dem Normalarbeitsverhältnisse ein weitaus geringeres Gewicht haben als in der Gesamtwirtschaft (Hoffmann/ Walwei 1998), Erosion des traditionellen Systems von Kollektivvereinbarungen, insbesondere die Erosion von Flächentarifvereinbarungen und nicht zuletzt veränderte Ansprüche an die Erwerbsarbeit, die sich in dem zunehmenden Wunsch nach Teilzeitarbeit ausdrücken. Keine Einigkeit hingegen besteht über das Ausmaß, in dem diese Entwicklungen greifen; aufgrund einer weitreichenden begrifflichen und empirisch-statistischen Unsicherheit lassen sich weder die Erosion des Normalarbeitsverhältnisses noch seine sozialen Effekte zuverlässig beschreiben (Bartelheimer 1998). Nach wie vor ist das Normalarbeitsverhältnis statistisch die vorherrschende Form abhängiger Erwerbsarbeit; allerdings lässt sich seit den achtziger Jahren eine leicht abnehmende Tendenz der Normalarbeitsverhältnisse nicht übersehen, was wesentlich auf die Zunahme von Teilzeitarbeit zurückzuführen ist, die insbesondere von Frauen ausgeübt wird (Hoffmann/Walwei 2002). Freilich darf dabei nicht vergessen werden, dass die Definition des Normalarbeitsverhältnisses auch das Ergebnis präjudiziert; denn wenn Teilzeitarbeit nicht als Nicht-Normalarbeit definiert wäre, dann hätten sich statistisch überhaupt keine Veränderungen ergeben. Andererseits mögen sich hinter diesen aggregierten Daten auch gewichtige Veränderungen verbergen, die in der Statistik nur noch nicht angekommen sind; so arbeitet im Einzelhandel mittlerweile fast jede zweite Beschäftigte – es handelt sich ausschließlich um Frauen – in Teilzeitarbeit (Deiß 1999), bei Angestellten ist es mittlerweile keineswegs mehr völlig unüblich, Arbeitsverträge abzuschließen, in denen keine festen Arbeitszeiten, sondern Erbringung und Vergütung eines Arbeitsergebnisses vereinbart werden. Und wenn feste Arbeitszeiten als ein Element des Normalarbeitsverhältnisses angesehen würden, dann kann man angesichts der oben referierten Zahlen zu flexibilisierten Arbeitszeiten schon nicht mehr von »Erosion«, sondern muss wohl eher vom »Ende« des Normalarbeitsverhältnisses sprechen. Die Schutzfunktion des Normalarbeitsverhältnisses etwa hinsichtlich der Begrenzung der Arbeitszeiten wäre damit aufgehoben, ohne dass dies statistisch seinen Niederschlag findet.

Aus den vorhandenen statistischen Daten lässt sich eine Erosion des Normalarbeitsverhältnisses jedoch kaum ableiten, eher eine Differenzierung (Bosch u. a. 2001: 33) und ein »dynamischer Wandel innerhalb der regulierenden Normen« des Normalarbeitsverhältnisses (Haipeter 2003: 523), so dass unter dem Strich eine »gespaltene Arbeitsrealität« (Baethge u. a. 2005: 109) zu konstatieren ist: Für eine überwiegend männliche, allerdings abnehmende Mehrheit gilt das Normalarbeitsverhältnis nach wie vor, für eine wachsende Minderheit, darunter insbesondere Frauen hingegen nicht. Zieht man freilich die skizzierte Flexibilisierung von Arbeitszeit und Arbeitsort in Betracht, die (mit Ausnahme der Teilzeitbeschäftigung) in die statistische Bestimmung des Normalarbeitsverhältnisses nicht eingehen, müssen gravierende Veränderungen konstatiert werden. Doch unabhängig davon, wie die Veränderungsprozesse nun zu beurteilen sind: nach wie vor ist die subjektive Bindung der Beschäftigten an das Normalarbeitsverhältnis relativ hoch; obwohl viele davon ausgehen, dass das Normalarbeitsverhältnis an Verbindlichkeit einbüßen wird, stellen sie für sich selbst keine Überlegungen zu beruflichen Alternativen an (so ein Befund bei Pongratz/Voß 2003: 220).

8.5 Interessenvertretung in entgrenzten Arbeitssystemen

Kollektive Interessenvertretung ist durch die beschriebenen Tendenzen der Entgrenzung nicht einfacher geworden. Dies gilt nicht nur für Telearbeiter, die einen großen Teil ihrer Arbeitszeit außerhalb ihres Betriebes verbringen und deswegen für **Betriebsräte** schwer zu erreichen sind, sondern auch und insbesondere für den Arbeitskraftunternehmer. Die grundlegende Individualisierung dieses Typs von Arbeitskraft steht einer kollektiven Interessenvertretung entgegen. Sie sind Einzelkämpfer und empfinden zumal in den Betrieben der »New Economy« tarifvertragliche Regelungen eher als Einschränkung statt als Schutz. Entsprechend ist, so eine häufig geäußerte Vermutung (etwa Niewerth 2002), die institutionelle Mitbestimmung in diesen Bereichen weitgehend dereguliert. So weit mittlerweile Zahlen vorliegen, bestätigen sie diese Vermutung jedoch nicht unbedingt. Zwar lassen sich in der »New Economy« verstärkt auf Freiwilligkeit beruhende Formen der Interessenvertretung wie die Einrichtung eines »round table« als Mitbestimmungsmedium beobachten und Töpsch u. a. (2001) stellen die individualisierte Arbeitsregulation mit dem zentralen Element der Zielvereinbarungen als besonderes Kennzeichen des IT-Sektors heraus. Doch der Anteil der Unternehmen mit Betriebsräten ist in der »New Economy« nicht geringer als in der Gesamtwirtschaft, wie Ittermann/Abel (2002) auf Basis einer schriftlichen Befragung der im Nemax gelisteten Unternehmen herausgefunden haben. Und wenn bedacht wird, dass es sich bei den Firmen des IT-Sektors keineswegs nur um die sogenannten «start-ups«, sondern auch um ältere und etablierte Unternehmen mit entwickelten Formen institutionalisierter Mitbestimmung handelt, dann ist die These von Boes/Baukrowitz (2002: 280) durchaus einleuchtend, dass ein Abbau der Kerninstitutionen der deutschen Arbeitsbeziehungen, des Tarifvertrages und der Mitbestimmung nach dem Betriebsverfassungsgesetz auch in der IT-Industrie unwahrscheinlich ist. Statt dessen ist eher ein Formwandel zu erwarten.

Allerdings ist fraglich, in welche Richtung dieser Wandel verläuft. Bosch (1997) etwa geht davon aus, dass aufgrund des Generationenwechsels in Management und Betriebsrat Sachorientierung und Rationalität an die Stelle eines am Interessenmodell orientierten Interpretationsmusters getreten ist, was zu einer »Modernisierung der betrieblichen Interaktionskultur« geführt habe. Kotthoff (1995) hingegen sieht den Aushandlungspartner für Betriebsräte gewissermaßen verschwinden, da diese es nun mit einem Sozialtypus von

Managern (vgl. Kap. 9) zu tun haben, der sich nicht mehr wie sie dem Wohl des Betriebes verpflichtet fühlt und sich zudem auf übergeordnete Anweisungen berufen kann; dadurch fehlen in der betrieblichen Arena »›sichtbare‹ Entscheidungsträger, die für interessenpolitischen Rückschritt verantwortlich gemacht werden können« (Dörre 2001: 689; vgl. auch Kap. 9.1).

Auch für **Gewerkschaften** sind Arbeitnehmer, deren Tätigkeit sich durch eine weitgehende Selbstorganisation auszeichnet, schwierige Ansprechpartner, denn sie haben individuelle Entfaltungswünsche in und bei der Arbeit unterschätzt. Zwar haben Gewerkschaften sich (so Trautwein-Kalms 1995) in den letzten Jahren als durchaus lernfähig erwiesen, indem sie in welch begrenzter Weise auch immer versucht haben, sich auch für diese Beschäftigtengruppen zu öffnen; doch solange der »Grundtenor von Interessenvertretung als einer Leidens- oder Opfergemeinschaft« (Pongratz/Voß 2003: 230) die gewerkschaftliche Auseinandersetzung mit den spezifischen Problemlagen dieser neuen Arbeitnehmergruppe durchzieht, sind dem gewerkschaftlichen Zugriff enge Grenzen gesetzt (Töpsch u. a. 2001). Zwar ist in jüngerer Zeit wegen des Untergangs vieler »start-ups« in der IT-Branche ein regelrechter »Betriebsräte-Boom« (Trautwein-Kalms/Ahlers 2003) zu beobachten, doch deren Gewerkschaftsbindung ist deutlich geringer ausgeprägt als die Gewerkschaftsbindung von Betriebsräten in anderen Branchen.

Dies gilt aber nicht nur für die Beschäftigten im IT-Sektor oder den Arbeitskraftunternehmer. Bereits Baethge (1991: 16) hielt aufgrund der Heterogenität der inhaltlichen Orientierungen unter den Beschäftigten, der Unterschiedlichkeit der Arbeitssituationen und der eingeforderten Mobilität eine Rückkehr zu alten Formationen wie Klassen, Klassenfraktionen oder berufsständischen Organisationen »so gut wie ausgeschlossen«; das materielle Interesse, das für die Integration von Interessen durch die Gewerkschaften ausschlaggebend gewesen sei, habe relativ an Gewicht verloren gegenüber den sinnhaft-subjektbezogenen Ansprüchen der Beschäftigten.

Die Vereinheitlichung von Interessen durch Gewerkschaften wird also angesichts der Heterogenisierung der Interessenlagen zusehends erschwert. Hinzu kommt eine deutliche **Verbetrieblichung der Interessenvertretung**. Dem Betriebsrat wächst aus zwei Gründen zunehmende Bedeutung zu: Zum einen lässt sich eine deutliche Erosion des Flächentarifvertrages beobachten. Der Organisationsgrad der Arbeitgeberverbände und als Folge davon auch der Anteil der Beschäftigten in Betrieben mit Tarifbindung nimmt ab (vgl. die Zahlen in Müller-Jentsch/Ittermann 2000), was den Regelungsbedarf auf der betrieblichen Ebene erhöht. Zum anderen sehen viele Tarifverträge Ausgestaltungsmöglichkeiten auf der betrieblichen Ebene vor, so dass die Befugnisse der Betriebsparteien zu Lasten der Tarifparteien erheblich erweitert sind. Besonders deutlich wird dies bei der Aushandlung von flexiblen Arbeitszeiten, die ausschließlich auf der betrieblichen Ebene erfolgt, aber auch bei der Leistungsentlohnung, deren Entstandardisierung Regelungen auf betrieblicher Ebene erforderlich macht.

Viele Betriebsräte erleben diese Entwicklung als unerwünschte Kompetenzanhäufung und Aufgabenüberlastung (Müller-Jentsch 2000) und hätten die hinzugewonnenen Kompetenzen und Aufgabenbereiche gerne wieder an die Tarifvertragsparteien delegiert (Trinczek 2000). Denn die Stärkung der betrieblichen Ebene ist mit einer Schwächung der Verhandlungsposition verbunden (Eberling u. a. 2004); Betriebsräte haben eine Vielzahl von Themen zu bearbeiten, die durch Normierungsprozesse nicht abgedeckt sind (Meil u. a. 2003), ihnen steht nicht das Druckmittel des Streiks zur Verfügung, sie sind nicht in jedem Fall professionalisiert genug, um Verhandlungsmacht aufzubauen, und sehen sich spätestens bei dem Verweis auf die »Standortfrage« genötigt, Zugeständnisse zu machen. Zudem gerät die betriebliche Interessenvertretung durch partizipatives Management und die Prozeduren der direkten Partizipation unter Druck (Minssen 1999b). Aushandlungen werden individualisiert, erfolgen zwischen dem Management und einzelnen Beschäftigten oder Vertretern von Beschäftigtengruppen, wie etwa dem Gruppensprecher, und in diese Aushandlungen ist der Betriebsrat oftmals nicht mehr einbezogen. In gewisser Weise doppelt sich das System der Interessenvertretung auf der betrieblichen Ebene; neben die institutionalisierte kollektive tritt eine individualisierte Interessenvertretung. Das duale System der Interessenvertretung verändert sich insgesamt in ein »triple system« (Müller-Jentsch 1995). Ob dies eine Erweiterung und Ergänzung oder eher eine Konkurrenz für die kollektive Interessenvertretung darstellt, bleibt abzuwarten. Auf jeden Fall wandelt sich das deutsche System der industriellen Beziehungen; es »lassen sich zur gleichen Zeit Trends der Erosion und Restrukturierung (überwiegend in den traditionellen Wirtschaftssektoren) und Tendenzen des Neuentstehens neuer Formen, Akteure und Routinen des Interessenhandelns (vornehmlich in den neuen Wissens- und Dienstleistungsbranchen) feststellen« (Schmierl 2001: 441), so dass von einer »Hybridisierung« gesprochen werden kann. Zwar ist es derzeit offen, ob es sich dabei um einen Übergang zu einer neuartigen Konstellierung der industriellen Beziehungen handelt oder um Auflösungserscheinungen im Zuge des Modernisierungsprozesses (Deiß/Schmierl 2005), doch sicherlich ist es zu früh, in dem deutschen System der Interessenvertretung ein »Auslaufmodell« zu sehen; es muss allerdings an die zunehmende Heterogenität der Arbeitswelt angepasst werden (Funder 2001).

Orientierungsfragen:

1. Was ist eine Normalleistung und welche Bedeutung hat sie?
2. Was ist das Normalarbeitsverhältnis und wie verändert es sich?
3. Was kennzeichnet den Arbeitskraftunternehmer?
4. Wodurch ist die Krise des Lohnanreizes verursacht und wie wird darauf reagiert?
5. Was ist mit »Verbetrieblichung der Interessenvertretung« gemeint?

Weiterführende Literatur

Baethge, Martin (1991), »Arbeit, Vergesellschaftung, Identität – Zur zunehmenden normativen Subjektivierung von Arbeit«, Soziale Welt, Jg. 42, H. 1, S. 6–20.

Grundlegender Aufsatz, in dem erstmals die Bedeutung von Subjektivität im Arbeitsprozess herausgearbeitet wird.

Bosch, Aida (1997), Vom Interessenkonflikt zur Kultur der Rationalität – Neue Verhandlungsbeziehungen zwischen Management und Betriebsrat, München und Mering.

Analyse der innerbetrieblichen Verhandlungsbeziehungen zwischen Management und Betriebsrat auf Basis eines interaktionstheoretischen Zugangs.

Herrmann, Christa/Promberger, Markus/Singer, Susanne/Trinczek, Rainer (1999), Forcierte Arbeitszeitflexibilisierung – Die 35-Stunden-Woche in der betrieblichen und gewerkschaftlichen Praxis, Berlin.

Detaillierte Untersuchung zu den Reaktionen auf die Einführung der 35-Stunden-Woche in der Metallindustrie, die die Vielfalt von betrieblichen Arbeitszeitregelungen deutlich macht.

Sauer, Dieter (2005), Arbeit im Übergang – Zeitdiagnosen, Hamburg.

Zusammenstellung von Aufsätzen des Autors zu den Entwicklungsprozessen in der Arbeitswelt, die unter dem Stichwort »Entgrenzung« zusammengefasst werden.

Moldaschl, Manfred/Voß, G. Günter (Hg.) (2002), Subjektivierung von Arbeit, München und Mering.

Sammlung von Aufsätzen, in denen die Hintergründe, die Formen und die Folgen der Subjektivierung von Arbeit in unterschiedlichen Perspektiven analysiert werden.

Pongratz, Hans J./Voß, G. Günter (2003), Arbeitskraftunternehmer – Erwerbsorientierungen in entgrenzten Arbeitsformen, Berlin.

Untersuchung der Urheber der These vom Arbeitskraftunternehmen zur empirischen Triftigkeit ihrer Behauptungen.

9. Das Management

Lange Zeit war Management ein die Arbeits- und Industriesoziologie nicht sonderlich interessierendes Thema; zwar gab es Ende der sechziger und Anfang der siebziger Jahre einige klassentheoretische Untersuchungen über die wissenschaftlich-technische Intelligenz, doch letztlich galten Manager als »Charaktermasken«, als Vollzieher des kapitalistischen Rentabilitätsprinzips, die zudem wesentlich verantwortlich waren für die Aufrechterhaltung betrieblicher Herrschaftsstrukturen. Ihre Aufgabe war die Kontrolle der Arbeiter, um die Transformation von Arbeitskraft in Arbeit sicherzustellen. Erste Auflösungstendenzen dieser Sichtweise zeichneten sich zwar in der Studie von Kern/Schumann (1984) ab, in der Manager als individuelle Funktionsträger mit unterschiedlichen Deutungsmustern thematisiert wurden (Osterloh 1987). Dennoch konnte Schienstock noch 1991 die Frage stellen – und mit der Frage zugleich die implizite Antwort geben –, ob Managementsoziologie nicht ein Desiderat der Arbeits- und Industriesoziologie sei. Dies hat sich mittlerweile zwar nicht grundlegend, aber doch in erheblichem Maße geändert.

Wenn über **Management** gesprochen wird, muss zunächst klargestellt werden, was der Gegenstandsbereich ist und das heißt, über welche Tätigkeit man redet und welche Personengruppe damit gemeint ist. »Managen« ist eine nur schwer zu definierende Tätigkeit; Schienstock (1991) hat nicht zu Unrecht darauf hingewiesen, dass auch teilautonome Gruppen in gewisser Weise Managementaufgaben erledigen, und diese Uneindeutigkeit ist mittlerweile noch größer geworden, nachdem Verkäufer zu »sales managers« und Sekretärinnen zu »office managers« avanciert sind – was zwar zeigt, dass »die Chiffre vom Management als sozialprestigeträchtiger, symbolischer Ausweis von Entscheidungskompetenz fest etabliert« (Pohlmann

2002: 228) ist, was die Sachlage aber auch verwirrender gemacht hat. Entsprechend vage bleiben die in der Arbeits- und Industriesoziologie vorfindlichen Definitionsversuche. Das (derzeit oftmals noch eher) unterschwellige Verständnis der Arbeits- und Industriesoziologie von Managen lässt sich wohl am ehesten in Abgrenzung zu einer betriebswirtschaftlichen Vorstellung von Managen erläutern; dort (vgl. die Übersicht bei Staehle 1999: 80ff.) wird darunter der Prozess der auf Menschen, Material, Maschinen, Methoden und Kapital bezogenen (zweckrationalen) Planung, Durchsetzung, Organisation und Kontrolle verstanden und eine Reihe von Untersuchungen hat sich mit der Frage beschäftigt, welche Tätigkeiten dies im einzelnen umfasst. Demgegenüber bezeichnet in der Arbeits- und Industriesoziologie Managen eher ein **Entscheiden unter Unsicherheit**. Diese Entscheidungen sind nicht umstandslos einem rationalistischen Zweckkalkül zuzurechnen, so dass nicht die Ziele und die Intentionen der Manager in den Mittelpunkt gestellt werden, sondern die widersprüchlichen Aspekte ihrer Arbeits- und Lebenssituation. Zumal in den Überlegungen, die sich systemtheoretische Überzeugungen zu eigen gemacht haben, wird darauf verwiesen, dass das Handeln von Managern auch weniger als »Machen« denn eher als »Konstruieren« zu verstehen ist; sie entscheiden nicht kühl und kalkuliert in klar definierten Situationen, sondern leisten einen wichtigen Beitrag zur sozialen Konstruktion der betrieblichen Realität.

An solchen Konstruktionen sind freilich tendenziell alle Organisationsmitglieder beteiligt; umso wichtiger ist es, die Personengruppe zu umreißen, die zum Management gerechnet werden soll. Dies allerdings stellt sich als nicht ganz einfach dar.[57] Relativ eindeutig ist noch die Kennzeichnung **Top-Manager**, die Positionen in einer Spanne vom Geschäftsführer eines mittelständischen Betriebes mit ca. 300 Beschäftigten bis zum Vorstandsvorsitzenden eines Großkonzerns umfasst (Hartmann/Kopp 2001). Schwieriger wird es auf der Ebene unterhalb der Ebene der Geschäftsführung. Baethge u. a. (1995: 11) verstehen unter Führungskräften

---

57 Übrigens nicht nur in der Arbeits- und Industriesoziologie, sondern auch in der Betriebswirtschaftslehre, für die sich Staehle (1999: 89) überrascht zeigt, dass es trotz der eingängigen Unterscheidung zwischen Top-, Middle- und Lower-Management häufig nur universelle Aussagen gibt.

»jene quantitativ wachsenden und strategisch bedeutsamen höheren Angestelltengruppen in Industriebetrieben, die entweder eine verantwortliche Leitungstätigkeit mit Anordnungsbefugnissen gegenüber hierarchisch unterstellten Personen in der Produktion ausüben oder in ›indirekten‹ Funktionen in Forschung, Entwicklung, Planung oder bei der wirtschaftlichen Gestaltung und Kontrolle Produktion und Marktbeziehungen tätig sind«.

Es wird also nach Tätigkeiten differenziert, wobei zu den Führungskräften auch Personen mit hochqualifizierten, komplexen und schwer kontrollierbaren Tätigkeiten zählen, die nur »gelegentlich oder gar nicht andere ›führen‹« (Baethge u. a. 1995: 12). Andere Untersuchungen hingegen unterscheiden gerade nach dem Kriterium der Führung; so rechnen Faust u. a. (2000: 39) zu den Führungskräften die Gruppe des **oberen Managements** – »Personen, die zwischen sich und dem Vorstand keine und gleichzeitig zwischen sich und der Mitarbeiterebene eine Führungsebene haben« –, die Gruppe des **unteren Managements**, die zum Großteil aus Meistern besteht, und schließlich die Gruppe des **mittleren Managements**, die aus den Personen mit Anordnungsbefugnissen besteht, die weder der ersten noch der zweiten Gruppen zuzuordnen sind. Und Kotthoff (1997) schließlich versteht unter seiner Untersuchungsgruppe der »Hochqualifizierten« die technisch-naturwissenschaftlichen, die kaufmännischen und die Organisations- und Verwaltungsexperten, die meist ein (Fach-)Hochschulstudium absolviert haben und Leitungsfunktionen auf einer mittleren Hierarchieebene (Team-, Gruppen- und Abteilungsleiter) ausüben bzw. sich darauf Hoffnung machen können.

9.1 Rekrutierung und Karriere von Managern

Hartmann/Kopp (2001) haben die Zugangswege zu hohen Führungspositionen, das heißt zu den Positionen im Top-Management in der deutschen Wirtschaft untersucht. Sie haben vier Kohorten gebildet, und zwar promovierte Ingenieure, Juristen und Wirtschaftswissenschaftler der Promotionsjahrgänge 1955, 1965, 1975 und 1985, um die Frage zu beantworten, ob die soziale Herkunft bei der **Besetzung von Spitzenpositionen** in der Wirtschaft eine Rolle spielt. Das

Resultat ist eindeutig: »Zwischen der sozialen Herkunft und der Besetzung einer hohen Führungsposition in der deutschen Wirtschaft besteht ein sehr enger Zusammenhang, der nicht nur vermittels der ungleichen Bildungsbeteiligung der verschiedenen Klassen und Schichten der Gesellschaft, sondern in großem Umfang auch ganz direkt wirkt« (Hartmann/Kopp 2001: 444).

Zwar haben Faktoren wie Studiendauer, Promotionsalter und Auslandsaufenthalt durchaus Auswirkungen auf die spätere Karriere, die unterschiedlichen Karrierechancen lassen sich dadurch jedoch noch nicht erklären. Außerhalb von Deutschland stellt sich dies anders dar: In den USA gibt es die Universitäten der »Ivy League« (Harvard, Stanford, Yale etc.), deren Besuch das Eintrittsbillett zu Top-Positionen verschafft, in Frankreich findet diese Selektion durch den Besuch der exklusiven Eliteuniversitäten statt, der eine entscheidende Voraussetzung für den Aufstieg in die Wirtschaftselite ist (Hartmann 1997 und 2002). In Deutschland gibt es derartige exklusive Universitäten nicht, dennoch sind die Führungsetagen von Großkonzernen keineswegs offener für soziale Aufsteiger als etwa in Frankreich oder den USA. Hier beeinflusst die soziale Herkunft ganz entscheidend die Chance, eine hohe Führungsposition in einem großen Unternehmen zu erlangen; wer aus dem Großbürgertum kommt, hat signifikant bessere Karrierechancen als ein Arbeiterkind. Dies liegt nun nicht, wie vermutet werden könnte, an direkter Protektion aufgrund sozialer Beziehungen (das berühmte »Vitamin B«), sondern an dem **Habitus** der Abkömmlinge aus dem Großbürgertum. Damit wird Bezug genommen auf einen von Bourdieu geprägten Begriff (vgl. etwa Bourdieu 1983), mit dem die soziale Geprägtheit von Verhaltensweisen deutlich gemacht werden soll. Der Habitus stellt ein System von Dispositionen dar, die klassenspezifisch geprägt sind; der Habitus eines Angehörigen des Großbürgertums unterscheidet sich wegen unterschiedlicher Sozialisationsverläufe von dem Habitus eines Angehörigen unterer sozialer Klassen. Die unterschiedlichen Verhaltensweisen sind deswegen keineswegs nur individuell spezifische Verhaltensweisen, sondern diese scheinbar individuellen Unterschiede sind sozial geprägt und rückgebunden an die unterschiedliche Klassenherkunft – nicht im Sinne einer Determination, aber doch im Sinne einer Prägung durch die Klassenherkunft.

Abkömmlinge des Großbürgertums beherrschen die in hohen Führungskreisen geltenden Dress- und Benimm-Codes, sie kennen die Regeln der Kleidung[58] und verfügen über die Fähigkeit eines »parkettsicheren« Auftretens, sie haben die erforderliche Allgemeinbildung und vor allem die Souveränität, sich auch in den Chefetagen großer Unternehmen souverän zu bewegen. Die Exklusivität der Wirtschaftselite ist also nicht ein Resultat bewusster und direkter Bevorzugung bestimmter Personen, sondern ein Resultat der sozialen Distinktion.

Im mittleren und höheren Management verlaufen Karrierewege anders. Typisch für das mittlere Management in Deutschland war zumindest in Großunternehmen die **Kaminkarriere**: Man tritt in ein Unternehmen auf einer eher untergeordneten Position ein und steigt im Laufe der Berufstätigkeit langsam in der Hierarchie dieses Unternehmens auf. Dies ermöglichte Karrieren wie die vom Arbeiter zum Vorstandsvorsitzenden, die zwar selten waren, aber durchaus vorkamen, mittlerweile aber kaum noch möglich sind, weil ein späterer Aufstieg in das mittlere und höhere Management einen Hochschulabschluss zur Voraussetzung hat. An der Möglichkeit der Kaminkarriere ändert dies zunächst einmal jedoch nichts, nur der Sockel, auf dem der Kamin ruht, ist gleichsam höher.

Die Kaminkarriere ist Teil des spezifisch deutschen Modells von Management, des »funktionalen Managements«. Dies beruht, so Faust (2002), neben der Kaminkarriere auf

- einer Rekrutierung in Führungspositionen aus verschiedenen Fachgebieten und Berufen, wobei die technischen Berufe überwiegen,
- einer Definition der Führungsrolle, die nicht nur Personalführung, sondern auch Branchen-, Markt- und Prozesswissen sowie die Ausbildung des Nachwuchses für wichtig erachtet, und schließlich
- einer funktionalen Gliederung des Unternehmens, was in der Regel eine gewisse Größe dieses Unternehmens voraussetzt.

58 »Wer eine auffällige Krawatte oder weiße Socken trägt, kennt sich entweder nicht aus in den Gepflogenheiten, die in den Chefetagen deutscher Großunternehmen herrschen, oder er ignoriert sie bewusst. Ersteres ist dabei noch unverzeihlicher als letzteres« (Hartmann 1995: 456; vgl. auch Hartmann 2002).

Eine Kaminkarriere beruht auf impliziten Reziprozitätsannahmen, von Kotthoff (1997: 17) als »ungeschriebener psychologischer Vertrag« bezeichnet. Darin ist ein faires und gerechtes Geben und Nehmen festgelegt; die potentiellen Manager verzichten loyal auf eine Karriere außerhalb ihres Unternehmens im Vertrauen darauf, dass frei werdende Führungspositionen ihres Unternehmens intern besetzt werden, so dass auch sie zum Zuge kommen. Ob das Karriereversprechen allerdings jederzeit eingelöst wird, steht auf einem anderen Blatt; die Befunde dazu sind uneinheitlich. Kotthoff (1997: 86ff.) zufolge ist fast jeder der von ihm befragten Führungskräfte der Ansicht, dass es bei der Karriere in ihrer Firma »mit rechten Dingen zugeht«. Bei Baethge u. a. (1995: 66f.) hingegen bezweifeln immerhin mehr als die Hälfte der untersuchten Führungskräfte, dass das berufliche Fortkommen von Leistung abhängt und verweisen auf »aufgabenunspezifische Verhaltenszumutungen der Unternehmen«, deren Erfüllung der Karriere dienlich sei; letztlich sei Aufstieg von Anpassung, Selbstinszenierung, Verfügbarkeit und Zufall abhängig. Dennoch zeichnet sich die typische Karriere einer Führungskraft in einem Großunternehmen in Deutschland durch einen relativ frühen Unternehmenseintritt und eine anschließende unternehmensbezogene Karriere aus.

Insgesamt sind die Karrierewege für Manager ungewisser geworden. Die sich in der Kaminkarriere verfestigenden hierarchieproduzierenden und -stabilisierenden Laufbahnstrukturen passen, so Baethge u. a. (1995: 24) in ihrer Untersuchung, die bereits vor dem breitflächigen Einsetzen der Reorganisationsprozesse durchgeführt wurde, immer weniger zu modernen horizontalen Kooperationsbeziehungen; die Dezentralisierung in und von Unternehmen (vgl. Kap. 7) verändert die vorherrschenden Karrieremuster in erheblicher Weise. Oftmals ging sie mit einer Abflachung von Hierarchien einher, die die Zahl an Führungspositionen und so auch die zur Verfügung stehenden Aufstiegsmöglichkeiten verringerte; damit verlor auch die durch längere Betriebszugehörigkeit unter Beweis gestellte Loyalität an Bedeutung.

Der selbst gewählten Bindung der (potentiellen) Führungskräfte an ein Unternehmen steht nicht mehr das Versprechen auf Karriere in diesem Unternehmen gegenüber, was von denen, die in dieses

Versprechen investiert haben, als Entzug von Anerkennung interpretiert wird. Damit erodiert auch das von Kotthoff (1997: 291) als unerwartetes Hauptergebnis seiner Untersuchung bezeichnete soziale Konstrukt der »Mannschaft«, in dem die Führungskräfte und Experten sich mit und hinter dem Top-Management als Miterbauer und Mitgestalter ihrer Firma erleben. Stattdessen wird offenbar zunehmend die **Generalistenkarriere** gefördert, die auf einem Wechsel von Aufgaben und Standorten im In- und Ausland basiert. Solche Generalisten aber sind, wenn sie in das Management einrücken, nicht mehr in gleicher Weise emotional verbunden mit ihrer Firma, wie Kotthoff (1997: 240f.) zusammenfasst: sie sitzen nicht mehr »mit im Boot« und haben kein Verständnis für die Notwendigkeit eines sozialen Zusammenhalts, sie informieren nicht ausreichend über ihre Konzepte, Pläne und Strategien, sie haben weniger »Persönlichkeit«, weniger Autorität und Führungsstärke als die ausgeschiedenen »Alten«, und das wiederum verhindert eine konsequente Lösung der anstehenden arbeits- und betriebsorganisatorischen Folgeprobleme eines übersteigerten Bürokratismus. Das mittlere Management muss so von lieb gewonnenen Vorstellungen Abschied nehmen: »Dass die Hochqualifizierten sich wirklich und wörtlich vorgestellt haben, mit dem Top-Management in einem Boot zu sitzen, wird erst in dem Moment handgreiflich klar, wo ein neuer Sozialtyp von Top-Managern erscheint, der von Teilnahme, Mannschaft, Mit-Unternehmern und Sozialintegration anscheinend nichts mehr wissen will und nichts mehr versteht« (Kotthoff 1997: 292). In gewisser Weise könnte sich so ein Wechsel zum **amerikanischen Managementmodell** abzeichnen, das sich in sachlicher, organisatorischer und zeitlicher Hinsicht vom deutschen unterscheidet.

Allerdings ist eine weitreichende Übernahme des amerikanischen Modells eher unwahrscheinlich. Gergs/Schmidt (2002) sehen eine solche Möglichkeit unter dem Druck der Globalisierung zwar für Großunternehmen, halten dies für kleine und mittelständische Unternehmen aber eher für unwahrscheinlich; hier erwarten sie sogar eine noch stärkere Akzentuierung des deutschen Modells, was dann allerdings ebenfalls eine allmähliche Auflösung des bisher insgesamt recht einheitlichen deutschen Modells nach sich ziehen würde. Im Ganzen gesehen wird die Sozialintegration vor allem in Großunternehmen brüchiger, doch die Basisinstitutionen des »deutschen Modells« werden sich wohl nicht auflösen (Faust u. a. 2000: 21); dafür ist der »sozialintegrative und kooperative Weg ein viel zu tief verankerter Code in den betrieblichen Beziehungen dieses Landes« (Kotthoff 1997: 298).

Abbildung 11: Das amerikanische und das deutsche Managementmodell[59]

	Merkmale des amerikanischen Managementmodells	**Merkmale des deutschen Managementmodells**
Sachlich	▪ Starke finanzwirtschaftliche Orientierung ▪ Starke Marketingorientierung ▪ Dominanz der kaufmännisch qualifizierten Führungskräfte	▪ Starke Produktionsorientierung ▪ Hohe Bedeutung von Forschung und Entwicklung ▪ Dominanz der technisch qualifizierten Führungskräfte
Organisatorisch	▪ Zentralisierung der Unternehmens- und Arbeitsorganisation ▪ Geringe Bedeutung partizipativer Strukturen ▪ Tendenz zur Misstrauensorganisation/Konfliktorientierung	▪ Dezentralisierung der Unternehmens- und Arbeitsorganisation ▪ Hohe Bedeutung partizipativer Strukturen ▪ Tendenz zur Vertrauensorganisation/ Konsensorientierung
Zeitlich	▪ Kurzfristorientierung ▪ Geringe Verweildauer der Führungskräfte in den Unternehmen ▪ Dominanz horizontaler Karrieremobilität	▪ Langfristorientierung ▪ Lange Verweildauer der Führungskräfte in den Unternehmen ▪ Dominanz vertikaler Karrieremobilität

Auf jeden Fall aber werden die bisher wichtigen Funktionsgeflechte in und außerhalb des angestammten Unternehmens, die typische Herangehensweise an Probleme und die Arbeitstugenden, die zur Karriere prädestinierten, tendenziell entwertet. Stattdessen scheinen zunehmend die Fähigkeiten an Gewicht zuzunehmen, die auch für die Besetzung von Positionen im Top-Management relevant sind: »Expressivität und Selbstdarstellungskünste werden wichtiger (...). Soziale Herkunft gewinnt dadurch als stillschweigendes Selektionskriterium an Bedeutung« (Faust u. a. 2000: 25). Auf die Kaminkarriere hat das erheblichen Einfluss: »Diese ›Kaminkarrieren‹, bislang gerade für den Aufstieg von Führungskräften aus den Mittelschichten

59 Quelle: Gergs/Schmidt 2002; es handelt sich bei dieser Gegenüberstellung um eine Heuristik, in der die Merkmale zum Zwecke analytischer Differenzierung scharf kontrastiert sind.

und der Arbeiterschaft von großer Bedeutung, verlieren (...) weiter an Gewicht. Gesucht wird heute immer weniger der solide Fachmann, sondern immer stärker der flexible, entscheidungsfreudige, unternehmerisch denkende und handelnde Manager mit ausgeprägter sozialer Kompetenz« (Hartmann 1995: 465). Es ist nicht auszuschließen, dass neben einer soliden, in der Regel akademischen Ausbildung zukünftig der Habitus auch im mittleren und höheren Management an Bedeutung zulegt. Dies jedoch muss die weitere Forschung erst noch erweisen (vgl. dazu Hartmann 2002).

9.2 Die Arbeitssituation von Managern

Die tayloristische Trennung von Hand- und Kopfarbeit und die damit verbundene Ausdifferenzierung geistiger Arbeit in eine Vielzahl unterschiedlicher Funktionen führte zu einer erheblichen Expansion der Tätigkeitsfelder für Manager auf einer mittleren Ebene; sie sind in Entwicklung und Konstruktion ebenso tätig wie in der Arbeitsplanung und dem Controlling, im Personalmanagement ebenso wie im Vertrieb. Ihre Arbeit ist Dienstleistungsarbeit (Berger 1984), sie ist vergleichsweise wenig routinisiert und standardisiert und der »subjektive Faktor« von erheblicher Bedeutung. Führungskräfte haben hohe Ansprüche an ihre Arbeit, die herausfordernd und inhaltlich befriedigend sein und Selbstverwirklichung ermöglichen soll (Kotthoff 1997: 59). Die Stärke der Ansprüche, die an die Arbeit herangetragen werden und auf die die Unternehmen in besonderer Weise angewiesen sind, hängt ab von den Orientierungen, unter denen die Führungskräfte ihre Arbeit angehen.

In der Forschung werden unterschiedliche **Orientierungsmuster** ausgemacht. Baethge u. a. (1995: 45) unterscheiden eine an Inhalt und Art der Tätigkeit geprägte Orientierung und eine auf Erfolg in der Organisation und auf Verwirklichung organisationstypischer Ziele gerichtete Orientierung. Im Verlauf der beruflichen Karriere entwickelt sich bei vielen Angehörigen des mittleren und höheren Managements eine Arbeitsidentität, von Kotthoff (1997) als »Beitragsorientierung« bezeichnet, die nicht nur auf der Befriedigung fachlich-professioneller Ansprüche basiert, sondern ganz wesentlich auf ihrem Beitrag für das Ganze der Firma: »Die Hochqualifizierten sind *auch* Firmenmenschen. Ihre Arbeitsidentität ist firmenbezogen« (Kotthoff 1997: 291; Hervorhebung im Original). Bei diesen Beitragsorientierten kann unterschieden werden zwischen anerkannt beitragsorientierten und gebremst beitragsorientierten Hochqualifizierten. Daneben gibt es aber auch noch die, allerdings nicht so zahlreichen, sicherheits- und vertragsorientierten sowie abgehängten und frustrierten Hochqualifizierten.

Es sind also durchaus unterschiedliche Ansprüche, auf die Unternehmen bei ihren Führungskräften stoßen, sodass die übliche Personalsteuerung über materielle Versprechen und Karriereversprechen in Gefahr steht, die Ansprüche eines nicht unerheblichen Anteils unter den Führungskräften zu vernachlässigen. Die Leistungsbeurteilung erscheint vielen Führungskräften als problematisch; vor allem vermögen die mit den eingesetzten Leistungsbewertungssystemen verknüpften monetären Anreize das bei Führungskräften besonders gravierende Bedürfnis nach Anerkennung nicht zu erfüllen. Solche Systeme tragen wenig zur Motivation bei. So erweist sich die Steuerung hochqualifizierten Personals aufgrund ihrer typischen Qualitäten – »Sperrigkeit gegenüber inputorientierten Quantifizierungen, Spezifik der Aufgabenstellung und die nahezu unentwirrbare Integration des einzelnen Spezialisten in kooperative Netze« (Baethge u. a. 1995: 93) – als ausgesprochen schwierig.

Für Führungskräfte haben **soziale Beziehungen** bei der Arbeit eine herausragende Bedeutung (Kotthoff 1997). Da ein Großteil ihrer Tätigkeit aus Information und Kommunikation besteht, sind sie auf funktionierende Beziehungen bei der Arbeit angewiesen, was die Beziehungen zu Kollegen ebenso einschließt wie zu Vorgesetzten, die zur Gruppe bzw. Abteilung gehören. Trotz des auf Karriere orientierten Konkurrenzverhaltens hat sich in vielen Firmen eine stabile Soziabilität herausgebildet. Allerdings haben sich die Anforderungen an Führungskräfte vor allem in den Unternehmen, die einen starken Organisationswandel durchgemacht haben, erheblich verändert. So berichten jeweils mehr als 70 Prozent der Führungskräfte von gestiegenen Anforderungen durch ein erhöhtes Aufgabenspektrum, durch die Notwendigkeit, höhere Leistung von den Mitarbeitern zu fordern, durch einen erhöhten Umfang der übertragenen Verantwortung und die Notwendigkeit, den Mitarbeitern mehr Entscheidungsbefugnisse und Verantwortung zu übertragen (ausführlicher Faust u. a. 2000: 155ff.).

Ob sich dadurch die Soziabilität auf Dauer destabilisiert, ist eine offene Frage; es gibt für diese Vermutung aber einige Indizien. Machten Baethge u. a. (1995) als Ursache von Konfliktlinien noch die Kollision zwischen professionellen Ansprüchen und Orientierungen auf der einen und einer veralteten Betriebsorganisation auf der andere Seite aus, so sind es nun gerade die Reorganisationsprozesse im Zuge einer marktgesteuerten Dezentralisierung, also betriebliche Modernisierungsprozesse, die zu einer erheblichen Verunsicherung unter Führungskräften führen, von Faust u. a. (2000: 82) als geradezu »zentrales Kennzeichen der Arbeits- und Berufssituation von Führungskräften« bezeichnet. Dies hat seinen Grund nicht nur in den erwähnten zunehmenden Karriereunsicherheiten, sondern auch in den sich verändernden Führungsrollen. Gefragt ist der **Intrapreneur** (Faust u. a. 1995), die Führungskraft, die als Angestellter eines Unternehmens zugleich unternehmerisch denkt und handelt. Viele Führungskräfte, deren »Anker ihrer Arbeitsidentität (...) nicht ihr Arbeitnehmerstatus, sondern ihr unternehmerischer Produzentenstatus« (Kotthoff 1997: 38) war, haben sich schon früher so gesehen; sie waren durchaus »eine vorwärtstreibende Kraft für die überfällige Modernisierung betrieblicher Strukturen« (Baethge u. a. 1995: 176). Der Abbau von Hierarchie und Bürokratie war vor allem den Jüngeren unter ihnen ein »inneres Anliegen«. Sie wollten aber nicht unbedingt Nur-Unternehmer sein, um die Risiken des Unternehmertums zu vermeiden; sie hatten »ein starkes Interesse an den Sicherheiten und Privilegien des Arbeitnehmerstatus, mit denen der Großbetrieb sie (...) durch seine Sozialintegration und seine Sozialpolitik gegenüber den Launen des Marktes geschützt hat« (Kotthoff 1996: 436).

Nun sollen sie auch offiziell wie Unternehmer denken und handeln, haben sich dabei aber, wie Faust u. a. (2000: 20) bemerken, die Risiken von Lohnabhängigen eingefangen: Ihre Arbeitsplätze sind bedroht, sie können entlassen werden – und davon sind viele Führungskräfte betroffen; Abflachung von Hierarchien meint ja nichts anderes als Streichung von Hierarchieebenen und damit auch Streichung der auf diesen Ebenen angesiedelten Positionen. Führungskräfte werden als das zu lösende Problem ausgemacht, nicht jedoch, wie sie sich verstehen, als Problemlöser, und vor diesem Hintergrund erscheinen ihnen die modernen Reorganisationskonzepte, die sie eigentlich begrüßen, »als unglaubwürdiges Gerede, Heuchelei und Mode« (Kotthoff 1997: 295).

Dies führt jedoch nicht zu einem wie auch immer gearteten gemeinsamen Interessenhandeln oder gar kollektivem Widerstand. Probleme werden als interne Angelegenheit behandelt (Kotthoff 1997: 111) und im eigenen Kooperationsgefüge geklärt; der Betriebsrat wird nur von jedem Achten als erste Adresse für die Lösung von Konflikten genannt (Baethge u. a. 1995: 274f.), was freilich auch damit zusammenhängt, dass Betriebsräte Führungskräfte und Leitende Angestellte nicht unbedingt zu ihrer Klientel rechnen. Diese Form der Konfliktregulierung deutet nicht auf fehlendes Selbstbewusstsein von Führungskräften, ganz im Gegenteil: es ist eher Ausdruck von Selbstbewusstsein – »eine Vertretungsinstanz brauchen die Kleinen und Schwachen, aber nicht wir ›Gehobenen‹« (Kotthoff 1997: 115) – und einer ausgeprägt **individualistischen Handlungsorientierung**. Noch stärker zeigen Führungskräfte sich gegenüber Gewerkschaften als Organisationen der eigenen Interessenvertretung reserviert. Dies scheint relativ unabhängig von eigenen Krisenerfahrungen zu sein; zwar hatten Baethge u. a. (1995), die diesen Befund erhoben hatten, noch einschränkend darauf verwiesen, dass zu dem damaligen Zeitpunkt die Welt für Führungskräfte noch in Ordnung war und Krisenerscheinungen noch keine wesentliche Gruppe der Führungskräfte getroffen hatten, doch auch Kotthoff (1997: 253) diagnostizierte, dass »die Gewerkschaft für die Hochqualifizierten eine fremde Organisation ist«, und bei seiner Untersuchungsgruppe lagen solche Krisenerfahrungen bereits vor. Diese Reserviertheit hat viel damit zu tun, dass sich in den bestehenden Gewerkschaften die beruflichen Probleme von Führungskräften kaum widerspiegeln – ganz unabhängig davon, dass Gewerkschaften sich ja durchaus in einer gewissen Gegnerschaft zu Führungskräften entwickelt haben, die lange Zeit auf der Seite »des« Arbeitgebers verortet wurden.

Ein weiterer Grund für die **Distanz gegenüber Gewerkschaften** ist die nach wie vor privilegierte Gesamtsituation von Führungskräften; ihre Arbeit ist qualifiziert, auch wenn die Lage unsicherer und riskanter geworden ist. Insgesamt erleben hoch qualifizierte Angestellte ihre Arbeit in einem Spannungsverhältnis von Identifikation und Ambivalenz, in dem sich die widersprüchliche Realität ausdrückt: auf der einen Seite eine fachlich interessante und herausfordernde Tätigkeit mit großen Handlungsspielräumen, auf der anderen Seite lange Arbeitszeiten und viel Stress sowie hohe Leistungs- und Verhaltensanforderungen (Baethge u. a. 1995: 356ff.).

9.3 Zeitliche und familiäre Anforderungen: die (Un-)Vereinbarkeit von Beruf und Familie

Der betriebliche Anspruch an die Führungskräfte, unternehmerisch zu denken und zu handeln, geht einher mit einem ausufernden Anspruch auf **Verfügbarkeit**. Seit jeher gehört es zu dem Selbstbild von Führungskräften, dass sie länger arbeiten als »normale« Arbeitnehmer: »Leitende haben eine Aufgabe, keine Arbeitszeit«, so einer der von Faust u. a. (2000) befragten Leitenden Angestellten. Doch nun drängen Betriebe bei ihren Führungskräften auf weitere Flexibilisierung und Verlängerung der Arbeitszeiten ebenso wie auf eine Intensivierung der Arbeit und solche betrieblichen Verfügbarkeitsansprüche sind den Befunden von Faust u. a. (2000: 22) zufolge in den letzten Jahren erheblich gestiegen. Schon Baethge u. a. (1995: 359) kamen zu dem Schluss, dass die ausufernden Ansprüche der Betriebe von den qualifizierten Angestellten kaum noch ins Lot gebracht werden können. Dies schlägt sich nieder in einer Zeitbelastung, durch die die Grenze zwischen Beruf und Privatleben immer weiter verschwimmt; Manager sehen sich also vor ähnlichen Problemen, wie wir sie weiter oben (Kap. 8.2) am Beispiel des Arbeitskraftunternehmers kennen gelernt haben. Das rigide Zeitregime in den Betrieben wiederum steht in Gefahr, gerade diejenigen vom Zugang zu verantwortungsvollen Positionen auszuschließen, die sich gegenüber einer neuen Balance von Arbeit und Leben aufgeschlossen zeigen (Baethge u. a. 1995: 151).

Dies ist aber nicht die einzige Seite, von der aus Führungskräfte unter Druck geraten sind; zugleich scheinen auch die **Anforderungen aus der Privatsphäre**, von Seiten der Familie zu steigen. Zwar sind die Familienverhältnisse von Managern bislang wenig erforscht, doch zieht man die spärliche Literatur zu Rate, dann ergibt sich folgendes Spannungsfeld zwischen Familie/Partnerschaft und Beruf: Manager leben aufgrund von Bildungshomologien im Heiratsverhalten oftmals mit Partnerinnen[60] zusammen, die ebenfalls hoch qualifiziert sind und deswegen auch selbst Ansprüche an eine eigene Karriere haben; der Wille zum Verzicht der Partnerin auf die eigene Karriere zu Gunsten der ihres Partners ist jedenfalls nicht ohne Weiteres anzunehmen (Ellguth u. a. 1998; Notz 2001). Auf der anderen Seite sind es aber gerade Manager, die sich in besonderer Weise den Verfügbarkeitsansprüchen ihrer Firma gegenübersehen. Auf diese Weise stehen Manager von zwei Seiten unter Druck, seitens der Firma ebenso wie seitens der Familie. Auch für Manager stellt sich mithin (und zwar zunehmend stärker) die **Vereinbarungsproblematik** von Familie und Beruf. Es wird eine komplexe Gemengelage aus Selbst- und Fremdansprüchen deutlich, von Ellguth u. a. (1998) als »double squeeze« bezeichnet:

- Das Unternehmen fordert eine mehr oder minder bedingungslose Leistungsorientierung: *betrieblicher Fremdanspruch*;
- Führungskräfte zeichnen sich traditionell durch eine hohe Leistungsorientierung aus und es deutet nichts darauf hin, dass sich dies in Zukunft ändern könnte: *beruflicher Selbstanspruch*;
- Das traditionelle Familienarrangement beginnt zu bröckeln, so dass die Führungskräfte seitens ihrer Partnerinnen zunehmend unter Legitimations- und Veränderungsdruck gesetzt werden: *familialer Fremdanspruch*;
- Manager gehören einer Personengruppe an, in der sich Selbstbilder von Partnerschaft, Familie und Vaterrolle zunehmend in Richtung von Beteiligung verändern: *familialer Selbstanspruch*.

Nun bleibe dahingestellt, in welchem Ausmaß ein verändertes Partnerschaftsverständnis unter Führungskräften verbreitet ist. Sofern

60 Weibliche Manager kommen in der Literatur nicht vor.

Forschungsergebnisse vorliegen, zeigen sie, dass nach wie vor die eigene Berufstätigkeit im Vordergrund steht, da hier Selbstverwirklichung und Anerkennung gefunden werden (Behnke/Liebold 2002); es ist die Arbeitswelt, von der aus und auf die hin das Leben organisiert wird und von der Führungskräfte sich Selbstverwirklichung versprechen (Kotthoff 1997: 57). Diese grundsätzliche Orientierung dürfte sich auch durch die im Zuge der Dezentralisierung von Unternehmen prekärer gewordene Arbeitssituation von Managern und die dadurch ausgelöste Erosion von Loyalität zur Firma unter Hochqualifizierten nicht grundlegend geändert haben.

Insofern dürfte der familiale Selbstanspruch eine eher geringe Rolle in der »double squeeze«-Situation spielen. Der familiale Fremdanspruch hingegen scheint ein wichtiger Konfliktbereich zu sein. Zwar wird in der Literatur nur selten über Partnerschaftskonflikte berichtet, doch soweit Ergebnisse vorliegen, ist offenbar vor allem die der Familie zur Verfügung gestellte Zeit ein Konfliktthema und zwar insbesondere dann, wenn Kinder zu versorgen sind. Die Sprengkraft solcher Konflikte scheint allerdings eher gering zu sein, denn eine stabile Partnerschaft ist bei Managern stärker nachweisbar als im Durchschnitt der Bevölkerung; jedenfalls sind sie häufiger verheiratet und seltener geschieden als der Durchschnitt der Bevölkerung (vgl. Faust u. a. 2000). Eine funktionierende Ehe gilt als wichtige Voraussetzung, um den Anforderungen des Berufes standhalten zu können; die Familie ist ein Ruhepol. Ansprüche der (Ehe-)Partnerinnen auf eigene Berufstätigkeit sind dann ein »Bedrohungsszenario par excellence«, da eine beruflich engagierte Frau eine »Versorgungslücke« (Behnke/Liebold 2002) aufreißen würde. Somit geht es für Manager nicht um die Integration von Arbeits- und Familienleben, sondern eher um die Verteidigung der Arbeit gegen die Ansprüche aus der familiären Sphäre, wobei das jeweilige Arrangement von den paarbezogenen Zumutbarkeitsgrenzen abhängt (Notz 2001). Das Vereinbarkeitsproblem, das heißt das Problem der Vereinbarkeit von Familie und Beruf, ist insofern eher ein Verteidigungsproblem, ein Problem der Verteidigung des Berufs gegen die Familie. Emotional jedenfalls scheinen Manager stärker gebunden an die Firma als an ihre Familie; sie stehen vor dem Problem, die Ansprüche ihrer Partnerinnen zu Gunsten der betrieblichen Ansprüche abwehren zu müssen (und zu wollen), ohne damit zugleich das partnerschaftliche Arrangement zu zerstören.

9.4 Beratung des Managements: ein Betätigungsfeld für Arbeits- und Industriesoziologen?

Die Beratung von Managern hat eine Boomphase erlebt. Dies betrifft nicht nur die Steuer- und Finanzberatung, sondern auch die **Organisationsberatung**, also die Beratung in Bezug auf Prozesse und Strukturen in Organisationen. Dies ist insofern erstaunlich – und damit erklärungsbedürftig – als dass Unternehmen im Unterschied etwa zur Steuerberatung auf diese Art von Beratung nicht unbedingt angewiesen sind, sie aber dennoch in breitem Umfang in Anspruch nehmen. Die Frage also ist, welche Leistungen ein Organisationsberater anzubieten hat, der es Managern angeraten erscheinen lässt, auf seine Dienste zurückzugreifen.

Üblicherweise wird in diesem Zusammenhang auf die **gestiegene Komplexität** verwiesen, der Manager sich im Entscheidungsprozess ausgesetzt sehen. Im Zuge der funktionalen Ausdifferenzierung von gesellschaftlichen Teilsystemen haben Entscheidungsträger in Unternehmen es mit hochspezialisierten Wissenssystemen zu tun, die nicht mehr zu überblicken sind; sie haben somit Entscheidungen unter Unsicherheit zu treffen.

Berater nun nehmen für sich in Anspruch, diese Unsicherheit zu reduzieren, indem sie Wissen zur Verfügung stellen, das bei den Entscheidungsträgern selbst nicht vorhanden ist. Ob dies tatsächlich so ist, ob Berater tatsächlich *mehr* wissen als ihre Klienten oder ob sie nicht nur *Anderes* wissen, bleibe ebenso dahingestellt wie die Frage, in welchem Ausmaß das Wissen von Beratern über erfolgreiche Praktiken in einem Unternehmen relevant ist für ein anderes Unternehmen. Auf jeden Fall glauben die Klienten dem Anspruch der Berater; sonst wäre er schließlich nicht engagiert. In der Beratung erfüllen Berater (vgl. Ernst/Kieser 2002: 62ff.) dann mehrere Funktionen zugleich: sie legitimieren zumal dann, wenn es sich um Angehörige von Beratungsfirmen mit hoher Reputation handelt, Entscheidungen und gewährleisten interne Akzeptanz dieser Entscheidungen, sie können temporär Managementkapazität bereitstellen, sie sind nutzbar in mikropolitischen Auseinandersetzungen und zuständig für das Symbol- und Wertemanagement, indem sie interpretieren und vereinfachen.

Vor allem letzteres ist eine wichtige Funktion von Beratern; wie »Priester« (Deutschmann 1993) erklären sie die Welt und übernehmen so eine Orientierungsfunktion, auch und vor allem in Bezug auf die diversen **Managementmoden**, das heißt »Managementkonzepte(n), welche relativ schnell relativ viel Aufmerksamkeit von Managern auf sich ziehen« (Ernst/Kieser 2002: 66). Solche Moden sind recht kurzlebig[61], sie sind in ihren Empfehlungen meistens vage, was eine breite Anwendbarkeit erhoffen lässt, betonen ihre Einzigartigkeit, knüpfen an vorhandene Problemsichten an und versprechen Abhilfe bei gleichzeitiger zumindest impliziter Drohung erheblicher negativer Konsequenzen, wenn die Empfehlungen nicht befolgt werden. Oftmals beruhen sie auf Publikationen erfahrener Unternehmensberater, die dadurch zu »Gurus«[62] werden.

Managementmoden mit ihren zum Teil unterschiedlichen Heilsbotschaften sind also eigentlich kaum geeignet, Unsicherheit zu reduzieren, im Gegenteil: sie steigern eher die Komplexität, mit der Manager umgehen müssen. Dennoch versprechen Berater eine Reduktion von Komplexität und diesem Versprechen wird offensichtlich geglaubt. Allerdings reicht diese Erklärung, so Faust (2000), noch nicht aus für den Boom von Beratung, denn es lassen sich raum-zeitliche Unterschiede feststellen. Managementberatung hat sich im internationalen Vergleich diskontinuierlich entwickelt; sie nahm in den USA bereits in den dreißiger Jahren einen erheblichen Aufschwung, während sich ein solcher in Deutschland erst seit den achtziger Jahren beobachten lässt. Ausschlaggebend dafür sind »typologisch unterscheidbare institutionelle Arrangements der Wissen-

61 Zu solchen Moden zählten in der letzten Dekade etwa »lean production«, »business reengineering process« und »total quality management«; vgl. Benders/van Veen (2001).

62 So werden sie im anglo-amerikanischen Sprachraum genannt; hier gibt es eine sehr umfangreiche Literatur zu den »fads and fashions« der Unternehmensberatung, auf die hier nicht weiter eingegangen werden kann.

sintermediation« (Faust 2000: 68). Typisch für Deutschland ist – im Unterschied zu den USA – die Existenz von Wirtschafts- und Berufsverbänden wie das Rationalisierungskuratorium der Deutschen Wirtschaft (RKW), der Verein Deutscher Ingenieure (VDI), REFA und die Industrie- und Handelskammern, über die der Wissensaustausch organisiert wurde; in den USA hingegen waren dafür die Beratungsfirmen zuständig. Dieses institutionelle Arrangement in Deutschland ist im Zuge der Globalisierung unter Druck geraten. Vorteile haben sich dadurch vor allem für die Beratungsunternehmen ergeben, die schon international »aufgestellt« waren, während die lokal orientierten Wissensintermediäre an Bedeutung verloren.

Auch für Industriesoziologen stellt sich die Frage, ob und in welcher Weise sie ihre Erkenntnisse in Form von Organisationsberatung vermarkten können. Entsprechende Debatten reichen zurück bis in die siebziger Jahre, als im Rahmen des HdA-Programms ein Typ von Projekten entwickelt wurde, der eine erhebliche Umorientierung der bis dahin eher grundlagenorientierten Forschung der Arbeits- und Industriesoziologie bedeutete. In Betrieben wurden staatlich finanzierte Projekte mit dem Ziel einer Humanisierung der Arbeit durchgeführt, denen Forschungsteams zur Seite gestellt wurden. Ziel solcher **Begleitforschungsprojekte** war ein stärkerer Anwendungsbezug der Forschung. Diese »Indienstnahme« stieß in der Arbeits- und Industriesoziologie auf nicht unerhebliche Vorbehalte (dazu Braczyk/Schmidt 1982). Befürchtet wurde eine »Instrumentalisierung der Forschung durch die Unternehmensleitungen« (Kern 1982: 256). Vor allem aber ging es um die Frage, ob Industriesoziologie überhaupt genügend **Gestaltungswissen** für Beratung bereithalten kann. Von der Mehrheit der Diskutanten wurde dies verneint, nur wenige (etwa Fricke 1975; Fricke/Fricke 1977) forderten dezidiert einen Beitrag der Arbeits- und Industriesoziologie zu einer »autonomie-orientierten Gestaltung von Arbeitssystemen«. Einer damals weit verbreiteten Auffassung zufolge war Industriesoziologie mit dem Gestaltungsansinnen jedoch schlicht überfordert; ihre Gestaltungskompetenz zeichne sich weniger durch die Anwendung des vorhandenen Wissens als vielmehr durch die Aufarbeitung von Vor- und Nachteilen unterschiedlicher Rationalisierungsoptionen aus.

»Gestaltung durch Aufklärung« – so wurde diese Auffassung prägnant auf eine Formel gebracht (Lutz/Schultz-Wild 1986).

Mittlerweile regt sich jedoch auch in der Industriesoziologie ein zunehmendes Interesse an Beratung (vgl. die Beiträge in Howaldt/Kopp 1998; Franz u. a. 2003), bei manchen noch tastend und vorsichtig wie bei Schumann (2002: 21), der sich scharf abgrenzt von den »ehemaligen, auch kritischen Industriesoziologen«, die nun »recht unkritische Industrieberater« geworden sind, und Beratung strikt auf die »dezidiert antitayloristische Rationalisierung« beschränkt wissen will, bei anderen (etwa Springer 1997) sehr viel drängender, weil Industriesoziologie nur dadurch ihre Existenzberechtigung unter Beweis stellen könne. Dieses Interesse an Beratung mag damit zusammenhängen, dass der Markt der Organisationsberatung ein durchaus attraktives Berufsfeld für die Absolventen soziologischer und sozialwissenschaftlicher Studiengänge eröffnet; nicht zuletzt verspricht Beratung auch eine zumindest gewisse Kompensation der spärlicher fließenden Fördermittel, die für die Existenz vieler soziologischer Forschungsinstitute lebenswichtig sind.

Was aber kann die Arbeits- und Industriesoziologie in der Beratung leisten, unterscheidet der Soziologe als Berater sich überhaupt von anderen Unternehmensberatern? Zunächst einmal hat die Arbeits- und Industriesoziologie keine Rezepte, wie bereits Braczyk/Schmidt (1982: 461) hervorgehoben haben: »Der Psychologe, der seine Wissenschaft unmittelbar praktisch-gestaltend anwendet, hat seine Therapieformen und Trainingsprogramme, der Betriebswirt verfügt über Organisationsmodelle und ausgeklügelte Systeme des Rechnungswesens, der Architekt transformiert seinen Entwurf in die Detaillierung 1:50, der Arbeitswissenschaftler kennt seine ›Rezeptur‹ zur Arbeitsplatzgestaltung. Und der Soziologe? Er ist fürs erste darauf angewiesen, wortgewaltig am Beratungsprozess teilzunehmen«.

Dies ist freilich keineswegs ein Kennzeichen nur der Soziologen, denn Organisationsberatung kann generell nicht als die Anwendung von »Rezepten« konzeptioniert werden (vgl. zu Folgendem Minssen 1998). **Organisationsentwickler**[63] etwa (vgl. French/Bell 1994;

63 Mit diesem Begriff sind nicht alle »Entwickler« von Organisationen gemeint, sondern nur diejenigen, die sich der als »Organisationsentwicklung« bekannt gewor-

Becker/Langosch 1995) begreifen sich vor allem als Moderatoren eines Entwicklungsprozesses, in dem die Klienten dazu befähigt werden, ihrer Problemsicht angemessene Lösungen zu entwickeln. Der Organisationswandel soll geplant gestaltet werden mit dem gleichzeitigen Ziel von Effektivität und Humanität. In diesem Prozess ist der Berater ein »change agent«; er ist Katalysator des Prozesses. Seine Aufgabe liegt darin, dem Klienten dazu zu verhelfen, die eigenen Probleme zu erkennen und zu lösen, da Wandel nur innerhalb der Eigenlogik von sozialen Systemen stattfinden kann. Dies bedeutet nicht, dass der Berater ohne inhaltliche Kompetenzen wäre; er sollte schon Experte sein, nämlich Fachmann für organisatorische Probleme, kompetent für Fragen der Kommunikation und Kooperation, aber er bietet keine Empfehlungen und Lösungen an. Schließlich werden durch »richtige Ratschläge« noch keineswegs die »richtigen Handlungen« ausgelöst.

Diese Distanz des Beraters gegenüber betrieblichen Problemsichten und die Ablehnung des Beraters als Ratgeber für »Soziales« wird noch einmal radikalisiert in der neuerdings entstandenen **systemischen Beratung** (Willke 1987; Willke 1992; Wimmer 1999). Ihr zufolge muss Beratung sich an den Mustern des Klientensystems, nicht an den eigenen Mustern orientieren, was voraussetzt, dass diese Muster durch Beobachtung herausgefunden werden. Organisationen beobachten sich selbst und entwickeln auf diese Weise ihre Wirklichkeitskonstruktionen. Beratung basiert dann auf der Beobachtung der Beobachtung, stellt also eine Beobachtung zweiter Ordnung dar. Sie konfrontiert die Selbstbeobachtung (der Organisation) mit der Fremdbeobachtung (des Beraters) mit dem Ziel, Veränderungsprozesse auszulösen, indem die Organisation angeregt und/oder irritiert (Howaldt 1996) wird.

Berater haben also keine Rezepte zur Verfügung[64] und dies unterscheidet den Soziologen nicht von Beratern anderer Provenienz; sie liefern **Deutungen** und damit Angebote, die vom Abnehmer übernommen werden, die abgewandelt oder auch ganz abgelehnt werden

denen, sehr verbreiteten Richtung der Organisationsberatung zurechnen lassen, die sich auf die humanistische Psychologie von Kurt Lewin beruft.

64 Was keineswegs ausschließt, dass Berater dies von sich glauben; die angesprochenen Managementmoden basieren sogar auf dieser Suggestion.

können. Verwendung soziologischen Wissens ist deswegen kein Transfer von im Wissenschaftssystem produzierten Erkenntnissen in andere Bereiche, sondern soziologisches Wissen wird verwandt in einem diskursiven Prozess zwischen Produzent und Abnehmer. Der Transfer von Wissen ist damit immer auch eine Transformation von Wissen. Durch Verwendung verwandelt sich soziologisches Wissen und nicht nur das: Wenn es erfolgreich ist, also tatsächlich verwandt wird, verschwindet es (so Beck/Bonß 1989: 12), weil nicht mehr klar ist, wo und wie es entstanden ist. Dies gilt auch für soziologisches Wissen, das in der Organisationsberatung »verwandt« wird: Es ist als solches nicht mehr dechiffrierbar, wenn es in den Wissensbestand eines Betriebes eingegangen ist.

Organisationsberatung ist also der Versuch einer Verwendung sozialwissenschaftlichen Wissens durch eine Konfrontation der Eigenbeobachtung einer Organisation mit der Fremdbeobachtung durch den Berater, wobei diese Konfrontation sich selbstverständlich nicht auf die Organisation insgesamt, sondern immer nur auf einzelne Mitglieder, in der Regel Manager beziehen kann. Beratung ist also letztlich der Versuch, durch die Einwirkung auf einzelne Manager die Organisation insgesamt zu verändern. Werden zudem die Verwendungsprobleme sozialwissenschaftlichen Wissens sowie die operative Geschlossenheit von Organisationen in Betracht gezogen, dann muss eine gelingende Beratung, also eine Beratung, in der die vom Berater vorgeschlagenen Deutungen in seinem Sinne aufgenommen und umgesetzt werden, als eher unwahrscheinlicher Fall angesehen werden (vgl. auch Willke 1996: 4). Stattdessen kann Beratung das Klientensystem bestenfalls irritieren in der Hoffnung, dass die Irritation so weit geht, dass fremde Deutungen überhaupt in Betracht gezogen werden können, und in der Hoffnung, dass diese Irritation dazu führt, dass soziologisches Wissen zur Selbstbeschreibung verwendet wird, was dann aber – siehe oben – als soziologisches Wissen möglicherweise gar nicht mehr erkenntlich ist.

Auf welche Komplexe können soziologische Deutungen sich nun beziehen? Soziologie kann Handlungsvoraussetzungen und Handlungsmöglichkeiten verdeutlichen (Schmidt 1981: 227) und sie kann (so Bergmann 1982: 399) soziale Probleme und Entwicklungstendenzen analysieren, begrenzte Variablenzusammenhänge erklären und bedingte Prognosen erarbeiten. Bezogen auf soziologische Organisationsberatung heißt dies, so Bollinger/Weltz (1989): Subjektives Erleben wird rückbezogen auf objektive Strukturen. Die strukturellen Ursachen problematischer Symptome werden entschlüsselt; die betriebliche Problemsicht wird gedeutet, wenn man so will: soziologisiert, da diese sich oftmals eher auf Symptome als auf Ursachen richtet. Auf diese Weise kann soziologische Beratung beitragen zu einer angemesseneren Problemdiagnose. Die Herausarbeitung von Handlungsvoraussetzungen kann darüber hinaus die Schwerfälligkeit und die Risiken von organisatorischen Innovationen verdeutlichen; gerade unter Managern herrscht ja häufig die Auffassung vor, organisatorische Innovationen wie technische planen und umsetzen zu können, so dass später auftretende Friktionen häufig desillusionierend auf den anfangs vorhandenen Elan wirken.

All dies unterscheidet im Grundsatz eine soziologische Beratung nicht von einer anderen Organisationsberatung. Das bedeutet aber auch, dass der Einfluss jedweder Beratung trotz mancher vollmundiger Versprechen eher bescheiden zu veranschlagen ist. Um diese Einschränkungen wissend gibt es freilich keinen Grund, weswegen nicht auch Soziologen als Berater tätig sein sollten. Warum sollten Arbeits- und Industriesoziologen sich nicht möglichst produktiv einbringen als Diskutanten, Ideengeber, Geburtshelfer, Treiber und Evaluatoren »innovativer Arbeitspolitik« (Schumann 2002: 22)?

Kuhlmann u. a. (2004) haben denn auch schon mal generalisierbare Elemente innovativer Arbeitspolitik zusammengetragen, um betrieblichen Praktikern Hinweise zu geben, welche Lösungen sich in anderen Betrieben bewährt haben. Ob dies eine ernsthafte Konkurrenz zu der Beratung beispielsweise von Betriebswirten darstellt, die glauben, Handlungsempfehlungen zur Verfügung zu haben, muss sich zeigen.

Orientierungsfragen:

1. Was ist eine Kaminkarriere und weswegen verliert sie an Bedeutung?
2. Warum hat der Habitus eine ausschlaggebende Rolle bei der Besetzung von Positionen im Top-Management?
3. Worin unterscheidet sich das deutsche von dem amerikanischen Managementmodell?
4. Warum greifen Manager auf externe Beratung zurück?
5. Was charakterisiert die Arbeitssituation von Managern?

Weiterführende Literatur:

Baethge, Martin/Denkinger, Joachim/Kadritzke, Ulf (1995), Das Führungskräfte-Dilemma – Manager und industrielle Experten zwischen Unternehmen und Lebenswelt, Frankfurt/New York.

Genaue Untersuchung zur Berufssituation von Managern und industriellen Experten, mit der deutlich gemacht wird, dass deren Kreativitätspotential durch veraltete Kommunikationsstile und Kooperationsstrukturen an seiner Entfaltung gehindert wird.

Faust, Michael/Jauch, Peter/Notz, Petra (2000), Befreit und entwurzelt: Führungskräfte auf dem Weg zum ›internen Unternehmer‹, München und Mering.

Die ambivalenten Folgen von Prozessen der Dezentralisierung für die Arbeitssituation von Führungskräften – sehr detailreich und sehr ausführlich.

Hartmann, Michael (2002), Der Mythos von den Leistungseliten. Spitzenkarrieren und soziale Herkunft in Wirtschaft, Politik, Justiz und Wissenschaft, Frankfurt/New York.

Knappe und präzise Darstellung unter anderem von empirischen Befunden, die zeigen, in welchem Ausmaß soziale Herkunft für die Besetzung von Top-Positionen in der deutschen Wirtschaft von Bedeutung ist.

Howaldt, Jürgen/Kopp, Ralf (Hg.) (1998), Sozialwissenschaftliche Organisationsberatung, Berlin.

Zusammenstellung von Aufsätzen, in denen (vorwiegend) Arbeits- und Industriesoziologen die Chancen und Risiken ihrer Profession für Organisationsberatung diskutieren.

Kotthoff, Hermann (1997), Führungskräfte im Wandel der Firmenkultur – Quasi-Unternehmer oder Arbeitnehmer?, Berlin.

Sehr genaue Untersuchung der Anforderungen, denen hochqualifizierte Angestellte und Führungskräfte sich dadurch ausgesetzt sehen, dass sie auch als Unternehmer denken und handeln sollen, obwohl sie durch Personalreduzierungen und Umstrukturierungen in ihrem Selbstverständnis verunsichert werden.

10. Dienstleistungsarbeit

Brandt (1984: 204) sprach von »verheerenden Folgen«, die sich aus der Immunisierung der Industriesoziologie gegenüber Veränderungen ihres Gegenstandsbereichs, insbesondere Veränderungen im Bereich des Dienstleistungssektors, ergeben könnten. Wenn damals Dienstleistungsarbeit in den (industriesoziologischen) Blick genommen wurde, dann oftmals unter dem Aspekt einer **Angestelltensoziologie** und der Frage, in welchem Ausmaß deren Arbeit sich der Tätigkeit von Industriearbeitern angeglichen habe, wobei nicht das Ob, sondern allenfalls das Wie und Wann Anlass zur Diskussion gab. Dienstleistungsarbeit zog aber insgesamt nur wenig Aufmerksamkeit auf sich. Littek u. a. (1991) notierten nicht zu Unrecht, dass die Industriesoziologie bei ihrer »schon fast traditionellen Liebe zum Gegenstand ›Rationalisierung und Facharbeiter im Maschinenbau‹« schlicht verschlafen hatte, dass die Beschäftigtenzahlen beispielsweise im Reinigungsgewerbe die des Maschinenbaus bereits deutlich hinter sich gelassen hatten; zudem seien die größeren und vermutlich entscheidenderen Umbrüche im Hinblick auf die Zukunft der industrialisierten Gesellschaft gerade im Angestelltenbereich von Industrieverwaltungen und in den anderen Bereichen von Dienstleistungstätigkeiten zu erwarten (so auch Baethge/Oberbeck 1986: 17).

Diese Vernachlässigung ist in der Zwischenzeit geringer geworden. Allerdings gewinnt die Industriesoziologie einen großen Teil ihrer Befunde nach wie vor aus Untersuchungen im industriellen Sektor. Dies hat seine Ursache freilich nicht nur in Ignoranz und der Festlegung auf den Taylorismus als Maßstab der Kritik, sondern auch in dem sperrigen, sehr disparaten Gegenstandsbereich »Dienstleistungsarbeit«, der die Identifizierung übergreifender Tendenzen erschwert; deswegen stellt das folgende Kapitel auch eher einen Problemaufriss dar. Zudem darf nicht übersehen werden, dass vieles von dem, was wir bisher unter den Stichworten »Betrieb als soziales System«, »Dezentralisierung«, »Entgrenzung« etc. kennen gelernt haben, auch für den Dienstleistungsbereich gilt. Das Problem der Transformation von Arbeitskraft in Arbeit stellt sich im Dienstleistungsbereich im Grundsatz nicht anders als in der industriellen Fertigung, auch wenn die Bewältigung dieses Problems durch Kontrolle und Standardisierung aufgrund der weniger planbaren Abläufe nicht in gleichem Maße möglich war und ist. Das enthebt nicht von der Notwendigkeit einer intensiven Erforschung dieses Bereichs und es zeichnet sich auch ab, dass die Beschäftigung der Arbeits- und Industriesoziologie mit Dienstleistungsarbeit zukünftig zunehmen wird.

10.1 Dienstleistungsgesellschaft und Dienstleistungsarbeit

Es gibt eine bis in die Mitte des letzten Jahrhunderts zurückreichende Tradition einer Beschäftigung mit dem Dienstleistungssektor, die vor allem die beschäftigungspolitischen Effekte im Blick hatte. Anfangs steht dafür insbesondere der Name Jean Fourastié, der in der Dienstleistungsgesellschaft **die große Hoffnung des zwanzigsten Jahrhunderts** sah. Dem sind eine Reihe anderer Theorien zur Dienstleistungsgesellschaft gefolgt (vgl. die Übersicht bei Häußermann/Siebel 1995: 27ff.), die nicht immer so optimistisch waren, die aber in jedem Fall in der Ausweitung von Dienstleistungen erhebliche gesellschaftliche Umstrukturierungen vermuteten. Mittlerweile ist unter allen Beobachtern unstrittig, dass im tertiären Sektor mehr Menschen beschäftigt sind als im primären und sekundären Sektor zusammen; dies hat nicht nur mit der Entwicklung neuer Bedürfnisse zu tun, die durch entsprechende Dienstleistungen befriedigt werden müssen, sondern auch mit der Entwicklung im industriellen Sektor, in dem die tayloristisch orientierte Massenproduktion ergänzt, wenn nicht sogar ersetzt wird durch innovationsorientierte Tätigkeiten, die oftmals ausgelagert werden in eigenständige Betriebe, die dann dem tertiären Sektor zugerechnet werden. Hinzu kommt eine **Tertiarisierung der Produktion**; damit ist die zunehmende Bedeutung von wissensintensiven Bereichen etwa in Forschung und Entwicklung oder die zunehmende Bedeutung von Verwaltungstätigkeiten auch in Unternehmen des sekundären Sektors gemeint.

Wenn nun die **sektorale Betrachtungsweise**, also die Analyse der Beschäftigung nach Wirtschaftszweigen ersetzt wird durch eine **funktionale Betrachtungsweise**, also die Analyse der Beschäftigungsstruktur nach Berufs- und Tätigkeitsgruppen, und auf diese Weise produktionsnahe Dienstleistungen wie Forschung, Entwicklung, Verwaltung etc. auch in Betrieben des sekundären Sektors berücksichtigt werden, dann wird deutlich, dass der Umfang von Dienstleistungsarbeit noch größer ist als der Umfang der Arbeit im in der Statistik ausgewiesenen Dienstleistungssektor und dass mindestens zwei Drittel aller Arbeitnehmer in Deutschland mit der Produktion von Dienstleistungen beschäftigt sind. Dies ist bekannt und muss hier nicht im Einzelnen erläutert werden (vgl. statt dessen Bosch 1998; Baethge 2000; Hartmann 2002; Bosch/Wagner 2003). Die Tertiarisierung der Gesellschaft ist also unbestreitbar. Man kann es sich dann einfach machen und solche Gesellschaften, »deren Beschäftigungsstruktur durch ein Übergewicht von Dienstleistungen gekennzeichnet ist«, mit dem Begriff »Dienstleistungsgesellschaft« (Häußermann/Siebel 1995: 21) belegen. Mit gleichem Recht freilich könnte die moderne westliche Gesellschaft angesichts der Mehrheit von Frauen auch als »weibliche Gesellschaft« oder angesichts der hohen Besetzungsdichte mit Automobilen als »Autogesellschaft« bezeichnet werden.

Soziologisch ist ein solch schneller Rückschluss also zumindest fragwürdig. Berger und Offe haben bereits 1980 darauf hingewiesen, dass der Dienstleistungssektor und mithin die Dienstleistungsgesellschaft definiert sind durch das, was sie nicht sind, nämlich weder dem primären noch dem sekundären Sektor zugehörig; es sind **Residualkategorien**. Gleiches gilt für den Begriff der Dienstleistungen. Üblicherweise werden sie unterschieden in **produktionsorientierte** und **personenbezogene** Dienstleistungen. Produktionsorientierte Dienstleistungen sind Teil der Güterproduktion und umfassen Arbeiten in der Verwaltung von Unternehmen und Tätigkeiten in Industrieforschung, Entwicklung, Konstruktion, Planung etc., während personenbezogene Dienstleistungen sich unmittelbar an Personen wenden;

dazu gehören Tätigkeiten in der Altenpflege ebenso wie Tätigkeiten im Krankenhaus oder im Fahrdienst von Öffentlichen Nahverkehrsunternehmen. Sowohl produktionsorientierte wie auch personenbezogene Dienstleistungen sind, so sagt man, charakterisiert durch ihre **Nicht-Stofflichkeit, Nicht-Transportierbarkeit** und **Nicht-Lagerfähigkeit**.

Derartige Residualdefinitionen sind generell unbefriedigend, ganz unabhängig davon, dass sie auch nicht auf alle Dienstleistungen zutreffen; ein Buch jedenfalls, das ja nichts anderes darstellt als das Resultat einer Dienstleistung, ist zweifellos stofflich sowie transport- und lagerfähig. Und auch die Versuche einer Positivbestimmung wie etwa durch das **uno-actu-Prinzip** – Produktion und Konsumtion von Dienstleistungen fallen zusammen – leiden daran, dass sie nur für einen Teil von Dienstleistungen, in diesem Fall personenbezogene Dienstleistungsarbeiten, Geltung beanspruchen können; für Dienstleistungen also, die sich dadurch auszeichnen, dass die Dienstleistungsarbeiter in direktem Kontakt mit dem Kunden stehen; für produktionsorientierte Dienstleistungen treffen sie bereits nicht mehr zu.

Nicht nur der Begriff der Dienstleistungsgesellschaft, auch die Bezeichnung einer statistischen Einheit als Dienstleistungssektor wie überhaupt der Begriff der Dienstleistungen sind also soziologisch einigermaßen zweifelhaft. Da ist es nicht erstaunlich, dass auch der Begriff der **Dienstleistungsarbeit** seine Fragen aufwirft. Denn viele solcher Tätigkeiten – Hausarbeit, ehrenamtliche Tätigkeiten, Nachbarschaftshilfe etc. – werden privat erbracht und gelten deswegen per definitionem nicht als Erwerbsarbeit. Zudem zeichnen sich auch die erwerbswirtschaftlich verrichteten Dienstleistungsarbeiten durch eine erhebliche Heterogenität aus; was haben schließlich die Tätigkeiten eines Managers, einer Verkäuferin, eines Busfahrers etc. gemein außer der, eben nicht wertschöpfend zu sein? Insofern beruhen die Zweifel an den angebotenen Begrifflichkeiten nicht auf einem Mangel an soziologischer Phantasie, sondern sind dem Gegenstand selbst geschuldet.

Eingedenk solcher Probleme haben Berger/Offe (1980) den Versuch einer soziologisch gehaltvolleren Begriffsbestimmung unternommen. Sie unterscheiden zwischen »herstellenden« und »formbeschützenden« Teilfunktionen des gesellschaftlichen Reproduktionsprozesses und gehen davon aus, »dass der gemeinsamen Nenner von Dienstleistungstätigkeiten und -organisationen darin besteht, dass durch sie die spezifischen institutionellen und kulturellen Voraussetzungen und Bedingungen ›herstellender‹ Tätigkeiten selbst hergestellt werden« (Berger/Offe 1980: 45). Die soziologische Gemeinsamkeit von Dienstleistungen besteht dann in der »Sicherung, Bewahrung, Verteidigung, Überwachung, Gewährleistung usw.« der Funktionsbedingungen einer Gesellschaft.

Mit diesem Ansatz hat Ulrike Berger (1984) die Verwaltungen von Industriebetrieben, also produktionsnahe Dienstleistungen untersucht. Sie ging von der Umweltoffenheit sozialer Systeme aus und rückte damit Umweltkomplexität und vor allem Unsicherheit in den Vordergrund, deren Bearbeitung in Industriebetrieben im Dienstleistungssystem konzentriert wird, so dass der »technische Kern«, das Fertigungssystem von Unsicherheit weitgehend freigehalten werden kann. In der Kritik ist dieser Versuch einer soziologischen Begriffsbestimmung von Dienstleistungen allerdings nicht als rundum überzeugend aufgenommen worden (vgl. Littek 1991), da ihm eine zu starke Orientierung auf produktionsorientierte Dienstleistungen attestiert wurde. Vor allem aber wurde das von Berger/Offe (1980) und Berger (1984) unterstellte geringere Rationalisierungspotential des Dienstleistungssektors im Vergleich zum industriellen Sektor in Zweifel gezogen. Sie begründeten das mit der Unsicherheitsabsorption, auf die Dienstleistungen zielen: Da Dienstleistungen als Vorkehrungen gegen Zufälligkeiten und Unvorhersehbares erforderlich seien, müssten Reserven an Zeit und Qualifikation und Überkapazitäten vorgehalten werden; sollten sie an einer Stelle durch effizienzsteigernde Maßnahmen weggekürzt werden, ist immer damit zu rechnen, dass sie an anderer Stelle wieder aufgebaut werden (Berger/Offe 1984: 280). Zudem sei der Arbeitsanfall nicht völlig planbar, so dass die »Handlungsbedingungen des Dienstleistungssystems den Herrschaftsbereich formaler Rationalität« (Berger 1984: 200) einschränken und Dienstleistungen weniger standardisierbar sind als Tätigkeiten in der Fertigung.

Dem wurde (insbesondere von Baethge/Oberbeck 1986) entgegengehalten, dass bei einfachen Bürotätigkeiten durch die Einführung der Schreibmaschine, des Telefons und der Rechenmaschine schon seit längerem eine technische Rationalisierung zu beobachten gewesen sei; diese punktuelle Rationalisierung werde sich nun aber durch die Entwicklung und den Einsatz mikroelektronisch basierter Datenverarbeitungstechnik grundlegend wandeln und zwar in Richtung einer »systemischen Rationalisierung«.

Wir treffen hier also auf den gleichen Begriff, der uns oben schon einmal als »neuer Rationalisierungstyp« begegnet ist (vgl. Kap. 6.1). Systemische Rationalisierung von Dienstleistungsarbeit führt nicht zu einer umfassenden Taylorisierung von Dienstleistungstätigkeiten, jedenfalls nicht – und diese Einschränkung ist den Autoren wichtig – in den von Baethge/Oberbeck (1986) untersuchten Bereichen (Handelsunternehmen, Kreditinstitute, Versicherungen, kaufmännische Industrieverwaltungen und öffentliche Verwaltungen). Eine Taylorisierung treffe allenfalls auf Administrationsaufgaben zu; von diesen würden jedoch die marktbezogenen Funktionsbereiche abgetrennt, die auf eine verbesserte Antizipation von Marktentwicklung und Erhöhung der Kapazität zur Marktsteuerung zielen, und hier werde auf längere Sicht durch die technische Kapazität der Datenverarbeitung eine Rücknahme der Funktionsaufteilung und die Integration der Geschäftsaktivitäten eines Kunden in der Hand eines Sachbearbeiters möglich. Die oftmals befürchtete »Mechanisierung geistiger Arbeit« und »Programmierung des Kopfes« jedenfalls sei hochgradig unwahrscheinlich. Allerdings werde durch die Einführung von EDV-Technik geistige Arbeit auf Momente von Entscheidungshandeln und Beratungstätigkeiten beschränkt, die kaum computerisierbar seien; derartige Arbeitsplätze aber würden zunehmend rar, weil die standardisierbaren, routinisierten Tätigkeitselemente, die auch bei qualifizierter Sachbearbeitertätigkeit anfallen, auf den Computer übertragen werden könnten und deswegen die Anzahl qualifizierter Sachbearbeiterstellen geringer würden.

Baethge/Oberbeck (1986) erwarten also von der systemischen Rationalisierung im Dienstleistungsbereich zumindest für die verbleibenden Arbeitsplätze eine im Hinblick auf die Aufgabenintegration eher positive Entwicklung; allerdings geht dies einher mit einer Schwächung der beruflichen Position von Angestellten, denn die mikroelektronische Datenverarbeitung ermöglicht den Betriebsleitungen eine zuvor nicht bekannte Transparenz der Arbeitsergebnisse und vor allem des Arbeitsablaufs, so dass der Einsatz der EDV-Technologie einen »geradezu epochalen Wandel in der Kontrolle« (Baethge/Oberbeck 1986: 37; im Original hervorgehoben) von Angestelltentätigkeiten auslöst. Dies freilich wird in anderen Untersuchungen bestritten; Heisig/Littek (1995) etwa weisen auf die sozialen Austauschverhältnisse im Angestelltenbereich hin, die eher auf Vertrauen als auf Misstrauen beruhen und einer umfassenden Kontrolle entgegenstehen.

Einigkeit freilich besteht darin, dass die zuvor oftmals vermutete Taylorisierung von Angestelltentätigkeiten im Sinne einer zunehmenden Fragmentierung der Tätigkeiten und einer Verschärfung der Trennung von anleitenden und ausführenden Funktionen eher unwahrscheinlich ist. Littek u. a. (1991: 19) nehmen dies zum Anlass, die These einer Angleichung der Arbeitsbedingungen von Angestellten an die der Arbeiter gewissermaßen umzukehren: Nicht die Angleichung von Dienstleistungsarbeit an gewerbliche Arbeit sei zu erwarten, sondern eher eine Angleichung gewerblicher Arbeit an Angestelltenarbeit, eine »Verangestelltung« der Arbeitsbedingungen und Arbeitssituationen von Arbeitern also.

Solche Vermutungen und Prognosen kranken freilich an ihrer Verallgemeinerung. So wenig eine Taylorisierung aller Dienstleistungsarbeiten angenommen werden kann, so wenig kann das Gegenteil behauptet werden, da die empirischen Befunde sich notgedrungen immer nur auf einen Teilbereich von Dienstleistungsarbeit beziehen können. Befunde, die für den Einzelhandel oder den Öffentlichen Personennahverkehr Gültigkeit beanspruchen können, müssen keineswegs auch für produktionsnahe Dienstleistungen oder die Arbeit hochqualifizierter Angestellter und Freiberufler gelten. Insofern haben Oberbeck/Neubert (1992) Recht, wenn sie auch in absehbarer Zukunft keinen einheitlichen Pfad der Entwicklung von Dienstleistungsarbeit ausmachen konnten. Dies wird besonders deutlich im internationalen Vergleich. In Europa lassen sich hinsichtlich der Ausprägungen von Arbeitsvolumen und Beschäftigungsquoten, der inneren Tertiarisierung des sekundären Sektors und hinsichtlich der Verteilung der Dienstleistungsbeschäftigung auf einzelne Gruppen von Dienstleistungen unterschiedliche Länderprofile identifizieren (Wagner 2003), deren Unterschiedlichkeit aus dem Handeln der Akteure in länderspezifischen institutionellen Gefügen herrührt (Jacobsen 2001).

Die frühere These einer **Rationalisierungsresistenz** von Dienstleistungsarbeit wird heute nicht mehr vertreten. Zwar sperren sich manche Dienstleistungen aufgrund ihrer Spezifik gegen eine Taylorisierung, andere nicht (vgl. weiter unten), doch auch taylorisierungsresistente Dienstleistungen sind keineswegs rationalisierungsresistent; Rationalisierung erfolgt statt dessen oftmals in Form einer stärkeren Ausrichtung an Kennziffern und Kennzahlen, also an Marktmechanismen. Durch diese Orientierung an Kennziffern werden, wie Voss-Dahm (2003) am Beispiel des Einzelhandels herausgearbeitet hat, die sachlichen Zwänge des Marktes unmittelbar an die Beschäftigten vermittelt, denen es überlassen bleibt, selbstständig die daraus entstehenden Anforderungen zu bewältigen; die Arbeitsprozesse werden so zunehmend weniger über direkte Anweisungen von Vorgesetzten gesteuert. Die im Verkauf des Einzelhandels Beschäftigten müssen widersprüchliche und komplexe Anforderungen eigenständig bewältigen, was übrigens auch bedeutet, dass Verkaufsarbeit keineswegs durchgängig so anspruchslos ist wie oftmals angenommen. Jedenfalls lassen sich zumindest in diesem Bereich von Dienstleistungen Rationalisierungsprozesse beobachten, die uns bereits aus dem Produktionssektor als marktgesteuerte Dezentralisierung bzw. Vermarktlichung bekannt sind.

Zwar haben solche Befunde zunächst einmal nur Gültigkeit für den Bereich, in dem sie erhoben wurden, in diesem Fall also den Einzelhandel, und sollten nicht ohne weiteres verallgemeinert werden für die Arbeit im gesamten Dienstleistungsbereich. Allerdings können Versuche einer verstärkten Steuerung mittels Geld auch in Bereichen wie den Hochschulen (Minssen/Wilkesmann 2003) beobachtet werden, die sich vom Einzelhandel grundlegend unterscheiden, so dass sich darin eine generellere Tendenz andeuten mag. Dies jedoch muss weitere Forschung beantworten.

10.2 Wissensintensive und interaktive Dienstleistungen

Bis in die neunziger Jahre stand im Mittelpunkt der industriesoziologischen Beschäftigung mit Dienstleistungen die Beschäftigung mit der Arbeit von (hoch-)qualifizierten Angestellten und den Möglichkeiten ihrer Rationalisierung. Letzteres ist weiterhin Thema, doch in den letzten Jahren lässt sich eine veränderte Schwerpunktsetzung beobachten; stärker in den Fokus des Interesses sind Tätigkeiten gerückt, die als »Wissensarbeit« und »interaktive Dienstleistungsarbeit« bezeichnet werden.

Vor dem Hintergrund, dass viele Güter und Dienstleistungen in erheblichem Maße fachliche Expertise umfassen, also intelligente Produkte sind, ist Wissen ein Begriff geworden, der sich mittlerweile erheblicher Beliebtheit erfreut, da er ein zentrales Element moderner Gesellschaften erfasst. Von manchen (Willke 1998) wird Wissen als vierter Produktionsfaktor neben Kapital, Arbeit und Boden gestellt und manche nehmen dies zum Anlass, die moderne Gesellschaft als **Wissensgesellschaft** zu bezeichnen. Freilich ist auch dies keineswegs unumstritten; Heidenreich (2003) hebt in seinem kritischen Überblick hervor, dass die Wissensgesellschaft eher als Organisationsgesellschaft zu bezeichnen ist, in der organisationelle Lern- und Veränderungsprozesse auf Dauer gestellt sind, und Deutschmann (2003: 487) bezeichnet das Konzept der Wissensgesellschaft gleich als »kapitalistischen Mythos«.

Was aber ist **Wissensarbeit**? Dies erfordert zunächst einmal eine Verständigung darüber, was Wissen ist. Üblicherweise wird unterschieden zwischen Daten, Informationen und Wissen (Willke 1998). Daten sind gewissermaßen das Rohmaterial und umfassen Variablen, Zahlen und Fakten; aus ihnen werden Informationen, wenn sie in einen Referenzrahmen gestellt werden, und diese Informationen wiederum werden zu Wissen, wenn sie mit Erfahrungen verbunden werden. Wilkesmann/Rascher (2004) haben diese Unterscheidung am Beispiel einer Bilanz verdeutlicht: Diese besteht zunächst aus Zahlen,[65] die für den Leser erst dann zu Informationen werden, wenn er

65 Woran übrigens auch deutlich wird, dass Daten immer beobachtungsabhängig sind: Was nicht in der Bilanz erfasst wird, existiert auch nicht.

sie mit einer Interpretation verbinden kann, wenn er also etwa weiß, was 100 Millionen Euro Gewinn bedeuten. Zu Wissen wiederum werden diese Informationen, wenn sie mit Erfahrungsmustern verknüpft werden, wenn der Leser also in der Lage ist zu beurteilen, ob dieser Gewinn im Vergleich zum letzten ein Fortschritt oder ein Rückschritt ist. Ein solches Wissen erfordert eine kontinuierliche Revision, da es permanent verbesserungsfähig ist; es ist eine Ressource, nicht Wahrheit und untrennbar an Nicht-Wissen gekoppelt (Willke 1998).

Das für Unternehmen zu bewältigende Problem besteht nun darin, Wissen zu »managen«; entsprechend hat in letzter Zeit das **Wissensmanagement** erhebliche Aufmerksamkeit auf sich gezogen. Im Rahmen der Diskussion um die »lernende Organisation« hat sich dieses als ein besonderes Problem herausgestellt, denn Wissensarbeit kann nicht ohne weiteres durch externe Vorgaben »gemanagt« werden (Wilkesmann 2005). Wissensmanagement erfordert die Weitergabe von Daten ebenso wie den Abruf dieser Daten; beides aber beruht letztlich auf Freiwilligkeit und kann durch selektive Anreize kaum erzwungen werden. Deswegen existiert mittlerweile eine umfangreiche Literatur zu der Frage, wie die organisatorische Struktur in Unternehmen und Verwaltungen gestaltet sein sollte, um die Weitergabe und Nutzung von Wissen zu erleichtern.

Diese Diskussion krankt allerdings an zwei Engführungen. Zum einen ist Wissensmanagement nicht unbedingt ein neuer Sachverhalt; die bereits von Taylor vorgesehene Trennung von Hand- und Kopfarbeit, die Trennung von ausführenden und planenden Tätigkeiten stellt nichts anderes dar als eine Form des Wissensmanagements, so dass das Gewand des Neuen, in dem die Diskussion daher kommt, nicht angebracht ist. Zum anderen wird übersehen, dass selbst einfachste körperliche Tätigkeiten ohne Wissen nicht auskommen; Arbeit ohne Wissen ist schlicht nicht denkbar. Wegen der im Begriff angelegten Tautologie wird deswegen vorgeschlagen, den Begriff der Wissensarbeit durch den der Informationsarbeit zu ersetzen: »Informationsarbeit ist Arbeit, die sich ganz auf kreative und kommunikative Leistungen sowie auf die Bewältigung von Störungen und situativen Anforderungen konzentriert« (Deutschmann 2002: 9). Ob dies allerdings das Problem löst, kann bezweifelt werden, solange nicht genauer bestimmt ist, ab welchem Punkt eine Arbeit sich »ganz« auf kreative und kommunikative Leistungen konzentriert; auch körperliche Arbeit enthält schließlich durchaus Anteile von Kommunikation und Kreativität. Da scheint der Versuch von Wilkesmann (2005) vielversprechender, Wissensarbeit als eine Tätigkeit zu definieren, deren Mittel und Zwecke nicht programmiert sind und die deshalb konstitutiv darauf angewiesen ist, dass Daten und Informationen getauscht werden und neues Wissen interaktiv erzeugt wird. Ob die Gruppe der auf diese Art bestimmten Wissensarbeiter überhaupt umfangreich genug ist, dass es sich lohnt, sich mit ihnen wissenschaftlich zu beschäftigen, steht freilich auf einem anderen Blatt.

Wissensintensive Dienstleistungen umfassen nur einen Teilbereich von Tätigkeiten aus dem Gesamtspektrum von Dienstleistungsarbeiten. Ein weiterer wichtiger Bereich ist die **interaktive Dienstleistungsarbeit**, ein Begriff, der die früher übliche Bezeichnung »personenbezogene Dienstleistungsarbeit« abzulösen beginnt. Gemeint sind Tätigkeiten, die sich durch eine trianguläre Beziehung zwischen Beschäftigten, Kunden und Unternehmen auszeichnen (Jacobsen/Voswinkel 2003). Dienstleistungsarbeiter treten als Beschäftigte eines Unternehmens in eine Interaktion mit Kunden, verrichten ihre Arbeit also in Anwesenheit des Kunden, wobei gegenseitige Anerkennung eine besondere Rolle spielt (Holtgrewe 2002). Auch bei solchen Tätigkeiten kann es um Wissen gehen, das die Dienstleistungsarbeiter vermitteln bzw. anwenden – man denke etwa an hochqualifizierte Tätigkeiten wie die von Anwälten, Architekten, Steuerberatern und Brokern (dazu Bläsche/Gensior 2003). Allerdings zählen zu interaktiven Dienstleistungsarbeiten auch Tätigkeiten mit geringen Qualifikationsanforderungen wie etwa in der Fast-Food-Industrie. Diese Tätigkeiten sind nicht wissensintensiv und keineswegs rationalisierungsresistent; Voswinkel (2000) hat gezeigt, dass das von ihm so genannte »mcdonaldistische Produktionsmodell« in der Fast-Food-Industrie nichts anderes darstellt als eine modifizierte Adaption des tayloristischen Modells an die Bedingungen gering qualifizierter interaktiver Dienstleistungsarbeit, indem Prozesse, Produkte, Arbeit und Kundenbeziehungen unter Effizienzgesichtspunkten neu gestaltet werden.

Hier haben wir also einen Fall der Taylorisierung von Dienstleistungen. Daraus kann aber nicht geschlossen werden, dass gering qualifizierte interaktive Dienstleistungsarbeit generell günstige Voraussetzungen für tayloristische Rationalisierungsprozesse bietet. Das zeigt ein Blick auf die Call-Center, die in den letzten Jahren größere Aufmerksamkeit in der Arbeits- und Industriesoziologie gefunden haben. Zunächst wurde auch in der Arbeit in Call-Centern eine neue Stufe der Taylorisierung von Dienstleistungsarbeit vermutet, da durch die automatische Verteilung der Anrufe die Arbeit im Takt organisiert (»getaktet«) werden kann und die Beschäftigten zudem im Unterschied zu Fließbandarbeitern nicht nur ihre Physis, sondern im Hinblick auf die Service-Qualität auch ihre Gefühle disziplinieren müssen (D'Alessio/Oberbeck 1999). Dem wird mittlerweile entgegengehalten, dass eine tayloristische Rationalisierungslogik an ihre Schranken stößt (Holtgrewe/Kerst 2002). Denn Call-Center stellen Grenzstellen zwischen Organisation und Umwelt dar. Organisationen müssen als eigenständige soziale Gebilde zwar einerseits geschlossen sein, andererseits aber zugleich offen für Veränderungen in ihrer Umwelt bleiben und brauchen dafür Grenzstellen, über die sie Veränderungen wahrnehmen können. Call-Center haben eine solche Grenzstellenfunktion inne; sie verkörpern ihr Unternehmen und müssen zugleich kundenorientiert sein, was sich in dem von den Beschäftigten zu bewältigenden Dilemma gleichzeitiger Stabilität und Flexibilität niederschlägt. Hinsichtlich Stabilität bedeutet dies Standardisierung der Abläufe, Vorgaben und Leistungskontrolle, hinsichtlich Flexibilität aber eben auch Freiraum und Autonomie.

Es gibt also Bereiche, die den aus dem industriellen Sektor bekannten Rationalisierungsstrategien offen stehen, wobei es aber weniger um eine Taylorisierung der Arbeitsabläufe geht als vielmehr um eine Steuerung über Kennziffern, die dann für die Beschäftigten die gleichen Ambivalenzen aufweisen dürfte, die oben (vgl. Kap. 8.1) unter dem Stichwort der »Subjektivierung von Arbeit« diskutiert worden sind. Es gibt andere Bereiche insbesondere bei den wissensintensiven Dienstleistungen, die sich für solche Strategien kaum eignen, da es hier auf Kreativität ankommt. Wir finden Bereiche wie große Teile der Unternehmensberatung, die gewissermaßen prototypisch für einen Typus von Arbeitskraft sind, der als Arbeitskraftunternehmer bezeichnet werden kann, neben Bereichen wie dem Einzelhandel, in dem ein »verberuflichter Arbeitnehmer« vorherrscht; die Lösungen der Transformationsproblematik unterscheiden sich vollständig. Tätigkeiten mit geringen Qualifikationsanforderungen existieren neben Tätigkeiten mit extrem hohen Qualifikationsanforderungen in anderen Bereichen der Dienstleistungserstellung.

Unter solchen Bedingungen nimmt es kaum Wunder, dass es eine befriedigende (industrie-) soziologische Thematisierung von Dienstleistungsarbeit derzeit nicht gibt; die Wege einer Transformation von Arbeitskraft in Arbeit differieren in Abhängigkeit von den jeweiligen Ausgangsbedingungen zu stark, als dass generalisierende Aussagen möglich wären. Angesichts der Disparatheit des Gegenstandsbereichs sind belastbare Aussagen über »die« Arbeit im Dienstleistungsbereich auch in Zukunft kaum zu erwarten. Das enthebt nicht von der Verpflichtung weiterer Forschung auch in diesem Bereich; gefragt sind allerdings weniger Studien mit dem Anspruch verallgemeinerbarer Ergebnisse für Dienstleistungsarbeit insgesamt als vielmehr sorgfältige bereichsbezogene Studien – aber auch damit wäre schon viel gewonnen.

Orientierungsfragen:

1. Was unterscheidet eine sektorale von einer funktionalen Betrachtungsweise von Dienstleistungen?
2. Leben wir in einer Dienstleistungsgesellschaft?
3. Was sind Merkmale interaktiver Dienstleistungsarbeit?
4. Sind Dienstleistungsarbeiten rationalisierungsresistent?
5. Welche Bedeutung hat Wissen in der Dienstleistungsarbeit?

Weiterführende Literatur

Baethge, Martin/Oberbeck, Herbert (1986), Zukunft der Angestellten – Neue Technologien und berufliche Perspektiven in Büro und Verwaltung, Frankfurt/New York.

Mittlerweile klassische Studie, in der die Arbeitssituation von Angestellten industriesoziologisch untersucht und nachgewiesen wird, dass Taylorisierung keineswegs die Zukunft für diesen Bereich darstellt.

Berger, Johannes/Offe, Claus (1980), »Die Entwicklungsdynamik des Dienstleistungssektors«, Leviathan, Jg. 8, H. 1, S. 41–75.

Versuch einer soziologisch tragfähigen Bestimmung von Dienstleistungssektor und Dienstleistungsarbeit – nach wie vor lesenswert.

Berger, Ulrike (1984), Wachstum und Rationalisierung der industriellen Dienstleistungsarbeit, Frankfurt/New York.

Untersuchung produktionsnaher Dienstleistungen auf dem Hintergrund der Überlegungen von Berger/Offe (1980).

Littek, Wolfgang/Heisig, Ulrich/Gondek Hans Dieter (Hg.) (1991), Dienstleistungsarbeit – Strukturveränderungen, Beschäftigungsbedingungen und Interessenlagen, Berlin.

Sammelband, in dessen Beiträgen die Dienstleistungsarbeit in unterschiedlichen Tätigkeitsfeldern untersucht wird – verbunden mit theoretischen Resümees der Herausgeber.

Voswinkel, Stephan (2005) (unter Mitarbeit von Korzekewa, Anna), Welche Kundenorientierung? Anerkennung in der Dienstleistungsarbeit, Berlin.

Aktuelle Untersuchung zur Bedeutung von Anerkennung in der Dienstleistungsarbeit und den widersprüchlichen Erwartungen von Unternehmen und Kunden, denen die Beschäftigten sich ausgesetzt sehen.

11. Rückschau und Ausblick

Die Institutionen der Gesellschaft sind, darauf deuten viele Befunde soziologischer Gegenwartsanalysen hin, brüchiger geworden. Dies gilt auch für den Bereich der Arbeit; das ehemals so prägende tayloristische Leitbild von Rationalisierung ist unter den Druck der selbst erzeugten Probleme (fehlende Flexibilität der Produktion, mangelnde Ausschöpfung der Qualifikation der Arbeitskräfte etc.) geraten. Durch tiefgreifende Reorganisationsprozesse sind ehemals klare Grenzen ins Rutschen geraten; die Grenzen eines Unternehmens, dessen Einheiten durch marktliche Beziehungen verbunden werden, sind ebenso unklarer geworden wie die durch die innerbetriebliche Hierarchie gezogenen Grenzen. Und die Rationalisierer in den mittleren Führungsetagen sind unversehens zu Adressaten, vielleicht sogar zu Opfern der von ihnen betriebenen Rationalisierung geworden.

Im deutschen Produktionsmodell haben sich so in den letzten Jahrzehnten gravierende Veränderungen ergeben. Dieses war gekennzeichnet durch Qualitätsproduktion für einen Massenmarkt und die Präferenz interner Lösungen etwa in der Personalbeschaffung. Eine solche Ausrichtung ließ sich jedoch nicht länger aufrecht erhalten, als die Märkte sich zunehmend von Anbieter- zu Käufermärkten wandelten und eine stärkere Ausrichtung an den Kunden sowie eine günstigere Preisgestaltung bei gleichzeitiger Aufrechterhaltung der hohen Qualität erforderlich wurde. Erreicht wurde dies durch eine umfassende Flexibilisierung betrieblicher Strukturen.

Dies bedingte eine seit Mitte der achtziger Jahre zu beobachtende Veränderung der Formen, in denen Betriebe die Transformation von Arbeitskraft in Arbeit zu bewerkstelligen suchen – etwas pointiert könnte dies resümiert werden als eine Tendenz weg von umfassender Kontrolle hin zu mehr Eigeninitiative. Auch dadurch erodieren frühere Gewissheiten. Denn bei aller Kritik an einem Modell, das auf Massenproduktion bei gleichzeitig rigider Vorstrukturierung von Arbeitsabläufen ausgerichtet war, darf nicht übersehen werden, dass mit diesem Modell auch Sicherheiten verbunden waren. Dies betrifft nicht nur die Verhältnisse in den Betrieben (hingewiesen sei nur auf die entlastende Funktion, die deutliche und klare Hierarchien auch für die haben, die in der Hierarchie unten positioniert sind), dies betrifft die Lebensverhältnisse insgesamt. Die ehemals unbezweifelbare Trennung zwischen Arbeit und Freizeit hat sich in manchen Berufen aufgelöst, Ausbildungszertifikate garantieren nicht mehr eine überschaubare und planbare Karriere und die Anforderung eines lebenslangen Lernens ist für viele eher Zumutung als Ansporn.

Diese Entwicklung findet auch in den Themenstellungen und Analysen der Arbeits- und Industriesoziologie ihren Niederschlag, wie ein kurzer Rückblick zu zeigen vermag. In den klassischen Studien wurde, sofern das Transformationsproblem überhaupt reflektiert wurde, noch recht vorbehaltlos von der Lösung dieses Problems durch Vorschrift und Kontrolle ausgegangen. Man nahm einen prägenden Einfluss der Technik auf die Arbeitsbedingungen an; die Arbeitsbedingungen wiederum versprachen Rückschlüsse auf das Bewusstsein, auf das Gesellschaftsbild der Arbeitenden und die Gewerkschaften wurden als intermediäre Organisationen innerhalb des widersprüchlichen Verhältnisses von Kapital und Arbeit verortet. Im Verlauf der Forschungen erwies sich die häufig zumindest unterschwellig mitlaufende Vermutung einer kausalen Beziehung zwischen Arbeitsbedingung und anderen Faktoren jedoch als zu kurz gegriffen und spätestens mit dem Ende des Technikdeterminismus war es damit vorbei. Freilich ging damit zugleich ein Schema verloren, das die Analyse recht einfach gemacht hatte.

Gleiches gilt für die Analyse des kapitalistischen Betriebes: Konnte er früher ausschließlich unter dem Aspekt der Herrschaft thematisiert werden, haben die Forschungen in den letzten zwei Dekaden gezeigt, dass die Verhältnisse um einiges komplizierter sind. Die sozialen Beziehungen in Betrieb und Verwaltung sind nicht nur unter dem Aspekt eines antagonistischen Verhältnisses von Kapital und Arbeit zu begreifen; sie erschöpfen sich nicht in der in Organigrammen ausgedrückten Formalstruktur. Statt dessen spielen auch

Elemente wie Konsens und Einverständnis eine Rolle. In Betrieben gibt es – bei aller Machtasymmetrie – keine ohnmächtigen Akteure; deswegen ist in der Transformation von Arbeitskraft in Arbeit immer auch die Eigenwilligkeit von Akteuren in Rechnung zu stellen, die ihre spezifischen Strategien verfolgen, so dass Betriebe auch begriffen werden müssen als mikropolitische Arenen mit spezifischen sozialen Ordnungen.

Der Einzug von Computertechnologien hatte erhebliche Auswirkungen auf betriebliche Rationalisierungsstrategien; dies wurde gefasst in der Formel der »systemischen Rationalisierung«, mit der die nun mögliche Integration von Teilprozessen auch über betriebliche Grenzen hinweg gekennzeichnet wurde. Zugleich zeigte sich aber auch, dass in betrieblichen Rationalisierungsstrategien der Arbeitskraft zunehmende Bedeutung zugewiesen wurde; »neue Produktionskonzepte« wurden ins Entscheidungskalkül gezogen – weniger zwar, als erhofft, aber immerhin. Beides, sowohl die Verfügbarkeit von Computertechnologien wie auch die sich wandelnde Perspektive von Rationalisierung, führte zu tiefgreifenden Reorganisationsprozessen in Form von Dezentralisierungen in den Unternehmen. Dies hat nicht nur Folgen für die das deutsche Produktionsmodell lange Zeit prägenden Facharbeiter und Meister, sondern erzeugt auch neue Steuerungsprobleme. Denn im Grundsatz zielt Dezentralisierung auf eine Vermarktlichung innerbetrieblicher Prozesse, also eine Umstellung der Steuerung qua Hierarchie auf eine Steuerung mittels Geld und Diskurs. Eine solche Umstellung ist allerdings widersprüchlich, weil sie einerseits Egoismen der dezentralen Einheiten produziert, die eine Gesamtsteuerung erschweren, und andererseits Partizipationsofferten enthält, die Erwartungen wecken.

Insgesamt führt Dezentralisierung zu Veränderungen, für die sich die Bezeichnung »Entgrenzung« eingebürgert hat. Die Subjektivität der Arbeitenden soll stärker in die Wertschöpfungsprozesse einbezogen werden, die Transformation von Arbeitskraft in Arbeit wird in gewisser Weise zu einem von den Beschäftigten selbst zu lösenden Problem. Dadurch wird eine Abgrenzung gegenüber betrieblichen Leistungsansprüchen erschwert; ein neuer Typus von Arbeitskraft, der Arbeitskraftunternehmer, taucht am Horizont auf, der sich durch Selbst-Kontrolle, Selbst-Ökonomisierung und Selbst-Rationalisierung vom verberuflichten Arbeitnehmer unterscheidet. Durch diese Entwicklungen werden auch die bis dato üblichen Formen der Leistungsentlohnung obsolet. Der Akkordlohn ist in die Krise geraten, da der Leistungsbegriff sich wandelt; es zählt nicht mehr allein die Anstrengung, sondern der sich letztlich auf dem Markt erweisende Erfolg. Erforderlich sind also Leistungslohnsysteme, die Erfolg honorieren, weswegen Zielvereinbarungen ein wachsendes Gewicht erhalten. Entgrenzung betrifft aber auch die Verflüssigung der durch Arbeitsort und Arbeitszeit gezogenen Grenzen, die zunehmend flexibilisiert werden. Dadurch kommen auf die betriebliche und überbetriebliche Interessenvertretung neue Aufgaben zu, die sich wegen der Verbetrieblichung der Interessenvertretung nicht nur vor neue Anforderungen gestellt sieht, sondern es auch mit einer sich zunehmend individualisierenden Interessenvertretung zu tun hat.

Die Transformation von Arbeitskraft ist also nicht mehr nur ein Kontrollproblem (sofern es das überhaupt jemals ausschließlich gewesen ist), sondern Betriebe sind zu anderen Formen gelangt. Dabei geht es darum, dass Arbeit flexibilisiert und ökonomisiert wird. Zwar stoßen diese Prozesse der Vermarktlichung auf ihre selbst geschaffenen Probleme, wie sich am Beispiel der Steuerung in dezentralisierten Unternehmen zeigt, und man wird sehen müssen, welche Konsequenzen daraus gezogen werden. Auch wenn die Einschätzung innerhalb der Arbeits- und Industriesoziologie über die Reichweite und die Auswirkungen dieser Prozesse differieren, wird doch immer deutlicher, dass der Wegfall ehemals kritisierter Grenzen durchaus ambivalente Folgen hat. Selbstorganisation bei der Arbeit, lange Zeit als lohnender Gegenentwurf zu tayloristischen Arbeitssystemen gehandelt, hat neben allen Chancen eben auch Risiken, Autonomie im Arbeitshandeln geht einher mit erhöhter Verantwortlichkeit und Dezentralisierung bedeutet nicht nur Kompetenzverlagerung nach unten, sondern auch die Aufforderung an die Beschäftigten, unternehmerischer zu denken und zu handeln.

Dies gilt natürlich insbesondere für Führungskräfte, eine Beschäftigtengruppe, die in der Arbeits- und Industriesoziologie zunehmend Aufmerksamkeit auf sich zieht. Auch das hat etwas zu tun mit den veränderten Modalitäten in der Lösung der Transformationsproblematik. Denn wenn diese nicht mehr begriffen wird als ein Problem, dem ausschließlich mit Kontrolle beizukommen ist, für die die Vorgesetzten zuständig sind, dann rückt diese Beschäftigtengruppe zunehmend in den Blickpunkt – nicht als Vertreter des Kapitals und Kontrolleure der Beschäftigten, sondern als Beschäftigtengruppe mit einer von »normalen« Arbeitnehmern sicherlich zu unterscheidenden, unter dem Aspekt der Rationalisierungsbetroffenheit aber durchaus ähnlichen Arbeitssituation. Zwar ist ihre Arbeitssituation nach wie vor privilegiert, aber sie ist unsicherer geworden; Arbeitslosigkeit ist nicht mehr nur mögliches Schicksal der anderen. Die Kaminkarriere als Aufstiegsweg ist zunehmend versperrt, wenn Führungspositionen extern besetzt werden; zugleich entsteht dadurch im höheren Management ein neuer Sozialtypus von Manager, der sich nicht mehr in gleicher Weise dem eigenen Betrieb verbunden fühlt.

Ebenfalls ein neues Forschungsfeld der Arbeits- und Industriesoziologie stellt Dienstleistungsarbeit dar. Mit der Ausweitung des Dienstleistungssektors und der Zunahme von Dienstleistungsarbeiten sind weitere neue Beschäftigtengruppen in die empirischen Untersuchungen einbezogen worden – Angestellte in Dienstleistungsunternehmen ebenso wie die sogenannten Wissensarbeiter oder Beschäftigte in Call-Centern und im Einzelhandel. Viele der hier zu beobachtenden Veränderungen sind aus dem Produktionssektor durchaus bekannt, systemische Rationalisierung spielt ebenso eine Rolle wie auf Vermarktlichung zielende Prozesse der Dezentralisierung. Dies ist auch nicht verwunderlich, schließlich unterscheidet sich das Transformationsproblem grundsätzlich nicht vom Produktionssektor. Auch Angestellte, Wissensarbeiter und Beschäftigte in Fast-Food-Ketten müssen, um noch einmal das Bonmot von Berger/Offe (1982) zu bemühen, arbeiten *wollen*. Freilich stellt sich nach wie vor das Problem einer wenig befriedigenden Gesamtschau; zwar weiß die Arbeits- und Industriesoziologie mittlerweile eine ganze Menge über Dienstleistungsarbeiten (im Plural), doch ist es bisher nicht gelungen, dies zu Aussagen über Dienstleistungsarbeit (im Singular) zu verdichten – ein Problem, das vor allem der Disparatheit dieses Forschungsfeldes geschuldet ist, ein wenig aber wohl auch dem kritischen Bezug von Arbeits- und Industriesoziologen auf taylorisierte Arbeitsabläufe, die bei Dienstleistungsarbeitern jedoch längst nicht in dem Maße vorfindlich sind wie bei Produktionsarbeiten.

Was sich als Zunahme von Ungewissheit in der Gesellschaft zeigt, spiegelt sich also auch in der Arbeits- und Industriesoziologie; auch hier sind alte Gewissheiten fragwürdig geworden. Dies kann durchaus als Erkenntnisfortschritt gewertet werden; niemand käme heute noch auf die Idee, von einer spezifischen Arbeitssituation auf bestimmte Bewusstseinsinhalte schließen zu wollen und niemand käme mehr auf die Idee, dass Technik eine determinierende Wirkung für die Arbeitsorganisation hat. Die mit der Transformation von Arbeitskraft in Arbeit verbundenen sozialen Prozesse können nicht mehr schlicht als Ausdruck eines Interessenantagonismus zwischen Kapital und Arbeit interpretiert werden.

Mit solchen Erkenntnissen sind aber auch theoretische Gewissheiten brüchig geworden; dies hat Hirsch-Kreinsen (2000) im Blick, wenn er die Industriesoziologe »jenseits des goldenen Zeitalters« sieht, in dem ein relativ klar umrissenes und gut erforschtes Produktionsmodell die theoretische Einordnung der empirischen Befunde recht einfach erscheinen ließ. Heute jedoch ist keine Theorie in Sicht, die in der Lage wäre, die unschärfer gewordenen Konturen des Gegenstandsbereichs der Arbeits- und Industriesoziologie in einem kohärenten Rahmen zu verarbeiten. Man mag dies bedauern, denn die Verfügbarkeit einer »Großtheorie« erleichtert in vieler Hinsicht die Interpretation empirischer Befunde. Man kann dies aber auch begrüßen, denn das Fehlen einer übergreifenden Theorie zwingt zu einer genauen Auseinandersetzung mit den empirischen Sachverhalten und einem Blick über die disziplinären Grenzen hinweg etwa in Richtung Organisationssoziologie oder Wirtschaftssoziologie – und eben dies ist im letzten Jahrzehnt der Fall gewesen.

Glossar

Arbeitszeitflexibilisierung
Modelle der Arbeitszeitgestaltung, die von der Regelarbeitszeit abweichen; dazu zählen etwa Schichtarbeit und Wochenendarbeit und neuerdings insbesondere Arbeitszeitkontenmodelle.

Dezentralisierung
Verlagerung von Kompetenzen auf die ausführende Ebene. Unterschieden wird zwischen *operativer* Dezentralisierung, bei der Kompetenzen zu den ausführend Beschäftigten verlagert werden (→ Gruppenarbeit), und *strategischer* Dezentralisierung, bei der Kompetenzen bei (neu definierten) Organisationseinheiten angesiedelt werden.

Dienstleistungsgesellschaft
Von manchen benutzte Kennzeichnung moderner Gesellschaften, die sich durch ein hohes Maß an Dienstleistungstätigkeiten auszeichnen.

Duales System der Berufsausbildung
Gleichzeitiger Erwerb von theoretischem Wissen an Berufsschulen und praktischem Wissen in Betrieben.

Duales System der Interessenvertretung
Vertretung von Arbeitnehmerinteressen auf der überbetrieblichen Ebene durch die Gewerkschaften und auf der betrieblichen Ebene durch den Betriebsrat.

Entgrenzung
Erosion ehemals stabiler Grenzen zwischen Unternehmen, die sich zu Netzwerken wandeln, innerhalb von Betrieben durch den Abbau

starrer vertikaler und horizontaler Trennlinien sowie der Trennlinien zwischen Arbeit und Leben.
→ Subjektivierung; → Arbeitszeitflexibilisierung

Facharbeiter
Durch mehrjährige Ausbildung qualifizierter Arbeiter, der seine Qualifikation durch eine Prüfung vor der Industrie- und Handelskammer unter Beweis gestellt hat.

Flächentarifvertrag
Vertrag zwischen Gewerkschaften und Arbeitgeberverbänden, in denen für eine bestimmte Branche und Region (»Fläche«) Löhne, Arbeitszeiten und Arbeitsplatzbedingungen verbindlich für alle Mitglieder ausgehandelt werden. Gelten aber nur für die Unternehmen, die Mitglied in ihrem Arbeitgeberverband sind; wegen des zunehmenden Austritts vieler Unternehmen und den zahlreichen Regelungen auf betrieblicher Ebene ist eine Erosion des Flächentarifvertrages zu beobachten.
→ Verbetrieblichung der Interessenvertretung.

Fordismus
Zunächst ein den Markt einbeziehendes Produktionsregime, später dann Bezeichnung für ein Gesellschaftsmodell, das auf → Massenproduktion beruhte und flankiert wurde durch soziale Sicherungssysteme, lebenslange Anstellung bei einem Arbeitgeber und einer weitgehenden Vollbeschäftigung. Ist seit den siebziger Jahren des letzten Jahrhunderts an seine Ende gekommen; das neu entstehende Gesellschaftsmodell wird oftmals (in Ermangelung einer besseren Bezeichnung) als *Post-Fordismus* bezeichnet.

Gruppen, informelle
Soziale Gruppe von Beschäftigten innerhalb von Betrieben, aber außerhalb der formalen Hierarchie, in der sich eine gemeinsam getragene Einschätzung über eine gerechte Leistung herausbildet.
→ Hawthorne-Experimente

Gruppenarbeit
Dauerhafter Zusammenschluss mehrerer Beschäftigter, denen eine gemeinsam zu erledigende Arbeitsaufgabe übertragen wird; wichtiges Element operativer → Dezentralisierung und von → Lean production.

Hawthorne-Effekt
Wirkung sozialer Faktoren auf die Arbeitsleistung. Kann allein schon dadurch ausgelöst werden, dass Arbeitsplätze wissenschaftlich untersucht werden und den Arbeitsplatzinhabern auf diese Weise Aufmerksamkeit zuteil wird, die sie zuvor nicht gewohnt waren; ist deswegen nicht beliebig wiederholbar.

Hawthorne-Experimente
Untersuchungen in den Hawthorne-Werken der Western Electric in den USA, die zunächst auf die Verbesserung der Arbeitsleistung durch veränderte Arbeitsumgebungseinflüsse zielten, dann aber die Bedeutung von sozialen Beziehungen im Betrieb entdeckten.
→ Hawthorne-Effekt; → Gruppen, informelle

Intrapreneur
Führungskraft, die als Angestellter zugleich unternehmerisch denkt und handelt.

Kaminkarriere
Sukzessiver Aufstieg in das Management und innerhalb des Managements im gleichen Unternehmen.

Kleinserienfertigung
Herstellung kleiner Mengen unterschiedlicher Produkte bis hin zur Unikatfertigung.

Koordinierung, diskursive
Sukzessive Umstellung betriebsinterner Steuerung auf Abstimmung anstelle einer ausschließlichen Steuerung durch Anweisung und Ausführung.

Labour process debate
Diskussion vor allem unter angelsächsischen Industriesoziologen, die sich zunächst intensiv mit dem Problem der Kontrolle von Arbeitern durch das Management beschäftigte, in deren Verlauf dann aber zunehmend auch die Bedeutung von Konsens für innerbetriebliche Abläufe in Betracht gezogen wurde.

Lean production (schlanke Produktion)
Auf → Toyotismus beruhendes Managementkonzept, das auf Vermeidung aller überflüssigen Arbeitsgänge zielt; in Deutschland eng verbunden mit → Gruppenarbeit; → Dezentralisierung

Linienorganisation
Linear aufgebaute Hierarchie in Organisationen; unterschieden wird zwischen Ein-Linien-Organisation und Mehr-Linien-Organisation.

Massenproduktion
Herstellung großer Mengen gleicher Produkte durch Standardisierung von Arbeitsabläufen (Fließfertigung) und Baugruppen.

Matrixorganisation
Verknüpfung der funktionalen Struktur einer Organisation mit der horizontalen Struktur eines Projektes; führt zu einer geteilten Verantwortung und Kompetenz zwischen Linienvorgesetzten und Projektleitern und wird oftmals eingerichtet zur zügigen Abwicklung zeitlich begrenzter Projekte.
→ Linienorganisation

Polarisierungsthese
In den siebziger und achtziger Jahren vieldiskutierte These einer gleichzeitigen Entstehung von Arbeitstätigkeiten mit hohen Qualifikationsanforderungen und Arbeitstätigkeiten mit niedrigen Qualifikationsanforderungen als Folge des technischen Wandels.

Produktionskonzepte, neue
Sammelbegriff für neue Prinzipien der Arbeitsorganisation, die sich deutlich von einer tayloristischen Arbeitsorganisation unterscheiden; wird auch als innovative Arbeitspolitik bezeichnet.

Produktionsmodell, deutsches
Produktionsweise, in dem Wettbewerbsvorteile eher durch qualitativ hochwertige Produkte als durch Preis und Liefertreue gesucht wurde mit dem → Facharbeiter als Stütze.

Rationalisierung, systemische
Typ von Rationalisierung, der nicht auf Einzelprozesse zielt, sondern die gesamte Wertschöpfungskette mit einbezieht.

Scientific management
Andere Bezeichnung für → Taylorismus.

Subjektivierung der Arbeit
In der Arbeits- und Industriesoziologie sich einbürgernde Bezeichnung für das Bedürfnis von Menschen, auch ihre persönlichen Fähigkeiten in den Arbeitsprozess einbringen zu können, *und* die Erwartung von Unternehmen, dass diese Fähigkeiten tatsächlich eingebracht werden.

Subsumtion der Arbeit unter das Kapital
Ausrichtung des Produktionsprozesses an den Erfordernissen der Kapitalverwertung; unterschieden wird zwischen *formeller Subsumtion*, mit der die Zurichtung des Handwerkers zum Lohnarbeiter in der Phase der Industrialisierung gemeint ist, und der *formellen Subsumtion*, in der der Produzent zum bloßen Produktionsmittel und der sachliche Reichtum zum Selbstzweck geworden ist.

Taylorismus
Auf dem amerikanischen Ingenieur Frederick W. Taylor beruhendes Konzept der Arbeitsgestaltung, das sich durch extreme Arbeitsteilung, Trennung von Hand- und Kopfarbeit, Leistungslohn und aufgabenbezogene Spezialisierung der Arbeitskräfte auszeichnet.

Teilarbeit, repetitive
Sehr anspruchslose, sich häufig wiederholende Tätigkeit; gekennzeichnet durch kurzzyklische Arbeitsvollzüge, hohe Belastungen, minimale Spielräume zur Gestaltung von Arbeitsmethode und Arbeitstempo sowie ein hohes Maß an Fremdkontrolle und Leistungsdichte.

Tertiarisierung
Zunehmende Bedeutung von Dienstleistungen. *Tertiarisierung der Produktion* meint den steigenden Anteil von wissensintensiven Bereichen (Forschung und Entwicklung) oder die zunehmende Bedeutung von Verwaltungstätigkeiten auch in Unternehmen des sekundären Sektors, *Tertiarisierung der Gesellschaft* die Entwicklung der Gesellschaft in Richtung einer → Dienstleistungsgesellschaft.

Toyotismus
Produktionssystem des japanischen Automobilherstellers Toyota; war Vorbild für das Konzept der → Lean production.

Transformationsproblem
Problem der Transformation von Arbeitskraft, also der Fähigkeit zu arbeiten, in tatsächliche, der Aufgabe entsprechender Arbeit.

Unbestimmtheit des Arbeitsvertrages
Kennzeichen jeden Arbeitsvertrages, in dem nur die allgemeinen Bedingungen der Verausgabung von Arbeitskraft (im Extremfall nur Arbeitszeit und Arbeitsentgelt) geregelt sind.

Verbetrieblichung der Interessenvertretung
Zunehmende Verlagerung der Interessenvertretung von der überbetrieblichen auf die betriebliche Ebene.
→ duales System der Interessenvertretung

Vermarktlichung
Nutzung von Marktelementen (Geld, Konkurrenz) für die Unternehmenssteuerung.

Literatur

Altmann, Norbert/Bechtle, Günter (1971), *Betriebliche Herrschaftsstruktur und industrielle Gesellschaft – Ein Ansatz zur Analyse*, München.

Altmann, Norbert/Bechtle, Günter/Lutz, Burkart (1978), *Betrieb – Technik – Arbeit – Elemente einer soziologischen Analytik technisch-organisatorischer Veränderungen*, Frankfurt/New York.

Altmann, Norbert/Binkelmann, Peter/Düll, Klaus/Stück, Heiner (1982), *Grenzen neuer Arbeitsformen – Betriebliche Arbeitsstrukturierung, Einschätzung durch Industriearbeiter, Beteiligung der Betriebsräte*, Frankfurt/New York.

Altmann, Norbert/Deiß, Martin/Döhl, Volker/ Sauer, Dieter (1986), »Ein ›Neuer Rationalisierungstyp‹ – Neue Anforderungen an die Industriesoziologie«, *Soziale Welt*, Jg. 37, H. 2/3, S. 189–207.

Baethge, Martin (1991), »Arbeit, Vergesellschaftung, Identität – Zur zunehmenden normativen Subjektivierung von Arbeit«, *Soziale Welt*, Jg. 42, H. 1, S. 6–20.

Baethge, Martin (1999), »Glanz und Elend des deutschen Korporatismus in der Berufsbildung«, *WSI-Mitteilungen*, Jg. 52, H. 8, S. 489–497.

Baethge, Martin (2000), »Der unendlich langsame Abschied vom Industrialismus und die Zukunft der Dienstleistungsbeschäftigung«, *WSI-Mitteilungen*, Jg. 53, H. 3, S. 149–146.

Baethge, Martin/Baethge-Kinsky, Volker/Kupka, Peter (1998), »Facharbeit – Auslaufmodell oder neue Perspektive? «, *SOFI-Mitteilungen*, Nr. 26, Göttingen, S. 81–97.

Baethge, Martin/Bartelheimer, Peter/Fuchs, Tatjana/Kratzer, Nick/Willkens, Ingrid (2005), *Berichterstattung zur sozioökonomischen Entwicklung in Deutschland – Arbeit und Lebensweisen – Erster Bericht*, Wiesbaden.

Baethge, Martin/Denkinger, Joachim/Kadritzke, Ulf (1995), *Das Führungskräfte-Dilemma – Manager und industrielle Experten zwischen Unternehmen und Lebenswelt*, Frankfurt/New York.

Baethge, Martin/Oberbeck, Herbert (1986), *Zukunft der Angestellten – Neue Technologien und berufliche Perspektiven in Büro und Verwaltung*, Frankfurt/New York.

Bahnmüller, Reinhard (2002), »Wandel in der Leistungsentlohnung: Ausmaß, Ziele, Formen«, in: Dieter Sauer (Hg.), *Dienst – Leistung(s) – Arbeit. Kundenorientierung und Leistung in tertiären Organisationen*, ISF Forschungsberichte, München, S. 35–60.

Bahrdt, Hans Paul (1958), *Industriebürokratie – Versuch einer Soziologie des industrialisierten Bürobetriebes und seiner Angestellten*, Stuttgart.

Bahrdt, Hans Paul (1982), »Die Industriesoziologie – ›eine spezielle Soziologie‹?«, in: Gert Schmidt/Hans-Joachim Braczyk/Jost von dem Knesebeck (Hg.), *Materialien zur Industriesoziologie*, Kölner Zeitschrift für Soziologie und Sozialpsychologie – Sonderheft 24, Opladen, S. 11–15.

Bamberg, Ulrich/Dzielak, Willi/Hindrichs, Wolfgang/Martens, Helmut/Peter, Gerd (1984), *Praxis der Unternehmensmitbestimmung nach dem Mitbestimmungsgesetz 76 – Eine Problemstudie*, Düsseldorf.

Bartelheimer, Peter (1998), »Nichts mehr total normal – ›Atypische‹ Arbeitsverhältnisse und ›entstandardisierte‹ Erwerbsverläufe«, in: IfS, INIFES, ISF, SOFI (Hg.), *Jahrbuch sozialwissenschaftliche Technikberichterstattung – Sonderband: Beobachtungsfeld Arbeit*, Berlin, S. 165–207.

Bauer, Frank/Munz, Eva (2005): Arbeitszeiten in Deutschland – 40plus und hochflexibel, *WSI-Mitteilungen*, Jg. 58, H. 1, S. 40–48.

Bechtle, Günter (1980), *Betrieb als Strategie – Theoretische Vorarbeiten zu einem industriesoziologischen Konzept*, Frankfurt/New York.

Bechtle, Günter (1994), »Systemische Rationalisierung als neues Paradigma industriesoziologischer Forschung?«, in: Nils Beckenbach/Werner van Treeck (Hg.), *Umbrüche gesellschaftlicher Arbeit*, Soziale Welt Sonderband 9, Göttingen, S. 45–64.

Bechtle, Günter/Lutz, Burkart (1989), »Die Unbestimmtheit post-tayloristischer Rationalisierungsstrategie und die ungewisse Zukunft industrieller Arbeit – Überlegungen zur Begründung eines Forschungsprogramms«, in: Klaus Düll/Burkart Lutz (Hg.), *Technikentwicklung und Arbeitsteilung im internationalen Vergleich – Fünf Aufsätze zur Zukunft industrieller Arbeit*, Frankfurt/New York, S. 9–91.

Beck, Ulrich (1986), *Risikogesellschaft – Auf dem Weg in eine andere Moderne*, Frankfurt.

Beck, Ulrich/Bonß, Wolfgang (1984), »Soziologie und Modernisierung – Zur Ortsbestimmung der Verwendungsforschung«, *Soziale Welt*, Jg. 35, H. 4, S. 381–406.

Beck, Ulrich/Bonß, Wolfgang (1989), »Verwissenschaftlichung ohne Aufklärung? Zum Strukturwandel von Wissenschaft und Praxis«, in: Ulrich Beck/Wolfgang Bonß (Hg.), *Weder Sozialtechnologie noch Aufklärung? Analysen zur Verwendung sozialwissenschaftlichen Wissens*, Frankfurt, S. 7–45.

Beckenbach, Niels (1991), *Industriesoziologie*, Berlin/New York.

Becker, Albrecht/Küpper, Willi/Ortmann, Günther (1988), »Revisionen der Rationalität«, in: Willi Küpper/Günther Ortmann (Hg.), *Mikropolitik – Rationalität, Macht und Spiele in Organisationen*, Opladen, S. 89–113.

Becker, Horst/Langosch, Ingo (1995), *Produktivität und Menschlichkeit – Organisationsentwicklung und ihre Anwendung in der Praxis*, 4., erweiterte Auflage, Stuttgart.

Becker-Schmidt, Regina (1982), »Lebenserfahrung und Betriebsarbeit: Psychosoziale Bedeutungsdimensionen industrieller Tätigkeit«, in: Gert Schmidt/Hans-Joachim Braczyk/Jost von dem Knesebeck (Hg.), *Materialien zur Industriesoziologie*, Kölner Zeitschrift für Soziologie und Sozialpsychologie – Sonderheft 24, Opladen, S. 297–312.

Becker-Schmidt, Regina/Brandes-Erlhoff, Uta/Karrer, Marva/Knapp, G. Axeli/Rumpf, Mechthild/Schmidt, Beate (1982), *Nicht wir haben die Minuten, die Minuten haben uns – Zeitprobleme und Zeiterfahrungen von Arbeitermüttern in Fabrik und Familie*, Bonn.

Behnke, Cornelia/Liebold, Renate (2002), »Die Verteidigung der Arbeit«, in: Rudi Schmidt/Hans-Joachim Gergs/Markus Pohlmann (Hg.), *Managementsoziologie – Themen, Desiderate, Perspektiven*, München und Mering, S. 156–167.

Bender, Gerd (1997), »Dezentralisierung und Kontrolle – Veränderte Bedingungen und Formen der Leistungspolitik«, in: IfS, INIFES, ISF, SOFI (Hg.), *Jahrbuch Sozialwissenschaftliche Technikberichterstattung '96 – Schwerpunkt: Reorganisation*, Berlin, S. 181–217.

Bender, Gerd (2000), »Dezentral und entstandardisiert – Neue Formen der individuellen Entgeltdifferenzierung«, *Industrielle Beziehungen* – Zeitschrift für Arbeit, Organisation und Management, Jg. 7, H. 2, S. 157–179.

Bender, Gerd (2002), »Entstandardisierte Formen der Leistungsbeurteilung – Ein Beispiel und vier Thesen«, in: Dieter Sauer (Hg.), *Dienst – Leistung(s) – Arbeit. Kundenorientierung und Leistung in tertiären Organisationen*, ISF Forschungsberichte, München, S. 21–34.

Benders, Jos/Veen, Kees van (2001), »What's in a Fashion? Interpretative Viability and Management Fashions«, *Organization*, Vol. 8, No. 1, S. 33–53.

Benz-Overhage, Karin/Brandt, Gerhard/Papadimitiou, Zissis (1982), »Computertechnologien im industriellen Arbeitsprozeß«, in: Gert Schmidt/Hans-Joachim Braczyk/Jost von dem Knesebeck (Hg.), *Materialien zur Industriesoziologie*, Kölner Zeitschrift für Soziologie und Sozialpsychologie – Sonderheft 24, Opladen, S. 84–104.

Benz-Overhage, Karin/Brumlop, Eva/Freyberg, Thomas von/Papadimitriou, Zissis (1983), *Computergestützte Produktion – Fallstudien in ausgewählten Industriebetrieben*, Frankfurt/New York.

Berger, Johannes (1995), »Warum arbeiten die Arbeiter? Neomarxistische und neodurkheimianische Erklärungen«, *Zeitschrift für Soziologie*, Jg. 24, H. 6, S. 407–421.

Berger, Johannes/Offe, Claus (1980), »Die Entwicklungsdynamik des Dienstleistungssektors«, *Leviathan*, Jg. 8, H. 1, S. 41–75.

Berger, Johannes/Offe, Claus (1982), »Die Zukunft des Arbeitsmarkts. Zur Ergänzungsbedürftigkeit eines versagenden Allokationsprinzips«, in: Gerd Schmidt/Hans-Joachim Braczyk/Jost von dem Knesebeck (Hg.), *Materialien zur Industriesoziologie*, Kölner Zeitschrift für Soziologie und Sozialpsychologie – Sonderheft 24, Opladen, S. 348–371.

Berger, Ulrike (1984), *Wachstum und Rationalisierung der industriellen Dienstleistungsarbeit*, Frankfurt/New York.

Berger, Ulrike/Offe, Claus (1984), »Das Rationalisierungsdilemma der Angestelltenarbeit. Arbeitssoziologische Überlegungen zur Erklärung des Status von kaufmännischen Angestellten aus der Eigenschaft ihrer Arbeit als ›Dienstleistungsarbeit‹«, in: Claus Offe (Hg.), *Arbeitsgesellschaft – Strukturprobleme und Zukunftsperspektiven*, Frankfurt/New York, S. 271–290.

Bergmann, Joachim (1979), »Von den Septemberstreiks zur Wirtschaftskrise. Veränderte Bedingungen der gewerkschaftlichen Politik«, in: Joachim Bergmann (Hg.): *Beiträge zur Soziologie der Gewerkschaften*, Frankfurt, S. 7–20.

Bergmann, Joachim (1982), »Industriesoziologie – eine unpraktische Wissenschaft?«, in: Ulrich Beck (Hg.), *Soziologie und Praxis – Erfahrungen, Konflikte, Perspektiven*, Soziale Welt Sonderband 1, Göttingen, S. 397–416.

Bergmann, Joachim/Jacobi, Otto/Müller-Jentsch, Walther (1974), *Gewerkschaften in der Bundesrepublik* – Band 1: Gewerkschaftliche Lohnpolitik zwischen Mitgliederinteressen und ökonomischen Systemzwängen, zitiert nach der 3., um ein neues Vorwort und ein Register ergänzten Auflage, Frankfurt/New York 1979.

Bergstermann, Jörg/Brandherm-Böhmker, Ruth (Hg.) (1990), *Systemische Rationalisierung als sozialer Prozeß – Zu Rahmenbedingungen und Verlauf eines neuen betriebsübergreifenden Rationalisierungstyps*, Bonn.

Bieber, Daniel (1992), »Systemische Rationalisierung und Produktionsnetzwerke«, in: Thomas Malsch/Ulrich Mill (Hg.), *ArBYTE – Modernisierung der Industriesoziologie*, Berlin, S. 271–293.

Binkelmann, Peter/Braczyk, Hans-Joachim/Seltz, Rüdiger (Hg.) (1993), *Entwicklung der Gruppenarbeit in Deutschland – Stand und Perspektiven*, Frankfurt/New York.

Bläsche, Alexandra/Gensior, Sabine (2003), »Veränderungsdynamik im Bereich hochqualifizierter Tätigkeiten – am Beispiel ausgewählter Freier Berufe«, in: Heike Jacobsen/Stephan Voswinkel (Hg.), *Dienstleistungsarbeit – Dienstleistungskultur*, SAMF Arbeitspapier 2003-1, Dortmund, S. 77–96.

Boes, Andreas/Baukrowitz, Andrea (2002), *Arbeitsbeziehungen in der IT-Industrie – Erosion oder Innovation der Mitbestimmung?*, Forschung aus der Hans-Böckler-Stiftung 37, Berlin.

Böhle, Fritz (1994), »Negation und Nutzung subjektivierenden Arbeitshandelns bei neuen Formen qualifizierter Produktionsarbeit«, in: Nils Beckenbach/Werner van Treeck (Hg.), *Umbrüche gesellschaftlicher Arbeit*, Soziale Welt Sonderband 9, Göttingen, S. 183–206.

Böhle, Fritz (1998), »Technik und Arbeit – neue Antworten auf ›alte‹ Fragen«, *Soziale Welt*, Jg. 49, H. 3, S. 233–252.

Böhle, Fritz (2001), »Sinnliche Erfahrung und wissenschaftlich-technische Rationalität – ein neues Konfliktfeld industrieller Arbeit«, in: Burkart Lutz (Hg.), *Entwicklungsperspektiven von Arbeit – Ergebnisse aus dem Sonderforschungsbereich 333 der Universität München*, Berlin, S. 113–131.

Böhle, Fritz/Milkau, Brigitte (1988), *Vom Handrad zum Bildschirm – Eine Untersuchung zur sinnlichen Erfahrung im Arbeitsprozeß*, Frankfurt/New York.

Böhle, Fritz/Moldaschl, Manfred/Rose, Helmuth/Weishaupt, Sabine (1993), »Neue Belastungen und Risiken bei qualifizierter Produktionsarbeit«, IfS, INIFES, ISF, SOFI (Hg.), *Jahrbuch sozialwissenschaftliche Technikberichterstattung 1993 – Schwerpunkt: Produktionsarbeit*, Berlin, S. 67–137.

Böhle, Fritz/Rose, Helmuth (1992), *Technik und Erfahrung – Arbeit in hochautomatisierten Systemen*, Frankfurt/New York.

Bollinger, Horst/Weltz, Friedrich (1989), »Zwischen Rezeptwissen und Arbeitnehmerorientierung. Der Arbeitsbezug soziologischer Beratung von Unternehmen«, in: Ulrich Beck/Wolfgang Bonß (Hg.), *Weder Sozialtechnologie noch Aufklärung – Analysen zur Verwendung sozialwissenschaftlichen Wissens*, Frankfurt, S. 248–275.

Bosch, Aida (1997), *Vom Interessenkonflikt zur Kultur der Rationalität – Neue Verhandlungsbeziehungen zwischen Management und Betriebsrat*, München und Mering.

Bosch, Gerhard (1998), »Zukunft der Erwerbsarbeit – Strategien für Arbeit und Umwelt«, in: Gerhard Bosch (Hg.), *Zukunft der Erwerbsarbeit – Strategien für Arbeit und Umwelt*, Frankfurt/New York, S. 13–65.

Bosch, Gerhard (2000), »Entgrenzung der Erwerbsarbeit – Lösen sich die Grenzen zwischen Erwerbs- und Nichterwerbsarbeit auf?«, in: Heiner Minssen (Hg.), *Begrenzte Entgrenzungen – Wandlungen von Organisation und Arbeit*, Berlin, S. 249–268.

Bosch, Gerhard/Kalina, Thorsten/Lehndorff, Steffen/Wagner, Alexandra/Weinkopf, Claudia (2001), *Zur Zukunft der Erwerbsarbeit – Eine Positionsbestimmung auf der Basis kontroverser Debatten*, Düsseldorf.

Bosch, Gerhard/Wagner, Alexandra (2003), »Dienstleistungsgesellschaften in Europa und Ursachen für das Wachstum der Dienstleistungsbeschäftigung«, *Kölner Zeitschrift für Soziologie und Sozialpsychologie*, Jg. 55, H. 3, S. 475–499.

Bourdieu, Pierre (1983), »Ökonomisches Kapital, kulturelles Kapital, soziales Kapital«, in: Reinhard Kreckel (Hg.), *Soziale Ungleichheiten*, Soziale Welt Sonderband 2, Göttingen, S. 183–198.

Braczyk, Hans-Joachim (1997), »Organisation in industriesoziologischer Perspektive«, in: Günther Ortmann/Jörg Sydow/Klaus Türk (Hg.), *Theorien der Organisation – Die Rückkehr der Gesellschaft*, Opladen, S. 530–575.

Braczyk, Hans-Joachim (2001), »Wandel des Unternehmensregimes«, in: Gerhard Fuchs/Karin Töpsch (Hg.), *Baden-Württemberg – Erneuerung einer Industrieregion*, Stuttgart, S. 39–59.

Braczyk, Hans-Joachim/Knesebeck, Jost von dem/Schmidt, Gert (1982), »Nach einer Renaissance. Zur gegenwärtigen Situation von Industriesoziologie in der Bundesrepublik Deutschland«, in: Gert Schmidt/Hans-Joachim Braczyk/Jost von dem Knesebeck (Hg.), *Materialien zur Industriesoziologie*, Kölner Zeitschrift für Soziologie und Sozialpsychologie – Sonderheft 24, Opladen, S. 16–56.

Braczyk, Hans-Joachim/Schienstock, Gerd (1996), »Im ›Lean Expreß‹ zu einem neuen Produktionsmodell? ›lean production‹ in Wirtschaftsunternehmen Baden-Württembergs – Konzepte, Wirkungen, Folgen«, in: Hans-Joachim Braczyk/Gerd Schienstock (Hg.), *Kurswechsel in der Industrie – lean production in Baden-Württemberg*, Stuttgart/Berlin/Köln, S. 269–329.

Braczyk, Hans-Joachim/Schmidt, Gerd (1982), »Industriesoziologie in Anwendung – Notizen zu Forschungsproblemen angesichts zunehmender Bedeutung sozialwissenschaftlicher Begleitforschung, in: Ulrich Beck (Hg.), *Soziologie und Praxis – Erfahrungen, Konflikte, Perspektiven*, Soziale Welt Sonderband 1, Göttingen, S. 443–473.

Brandt, Gerhard (1984), »Marx und die neuere deutsche Industriesoziologie«, *Leviathan*, Jg. 22, H. 2, S. 195–215.

Brandt, Gerhard (1986): »Das Ende der Massenproduktion – wirklich?«, in: Rainer Erd/Otto Jacobi/Wilhelm Schumm (Hg.), *Strukturwandel in der Industriegesellschaft*, Frankfurt/New York, S. 103–122.

Brandt, Gerhard/Kündig, Bernhard/Papadimitriou, Zissis/Thomae, Jutta (1978), *Computer und Arbeitsprozeß. Eine arbeitssoziologische Untersuchung in ausgewählten Betriebsabteilungen der Stahlindustrie*, Frankfurt/New York.

Brater, Michael/Beck, Ulrich (1982), »Berufe als Organisationsformen menschlichen Arbeitsvermögens«, in: Wolfgang Littek/Werner Rammert/Günther Wachtler (Hg.): *Einführung in die Arbeits- und Industriesoziologie*, Frankfurt/New York, S. 208–224.

Braun, Siegfried (1964), *Zur Soziologie der Angestellten*, Frankfurt am Main.

Braverman, Harry (1977), *Die Arbeit im modernen Produktionsprozeß*, deutsche Übersetzung der amerikanischen Ausgabe »Labor and Monopoly Capital« von 1974, zitiert nach der 2. Auflage der Studienausgabe, Frankfurt/New York 1985.

Brödner, Peter (1986), *Fabrik 2000 – Alternative Entwicklungspfade in die Zukunft der Fabrik*, 3., durchgesehene Auflage, Berlin.

Brose, Hanns-Georg (1998), »Proletarisierung, Polarisierung oder Upgrading der Erwerbsarbeit? Über die Spätfolgen ›erfolgreicher Fehldiagnosen‹ in der Industriesoziologie«, in: Jürgen Friedrichs/Rainer M. Lepsius/Karl Ulrich Mayer (Hg.), *Die Diagnosefähigkeit der Soziologie*, Kölner Zeitschrift für Soziologie und Sozialpsychologie – Sonderheft 38, Opladen, S. 130–163.

Burawoy, Michael (1979), *Manufacturing Consent – Changes in the Labor Process under Monopoly Capital*, Chicago/London.

Burisch, Wolfram (1973), *Industrie- und Betriebssoziologie*, 7., verbesserte Auflage, Berlin/New York.

Burns, Tom/Stalker, George M. (1961), *The Management of Innovation*, London.

Crozier, Michel/Friedberg, Erhard (1979), *Macht und Organisation – Die Zwänge kollektiven Handelns*, Königstein/Ts.

Dahrendorf, Ralf (1983). »Wenn der Arbeitsgesellschaft die Arbeit ausgeht«, in: Joachim Matthes (Hg.), *Krise der Arbeitsgesellschaft? Verhandlungen des 21. Deutschen Soziologentages in Bamberg 1982*, Frankfurt/New York, S. 25–37.

D'Alessio, Nestor/Oberbeck, Herbert (1999), »›Call-Center‹ als organisatorischer Kristallisationspunkt von neuen Arbeitsbeziehungen, Beschäftigungsverhältnissen und einer neuen Dienstleistungskultur«, in: IAB, IfS, INIFES, ISF, SOFI (Hg.): *Jahrbuch sozialwissenschaftliche Technikberichterstattung 1998/99 – Schwerpunkt: Arbeitsmarkt*, Berlin, S. 157–180.

Dankbaar, Ben (2002), »Der immerwährende Traum vom Ende des Fließbandes: Rückblick – Gegenwart – Blick in die Zukunft«, *Zeitschrift für Arbeitswissenschaft*, Jg. 56, H. 5, S. 340–345.

Deiß, Manfred (1999), »Flexibilität versus Beschäftigung? Zur Entwicklung von Beschäftigungs- und Arbeitsstrukturen am Beispiel des Lebensmitteleinzelhandels«, in: IAB, IfS, INIFES, ISF, SOFI (Hg.), *Jahrbuch sozialwissenschaftliche Technikberichterstattung 1998/99 – Schwerpunkt: Arbeitsmarkt*, Berlin, S. 181–213.

Deiß, Manfred/Schmierl, Klaus (2005), »Die Entgrenzung industrieller Beziehungen: Vielfalt und Öffnung als neues Potential für Interessenvertretung? «, *Soziale Welt*, Jg. 56, H. 2/3, S. 295–316.

Deutschmann, Christoph (1981), »Das konservative Moment der Gewerkschaftsbewegung«, in: Institut für Sozialforschung (Hg.), *Gesellschaftliche Arbeit und Rationalisierung*, Leviathan Sonderheft 4/198, Opladen, S. 152–177.

Deutschmann, Christoph (1989), »Reflexive Verwissenschaftlichung und kultureller ›Imperialismus‹ des Managements«, *Soziale Welt*, Jg. 40, H. 3, S. 473–396.

Deutschmann, Christoph (1993): »Unternehmensberater – eine neue ›Reflexionselite‹?«, in: Walther Müller-Jentsch (Hg.), *Profitable Ethik – effiziente Kultur. Neue Sinnstiftungen durch das Management?*, München und Mering, S. 57–87.

Deutschmann, Christoph (2002), *Postindustrielle Industriesoziologie – Theoretische Grundlagen, Arbeitsverhältnisse und soziale Identitäten*, Weinheim/München.

Deutschmann, Christoph (2003): »Industriesoziologie als Wirklichkeitswissenschaft«, *Berliner Journal für Soziologie*, Bd. 13, H. 4, S. 477–495.

Deutschmann, Christoph/Faust, Michael/Jauch, Peter/Notz, Petra (1995), »Veränderungen der Rolle des Managements im Prozeß reflexiver Rationalisierung«, *Zeitschrift für Soziologie*, Jg. 24, H. 6, S. 436–450.

DiMaggio, Paul J./Powell, Walter W. (1991), »The Iron Cage Revisited: Institutional Isomorphism and Collective Rationality in Organizational Fields«, in: Walter W. Powell/Paul J. DiMaggio (Hg.), *The New Institutionalism in Organizational Analysis*, Chicago/London, S. 63–82.

Döhl, Volker/Kratzer, Nick/Moldaschl, Manfred/Sauer, Dieter (2001), »Auflösung des Unternehmens? Die Entgrenzung von Kapital und Arbeit«, in: Ulrich Beck/Wolfgang Bonß (Hg.), *Die Modernisierung der Moderne*, Frankfurt am Main, S. 219–232.

Dombois, Rainer (1999), »Der schwierige Abschied vom Normalarbeitsverhältnis«, *Aus Politik und Zeitgeschichte*, B 37/99, S. 13–20.

Dörr, Gerlinde (1991), *Die Lücken der Arbeitsorganisation – Neue Kontroll- und Kooperationsformen durch computergestützte Reorganisation im Maschinenbau*, Berlin.

Dörr, Gerlinde/Naschold, Frieder (1992), »Umbrüche im Werkzeugmaschinenbau – eine arbeitspolitische Betrachtung«, in: Franz Lehner/Josef Schmid (Hg.), *Technik – Arbeit – Betrieb – Gesellschaft*, Opladen, S. 173–190.

Dörre, Klaus (1996), »Die ›demokratische Frage‹ « im Betrieb – Zu den Auswirkungen partizipativer Managementkonzepte auf die Arbeitsbeziehungen«, *SOFI-Mitteilungen 23*, Göttingen, S. 7–23.

Dörre, Klaus (2001), »Das deutsche Produktionsmodell unter dem Druck des Shareholder Value«, *Kölner Zeitschrift für Soziologie und Sozialpsychologie*, Jg. 53, H. 4, S. 675–704.

Dörre, Klaus (2002), *Kampf um Beteiligung – Arbeit, Partizipation und industrielle Beziehungen im flexiblen Kapitalismus*, Wiesbaden.

Eberling, Matthias/Hielscher, Volker/Hildebrandt, Eckart/Jürgens, Kerstin (2004), *Prekäre Balancen – Flexible Arbeitszeiten zwischen betrieblicher Regulierung und individuellen Ansprüchen*, Berlin.

Edwards, Richard (1981), *Herrschaft im modernen Produktionsprozeß*, Frankfurt/New York.

Ellguth, Peter (2003), »Quantitative Reichweite der betrieblichen Mitbestimmung«, *WSI-Mitteilungen*, Jg. 56, H. 3, S. 194–199.

Ellguth, Peter/Liebold, Renate/Trinczek, Rainer (1998) »›Double Squeeze‹ – Manager zwischen veränderten beruflichen und privaten Anforderungen«, *Kölner Zeitschrift für Soziologie und Sozialpsychologie*, Jg. 50, H. 3, S. 517–535.

Ernst, Berit/Kieser, Alfred (2002), »Versuch, das unglaubliche Wachstum des Beratungsmarktes zu erklären«, in: Rudi Schmidt/Hans-Joachim Gergs/Markus Pohlmann (Hg.), *Managementsoziologie – Themen, Desiderate, Perspektiven*, München und Mering, S. 56–85.

Faust, Michael (2000), »Warum boomt die Managementberatung? – und warum nicht zu allen Zeiten und überall?«, *SOFI-Mitteilungen Nr. 28*, Göttingen, S. 59–85.

Faust, Michael (2002), »Karrieremuster von Führungskräften der Wirtschaft im Wandel – der Fall Deutschland in vergleichender Perspektive«, *SOFI-Mitteilungen* Nr. 30, S. 69–90.

Faust, Michael/Jauch, Peter/Brünnecke, Karin/Deutschmann, Christoph (1995), *Dezentralisierung von Unternehmen – Bürokratie- und Hierarchieabbau und die Rolle betrieblicher Arbeitspolitik*, 2. Auflage, München und Mering.

Faust, Michael/Jauch, Peter/Notz, Petra (2000), *Befreit und entwurzelt: Führungskräfte auf dem Weg zum ›internen Unternehmer‹*, München und Mering.

Fischer, Joachim (1993), *Der Meister – Ein Arbeitskrafttypus zwischen Erosion und Stabilisierung*, Frankfurt/New York.

Fischer, Joachim/Gensior, Sabine (Hg.) (1995), *Netz-Spannungen*, Berlin.

Fischer, Joachim/Gensior, Sabine (Hg.) (2002), *Sprungbrett Region? Strukturen und Voraussetzungen vernetzter Geschäftsbeziehungen*, Berlin.

Franz, Hans-Werner/Howaldt, Jürgen/Jacobsen, Heike/Kopp, Ralf (Hg.) (2003), *Forschen – lernen – beraten. Der Wandel von Wissensproduktion und -transfer in den Sozialwissenschaften*, Berlin.

Franzpötter, Reiner (1997), *Organisationskultur – Begriffsverständnis und Analyse aus interpretativ-soziologischer Sicht*, München und Mering.

French, Wendell L./Bell, Cecil H. (1994), *Organisationsentwicklung – Sozialwissenschaftliche Strategien zur Organisationsveränderung*, 4. Auflage, Bern/Stuttgart/Wien.

Fricke, Else/Fricke, Werner (1977), »Industriesoziologie und Humanisierung der Arbeit«, *Soziale Welt*, Jg. 28, H. 1, S. 91–108.

Fricke, Werner (1975), *Arbeitsorganisation und Qualifikation – Ein industriesoziologischer Beitrag zur Humanisierung der Arbeit*, Bonn-Bad Godesberg.

Fricke, Werner/Peter, Gerd/Pöhler, Willi (Hg.) (1982), *Beteiligen, Mitgestalten, Mitbestimmen. Arbeitnehmer verändern ihre Arbeitsbedingungen*, Köln.

Friedman, Andrew (1987), »Managementstrategien und Technologie: Auf dem Weg zu einer komplexen Theorie des Arbeitsprozesses«, in: Eckart Hildebrandt/Rüdiger Seltz (Hg.), *Managementstrategien und Kontrolle – Eine Einführung in die Labour Process Debate*, Berlin, S. 99–131.

Fröhlich, Dieter/Pekruhl, Ulrich (1996), *Direct Participation and Organisational Change – Fashionable but Misunderstood? An Analysis of Recent Research in Europe*, Japan and the USA.

Funder, Maria (1999), *Paradoxien der Reorganisation*, München und Mering.

Funder, Maria (2001), »Mitbestimmung in der reflexiven Moderne – ein Auslaufmodell?«, in: Jörg Abel/Hans Joachim Sperling, (Hg.), *Umbrüche und Kontinuitäten – Perspektiven nationaler und internationaler Arbeitsbeziehungen, Walther Müller-Jentsch zum 65. Geburtstag*, München und Mering, S. 153–168.

Fürstenberg, Friedrich (1977), *Einführung in die Arbeitssoziologie*, Darmstadt.

Gebbert, Christa (1993), »Gruppenarbeit und Leistungsentlohnung in der Bekleidungsindustrie«, in: Peter Binkelmann/Hans-Joachim Braczyk/Rüdiger Seltz (Hg.), *Entwicklung der Gruppenarbeit in Deutschland – Stand und Perspektiven*, Frankfurt/New York, S. 344–364.

Gergs, Hans-Joachim/Schmidt, Rudi (2002), »Generationswechsel im Management ost- und westdeutscher Unternehmen – Kommt es zu einer Amerikanisierung des deutschen Managementmodells?«, *Kölner Zeitschrift für Soziologie und Sozialpsychologie*, Jg. 54, H. 3, S. 553–578.

Gerst, Detlef (2000), »Arbeitspolitik im Rückwärtsgang? Konzeptionskonkurrenz und Wandel von Kontrolle in der Automobilindustrie«, *WSI-Mitteilungen*, Jg. 53, H. 1, S. 37–45.

Gerst, Detlef/Hardwig, Thomas/Kuhlmann, Martin/Schumann, Michael (1995), »Gruppenarbeit in den 90ern: Zwischen strukturkonservativer und strukturinnovativer Gestaltungsvariante«, *SOFI-Mitteilungen* Nr. 22, S. 39–65.

Glaser, Wilhelm R./Glaser, Margrit O. (1995), *Telearbeit in der Praxis- Psychologische Erfahrungen mit Außerbetrieblichen Arbeitsstätten bei der IBM Deutschland GmbH*, Berlin.

Greifenstein, Ralf/Jansen, Peter/Kißler, Leo (1993), *Gemanagte Partizipation – Qualitätszirkel in der deutschen und französischen Automobilindustrie*, Schriftenreihe Industrielle Beziehungen, Bd. 4, München und Mering.

Hack, Lothar (1977), *Subjektivität im Alltagsleben – Zur Konstitution sozialer Relevanzstrukturen*, Frankfurt/New York.

Haipeter, Thomas (2003), »Erosion der Arbeitsregulierung? Neue Steuerungsformen der Produktion und ihre Auswirkungen auf die Regulierung von Arbeitszeit und Leistung«, *Kölner Zeitschrift für Soziologie und Sozialpsychologie*, Jg. 55, H. 3, S. 521–542.

Hartmann, Anja (2002), »Dienstleistungen im wirtschaftlichen Wandel: Struktur, Wachstum und Beschäftigung«, in: Anja Hartmann/Hans Mathieu (Hg.), *Dienstleistungen in der Neuen Ökonomie – Struktur, Wachstum und Beschäftigung*, Bonn, S. 19–34.

Hartmann, Michael (1995), »Deutsche Topmanager: Klassenspezifischer Habitus als Karrierebasis«, *Soziale Welt*, Jg. 46, H. 4, S. 440–468.

Hartmann, Michael (1997), »Soziale Öffnung oder soziale Schließung? Die deutsche und die französische Wirtschaftselite zwischen 1970 und 1995«, *Zeitschrift für Soziologie*, Jg. 26, H. 4, S. 296–311.

Hartmann, Michael (2002), *Der Mythos von den Leistungseliten. Spitzenkarrieren und soziale Herkunft in Wirtschaft, Politik, Justiz und Wissenschaft*, Frankfurt/New York.

Hartmann, Michael/Kopp, Johannes (2001), »Elitenselektion durch Bildung oder durch Herkunft? Promotion, soziale Herkunft und der Zugang zu Führungspositionen in der deutschen Wirtschaft«, *Kölner Zeitschrift für Soziologie und Sozialpsychologie*, Jg. 53, H. 3, S. 436–466.

Hauptmanns, Peter/Saurwein, Rainer G./Dye, Louise (1992), »Die Diffusion rechnergestützter Technik im deutschen Maschinenbau«, in: Josef Schmid/Ulrich Widmaier (Hg.), *Flexible Arbeitssysteme im Maschinenbau*, Opladen, S. 57–73.

Häußermann, Hartmut/Siebel, Walter (1995), *Dienstleistungsgesellschaften*, Frankfurt.

Heidenreich, Martin (1996), »Die subjektive Modernisierung fortgeschrittener Industriegesellschaften«, *Soziale Welt*, Jg. 47, H. 1, S. 24–43.

Heidenreich, Martin (1998), »Die duale Berufsausbildung zwischen industrieller Prägung und wissensgesellschaftlichen Herausforderungen«, *Zeitschrift für Soziologie*, Jg. 27, H. 5, S. 321–240.

Heidenreich, Martin (2003), »Die Debatte um die Wissensgesellschaft«, in: Stefan Böschen/Ingo Schulz-Schaeffer (Hg.), *Die Debatte um die Wissensgesellschaft*, Opladen, S. 25–51.

Heisig, Ulrich/Littek, Wolfgang (1995), »Wandel von Vertrauensbeziehungen im Arbeitsprozeß«, *Soziale Welt*, Jg. 46, H. 3, S. 282–304.

Herrmann, Christa/Promberger, Markus/Singer, Susanne/Trinczek, Rainer (1999), *Forcierte Arbeitszeitflexibilisierung – Die 35-Stunden-Woche in der betrieblichen und gewerkschaftlichen Praxis*, Berlin.

Hey, Alexandra H./Pietruschka, Sabine (1998), »Führung durch Ziele bei Gruppenarbeit«, *angewandte Arbeitswissenschaft*, Nr. 155, S. 13–29.

Hildebrandt, Eckart (1990), »Die betriebliche Sozialverfassung als Voraussetzung und Resultat systemischer Rationalisierung, in: Jörg Bergstermann/Ruth Brandherm-Böhmker (Hg.): *Systemische Rationalisierung als sozialer Prozeß*, Bonn, S. 131–140.

Hildebrandt, Eckart/Seltz, Rüdiger (Hg.) (1987), *Managementstrategien und Kontrolle – Eine Einführung in die Labour Process Debate*, Berlin.

Hildebrandt, Eckart/Seltz, Rüdiger (1989), *Wandel betrieblicher Sozialverfassung durch systemische Kontrolle? Die Einführung computergestützter Produktionsplanungs- und –steuerungssysteme im bundesdeutschen Maschinenbau*, Berlin.

Hirsch-Kreinsen, Hartmut (1995), »Dezentralisierung: Unternehmen zwischen Stabilität und Integration«, *Zeitschrift für Soziologie*, Jg. 24, H. 6, S. 422–435.

Hirsch-Kreinsen, Hartmut (2000), »Industriesoziologie: Jenseits des ›goldenen Zeitalters‹?«, in: Richard Münch/Claudia Jauß/Carsten Stark (Hg.), *Soziologie 2000* – Soziologische Revue, Sonderheft 5, München, S. 117–129.

Hirsch-Kreinsen, Hartmut (2005), *Wirtschafts- und Industriesoziologie – Grundlagen, Fragestellungen, Themenbereiche*, Weinheim.

Hirsch-Kreinsen, Hartmut/Schultz-Wild, Rainer/Köhler, Christoph/Behr, Marhild von (1990), *Einstieg in die rechnerintegrierte Produktion – Alternative Entwicklungspfade im Maschinenbau*, Frankfurt/New York.

Hoffmann, Edeltraud/Walwei, Ulrich (1998), »Normalarbeitsverhältnis: ein Auslaufmodell? Überlegungen zu einem Erklärungsmodell für den Wandel der Beschäftigungsformen«, *Mitteilungen aus der Arbeitsmarkt- und Berufsforschung*, Jg. 31, H. 3, S. 409–425.

Hoffmann, Edeltraud/Walwei, Ulrich (2002), »Wandel der Erwerbsformen: Was steckt hinter den Veränderungen«, in: Kleinhenz, Gerhard. (Hg.), *IAB-Kompendium Arbeitsmarkt- und Berufsforschung. Beiträge zur Arbeitsmarkt- und Berufsforschung*, BeitrAB 250, S. 135–144.

Holtgrewe, Ursula (2002), »Anerkennung und Arbeit in der Dienst-Leistungs-Gesellschaft – Eine identitätstheoretische Perspektive«, in: Manfred Moldaschl/G. Günter Voß (Hg.): *Subjektivierung von Arbeit*, München und Mering, S. 195–218.

Holtgrewe, Ursula/Kerst, Christian (2002), »Zwischen Kundenorientierung und organisatorischer Effizienz – Callcenter als Grenzstellen«, *Soziale Welt*, Jg. 53, H. 2, S. 141–160.

Holtgrewe, Ursula/Voswinkel, Stephan/Wagner, Gabriele (Hg.) (2000), *Anerkennung und Arbeit*, Konstanz.

Howaldt, Jürgen (1994), »KVP-Aktivitäten in Deutschland. Eine Befragung von Betriebsräten der Automobil- und Automobilzulieferindustrie«, *Arbeit – Zeitschrift für Arbeitsforschung, Arbeitsgestaltung und Arbeitspolitik*, Jg. 3, H. 4, S. 320–330.

Howaldt, Jürgen (1996), *Industriesoziologie und Organisationsberatung – Einführung von Gruppenarbeit in der Automobil- und Chemieindustrie: Zwei Beispiele*, Frankfurt/New York.

Howaldt, Jürgen/Kopp, Ralf (Hg.) (1998), *Sozialwissenschaftliche Organisationsberatung*, Berlin.

Imai, Masaaki (1992), *Kaizen – Der Schlüssel zum Erfolg der Japaner im Wettbewerb*, München.

Institut für Sozialforschung (1981), »Gesellschaftliche Arbeit und Rationalisierung – Neuere Studien aus dem Institut für Sozialforschung in Frankfurt am Main, *Leviathan Sonderheft*, 4/1981, Opladen.

Ittermann, Peter/Abel, Jörg (2002), »Gratwanderung zwischen Tradition und Innovation – Reifeprüfung der New Economy«, *Industrielle Beziehungen – Zeitschrift für Arbeit, Organisation und Management*, Jg. 9, H. 4, S. 463–470.

Jacobsen, Heike (2001), »Produktionskonzepte im europäischen Einzelhandel: Deutschland, Italien und Schweden«, in: Hedwig Rudolph (Hg.), *Aldi oder Arkaden – Unternehmen und Arbeit im europäischen Einzelhandel*, Berlin, S. 23–56.

Jacobsen, Heike/Voswinkel, Stephan (2003), »Dienstleistungsarbeit und Dienstleistungskultur – eine Einführung«, in: Heike Jacobsen/Stephan Voswinkel (Hg.), *Dienstleistungsarbeit – Dienstleistungskultur*, SAMF Arbeitspapier 2003-1, Dortmund, S. 3–14.

Jäger, Wieland (1999), *Reorganisation der Arbeit – Ein Überblick zu aktuellen Entwicklungen*, Hagener Studientexte zur Soziologie Band 4, Opladen/Wiesbaden.

Jauch, Peter/Schmidt, Werner (2000), *Industrielle Beziehungen im Umbruch – Die Regulierung von Lohn, Gehalt und Arbeitszeit in Deutschland und in Großbritannien*, München und Mering.

Jürgens, Ulrich (1984), »Die Entwicklung von Macht, Herrschaft und Kontrolle im Betrieb als politischer Prozeß – Eine Problemskizze zur Arbeitspolitik«, in: Ulrich Jürgens/Frieder Naschold (Hg.), *Arbeitspolitik*, Leviathan Sonderheft, 5/1983, Opladen, S. 58–91.

Jurgens, Ulrich/Malsch, Thomas/Dohse, Knuth (1989), *Moderne Zeiten in der Automobilfabrik – Strategien der Produktionsmodernisierung im Länder- und Konzernvergleich*, Berlin u. a.

Jürgens, Ulrich/Naschold, Frieder (Hg.) (1984), »Arbeitspolitik«, *Leviathan Sonderheft* 5/1983, Opladen, S. 58–91.

Kalkowski, Peter/Mickler, Otfried (2002), »Zwischen Emergenz und Formalisierung – Zur Projektifizierung von Organisation und Arbeit in der Informationswirtschaft«, *SOFI-Mitteilungen* Nr. 30, S. 119–134.

Keller, Berndt (1997), *Einführung in die Arbeitspolitik*, 5., völlig überarbeitete und wesentlich erweiterte Auflage, München/Wien.

Kern, Horst (1982), *Empirische Sozialforschung – Ursprünge, Ansätze, Entwicklungslinien*, München.

Kern, Horst (1989), »Über die Gefahr, das Allgemeine im Besonderen zu sehr zu verallgemeinern«, *Soziale Welt*, Jg. 40, H. 1/2, S. 259–268.

Kern, Horst (1998), »Proletarisierung, Polarisierung oder Aufwertung der Industriearbeit?«, in: Jürgen Friedrichs/Rainer M. Lepsius/Karl Ulrich Mayer (Hg.), *Die Diagnosefähigkeit der Soziologie*, Kölner Zeitschrift für Soziologie und Sozialpsychologie – Sonderheft 38, Opladen, S. 113–129.

Kern, Horst/Sabel, Charles F. (1994), »Verblaßte Tugenden – Zur Krise des deutschen Produktionsmodells«, in: Niels Beckenbach/Werner van Treeck (Hg.), *Umbrüche gesellschaftlicher Arbeit*, Soziale Welt Sonderband 9, Göttingen, S. 605–624.

Kern, Horst/Schumann, Michael (1970), *Industriearbeit und Arbeiterbewußtsein – Teil I*, Frankfurt.

Kern, Horst/Schumann, Michael (1984), *Das Ende der Arbeitsteilung? Rationalisierung in der industriellen Produktion*, München.

Kieser, Alfred (1999a), »Managementlehre und Taylorismus«, in: Alfred Kieser (Hg.): *Organisationstheorien*, 3., überarbeitete und erweiterte Auflage, Stuttgart/Berlin/Köln, S. 65–109.

Kieser, Alfred (1999b), »Human Relations-Bewegung und Organisationspsychologie«, in: Alfred Kieser (Hg.): *Organisationstheorien*, 3., überarbeitete und erweiterte Auflage, Stuttgart/Berlin/Köln, S. 102–131.

Kleemann, Frank/Matuschek, Ingo/Voß, G. Günter (2002), »Subjektivierung von Arbeit – Ein Überblick zum Stand der soziologischen Diskussion«, in: Manfred Moldaschl/G. Günter Voß (Hg.), *Subjektivierung von Arbeit*, München und Mering, S. 53–100.

Klein-Schneider, Hartmut (1999), *Betriebs- und Dienstvereinbarungen – Leistungs- und erfolgsorientiertes Entgelt – Analyse und Handlungsempfehlungen*, edition der Hans-Böckler-Stiftung 14, Düsseldorf.

Kneer, Georg/Nassehi, Armin/Schroer, Markus (Hg.) (2001), *Klassische Gesellschaftsbegriffe der Soziologie*, München.

Kotthoff, Hermann (1994), *Betriebsräte und Bürgerstatus – Wandel und Kontinuität betrieblicher Mitbestimmung*, München und Mering.

Kotthoff, Hermann (1995), »Betriebsräte und betriebliche Reorganisation – Zur Modernisierung eines ›alten Hasen‹«, *Arbeit – Zeitschrift für Arbeitsforschung, Arbeitsgestaltung und Arbeitspolitik*, Jg. 4, H. 4, S. 425–447.

Kotthoff, Hermann (1996), »Hochqualifizierte Angestellte und betriebliche Umstrukturierung – Erosion von Sozialintegration und Loyalität im Großbetrieb«, *Soziale Welt*, Jg. 47, H. 4, S. 435–449.

Kotthoff, Hermann (1997), *Führungskräfte im Wandel der Firmenkultur – Quasi-Unternehmer oder Arbeitnehmer?*, Berlin.

Kotthoff, Hermann/Reindl, Josef (1990), *Die soziale Welt kleiner Betriebe – Wirtschaften, Arbeiten und Leben im mittelständischen Industriebetrieb*, Göttingen.

Kratzer, Nick (2003): *Arbeitskraft in Entgrenzung. Grenzenlose Anforderungen, erweiterte Spielräume, begrenzte Ressourcen,* Berlin.

Kratzer, Nick (2005), »Vermarktlichung und Individualisierung – Zur Produktion von Ungleichheit in der reflexiven Modernisierung«, *Soziale Welt*, Jg. 56, H. 2/3, S. 247–266.

Kuda, Eva/Strauß, Jürgen (Hg.) (2002), *Arbeitnehmer als Unternehmer? Herausforderungen für Gewerkschaften und berufliche Bildung*, Hamburg.

Kudera, Werner/Mangold, Werner/Ruff, Konrad/Schmidt, Rudi/Wentzke, Theodor (1979), *Gesellschaftliches und politisches Bewußtsein von Arbeitern – Eine empirische Untersuchung*, Frankfurt.

Kühl, Stefan (2001), »Die Heimtücke der eigenen Organisationsgeschichte. Paradoxien auf dem Weg zum dezentralisierten Unternehmen«, *Soziale Welt*, Jg. 52, H. 4, S. 383–401.

Kühl, Stefan (2003), »Das Theorie-Praxis-Problem in der Soziologie«, *Soziologie*, Jg. 32, H. 4, S. 7–19.

Kuhlmann, Martin/Schumann, Michael (2000), »Was bleibt von der Arbeitersolidarität? Zum Arbeits- und Betriebsverständnis bei innovativer Arbeitspolitik«, *WSI-Mitteilungen*, Jg. 53, H. 1, S. 18–27.

Kuhlmann, Martin/Sperling, Hans Joachim/Balzert, Sonja (2004), *Konzepte innovativer Arbeitspolitik – Good-Practice-Beispiele aus dem Maschinenbau, der Automobil-, Elektro- und Chemischen Industrie*, Berlin.

Küpper, Willi/Felsch, Anke (2000), *Organisation, Macht und Ökonomie – Mikropolitik und die Konstitution organisationaler Handlungssysteme*, Wiesbaden.

Küpper, Willi/Ortmann, Günter (Hg.) (1988), *Mikropolitik – Rationalität, Macht und Spiele in Organisationen*, Opladen.

Kurz, Constanze (1998), *Repetitivarbeit – unbewältigt. Betriebliche und gesellschaftliche Entwicklungsperspektiven eines beharrlichen Arbeitstyps*, Berlin.

Lang, Klaus/Meine, Hartmut/Ohl, Kay (Hg.) (1990), *Arbeit – Entgelt – Leistung. Handbuch Tarifarbeit im Betrieb*, Köln.

Lappe, Lothar (1986), »Technologie, Qualifikation und Kontrolle – Die Labour-Process-Debatte aus der Sicht der deutschen Industriesoziologie«, *Soziale Welt*, Jg. 37, H. 2/3, S. 310–330.

Lichte, Rainer (1978), *Betriebsalltag von Industriearbeitern – Konflikthandeln einer Arbeitsgruppe im Stillegungsprozeß*, Frankfurt/New York.

Littek, Wolfgang (1991), »Was ist Dienstleistungsarbeit?«, in: Wolfgang Littek/Ulrich Heisig/Hans Dieter Gondek (Hg.), *Dienstleistungsarbeit – Strukturveränderungen, Beschäftigungsbedingungen und Interessenlagen*, Berlin, S. 265–282.

Littek, Wolfgang/Heisig, Ulrich (1986), »Rationalisierung von Arbeit als Aushandlungsprozeß – Beteiligung bei Rationalisierungsverläufen im Angestelltenbereich«, *Soziale Welt*, Jg. 37, H. 2/3, S. 237–262.

Littek, Wolfgang/Heisig, Ulrich/Gondek, Hans Dieter (1991), »Dienstleistungsarbeit, Angestelltensoziologie, alte und neue Themen«, in: Wolfgang Littek/Ulrich Heisig/Hans Dieter Gondek (Hg.), *Dienstleistungsarbeit – Strukturveränderungen, Beschäftigungsbedingungen und Interessenlagen*, Berlin, S. 9–32.

Lohr, Karin (2004), »Subjektivierung von Arbeit. Ausgangspunkt einer Neuorientierung der Industrie- und Arbeitssoziologie?«, *Berliner Journal für Soziologie*, Bd. 13, H. 4, S. 511–529.

Luhmann, Niklas (1985), *Soziale Systeme – Grundriß einer allgemeinen Theorie*, 2. Auflage, Frankfurt.

Luhmann, Niklas (1988), »Organisation«, in: Willi Küpper/Günther Ortmann (Hg.), *Mikropolitik – Rationalität, Macht und Spiele in Organisationen*, Opladen, S. 165–185.

Lullies, Veronika/Bollinger, Heinrich/Weltz, Friedrich (1990), *Konfliktfeld Informationstechnik – Innovation als Managementproblem*, Frankfurt/New York.

Lutz, Burkart (1975), *Krise des Lohnanreizes*, 2., unveränderte Auflage, Frankfurt/Köln.

Lutz, Burkart (1984), *Der kurze Traum immerwährender Prosperität – Eine Neuinterpretation industriell-kapitalistischer Entwicklung im Europa des 20. Jahrhunderts*, Frankfurt/New York.

Lutz, Burkart (1987a), »Das Ende des Technikdeterminismus und die Folgen – soziologische Technikforschung vor neuen Aufgaben und neuen Problemen«, in: Burkart Lutz (Hg.), *Technik und sozialer Wandel – Verhandlungen des 23. Deutschen Soziologentages in Hamburg 1986*, Frankfurt/New York, S. 34–52.

Lutz, Burkart (1987b). »Wie neu sind die ›neuen Produktionskonzepte‹?«, in: Thomas Malsch/Rüdiger Seltz (Hg.), *Die neuen Produktionskonzepte auf dem Prüfstand – Beiträge zur Entwicklung der Industriearbeit*, Berlin, S. 195–207.

Lutz, Burkart (1987c), *Arbeitsmarktstruktur und betriebliche Arbeitskräftestrategie – eine theoretisch-historische Skizze zur Entstehung betriebszentrierter Arbeitsmarktsegmentation*, Frankfurt/New York.

Lutz, Burkart/Meil, Pamela (2000) »Thesen zum zukünftigen Qualifikationsbedarf der deutschen Industrie«, in: Burkart Lutz/Pamela Meil/Bettina Wiener (Hg.), *Industrielle Fachkräfte für das 21. Jahrhundert – Aufgaben und Perspektiven für die Produktion von morgen*, Frankfurt/New York.

Lutz, Burkart/Schmidt, Gert (1977), »Industriesoziologie«, in: René König (Hg.): *Handbuch der empirischen Sozialforschung Bd. 8*, 2., völlig neu bearbeitete Auflage, Stuttgart, S. 101–238.

Lutz, Burkart/Schultz-Wild, Rainer (1986), »Aufklärung als Gestaltung – Zur Rolle der Sozialwissenschaften bei technisch-organisatorischen Innovationsvorhaben«, *WSI-Mitteilungen*, Jg. 39, H. 10, S. 669–678.

Malsch, Thomas (1987), »Die Informatisierung des betrieblichen Erfahrungswissens und der ›Imperialismus der instrumentellen Vernunft‹ – Kritische Bemerkungen zur neotayloristischen Instrumentalismuskritik und ein Interpretationsvorschlag aus arbeitssoziologischer Sicht«, *Zeitschrift für Soziologie*, Jg. 16, H. 2, S. 77–91.

Malsch, Thomas/Seltz, Rüdiger (Hg.) (1987), *Die neuen Produktionskonzepte auf dem Prüfstand – Beiträge zur Entwicklung der Industriearbeit*, Berlin.

Manske, Fred (1991), *Kontrolle, Rationalisierung und Arbeit – Kontinuität durch Wandel: Die Ersetzbarkeit des Taylorismus durch moderne Kontrolltechniken*, Berlin.

March, James G. (1979), »The Technology of Foolishness«, in: James G. March/ Johan P. Olsen (Hg.), *Ambiguity and Choice in Organizations*, 2. Auflage, Bergen u. a., S. 69–81.

March, James G./Simon, Herbert. A. (1958), *Organizations*, New York/ London/Sydney.

Martens, Helmut (1992), *Gewerkschaftspolitik und Gewerkschaftssoziologie – Gewerkschaftsforschung am Landesinstitut Sozialforschungsstelle*, Dortmund.

Marx, Karl (1969), *Resultate des unmittelbaren Produktionsprozesses*, Frankfurt.

Marx, Karl (1972), *Das Kapital – Erster Band, Marx Engels Werke 23*, Berlin.

Maurer, Andrea (2004), *Herrschaftssoziologie – Eine Einführung*, Frankfurt/New York.

Meil, Pamela/Heidling, Eckhard/Schmierl, Klaus (2003), *Die (un-)sichtbare Hand – Nationale Systeme der Arbeitsregulierung in der Ära des Shareholder Value*, München.

Menz, Wolfgang/Siegel, Tilla (2002), »Repolitisierung der Leistungsfrage?«, in: Dieter Sauer (Hg.), *Dienst – Leistung(s) – Arbeit. Kundenorientierung und Leistung in tertiären Organisationen,* ISF Forschungsberichte, München, S. 79–96.

Meyer, John W./Rowan, Brian (1977), »Institutionalized Organizations: Formal Structure as Myth and Ceremony«, *American Journal of Sociology*, Vol. 83, No. 2, S. 340–363.

Mickler, Otfried (1981), *Facharbeit im Wandel – Rationalisierung im industriellen Produktionsprozeß*, Frankfurt/New York.

Mickler, Otfried/Dittrich, Eckhard/Neumann, Uwe (1976), *Technik, Arbeitsorganisation und Arbeit – Eine Untersuchung in der automatisierten Produktion*, Frankfurt.

Minssen, Heiner (1990), »Konsens und Kontrolle. Anmerkungen zu einem vernachlässigten Thema der Industriesoziologie«, *Soziale Welt*, Jg. 41, H. 3, S. 365–382.

Minssen, Heiner (1992), *Die Rationalität von Rationalisierung – Betrieblicher Wandel und die Industriesoziologie*, Stuttgart.

Minssen, Heiner (1998), »Soziologie und Organisationsberatung – Notizen zu einem komplizierten Verhältnis«, in: Jürgen Howaldt/Ralf Kopp (Hg.), *Sozialwissenschaftliche Organisationsberatung*, Berlin, S. 53–72.

Minssen, Heiner (1999a), *Von der Hierarchie zum Diskurs? Die Zumutungen der Selbstregulation*, München und Mering.

Minssen, Heiner (1999b), »Direkte Partizipation contra Mitbestimmung? Herausforderung durch diskursive Koordinierung«, in: Walther Müller-Jentsch (Hg.): *Konfliktpartnerschaft – Akteure und Institutionen der industriellen Beziehungen*, 3. Auflage, München und Mering, S. 129–156.

Minssen, Heiner/Wilkesmann, Uwe (2003), »Lassen Hochschulen sich steuern?«, *Soziale Welt*, Jg. 54, H. 2, S. 123–143.

Moldaschl, Manfred (1994), »›Die werden zur Hyäne‹ – Erfahrungen und Belastungen in neuen Arbeitformen«, in: Manfred Moldaschl/Rainer Schultz-Wild (Hg.): *Arbeitsorientierte Rationalisierung – Fertigungsinseln und Gruppenarbeit im Maschinenbau*, Frankfurt/New York, S. 105–150.

Moldaschl, Manfred (2002), »Subjektivierung – eine neue Stufe in der Entwicklung der Arbeitswissenschaften?«, in: Manfred Moldaschl/G. Günter Voß (Hg.), *Subjektivierung von Arbeit*, München und Mering, S. 23–52.

Moldaschl, Manfred/Sauer, Dieter (2000), »Internalisierung des Marktes – Zur neuen Dialektik von Kooperation und Herrschaft«, in: Heiner Minssen (Hg.), *Begrenzte Entgrenzungen – Wandlungen von Organisation und Arbeit*, Berlin, S. 205–224.

Moldaschl, Manfred/Schultz-Wild, Rainer (1994), »Arbeitsorientierte Rationalisierung«, in: Manfred Moldaschl/Rainer Schultz-Wild (Hg.), *Arbeitsorientierte Rationalisierung – Fertigungsinseln und Gruppenarbeit im Maschinenbau*, Frankfurt/New York, S. 9–31.

Müller-Jentsch, Walther (1982), »Gewerkschaften als intermediäre Organisationen«, in: Gert Schmidt/Hans-Joachim Braczyk/Jost von dem Knesebeck (Hg.), *Materialien zur Industriesoziologie*, Kölner Zeitschrift für Soziologie und Sozialpsychologie – Sonderheft 24, Opladen, S. 408–432.

Müller-Jentsch, Walther (1995), »Germany: From Collective Voice to Co-Management«, in: Joel Rogers/Wolfgang Streeck (Hg.), *Works Councils – Consultation, Representation and Cooperation in Insudtrial Relations,* Chicago und London, S. 53–78.

Müller-Jentsch, Walther (1997), *Soziologie der Industriellen Beziehungen – Eine Einführung*, 2., erweiterte Auflage, Frankfurt.

Müller-Jentsch, Walther (1999), »Technik als Rahmenbedingung und Gestaltungsoption industrieller Beziehungen«, in: Walther Müller-Jentsch (Hg.), *Konfliktpartnerschaft – Akteure und Institutionen der industriellen Beziehungen*, 3. Auflage, München und Mering, S. 273–296.

Müller-Jentsch, Walther (2000), »Wandel der Unternehmens- und Arbeitsorganisation und seine Auswirkungen auf die Interessenbeziehungen zwischen Arbeitgebern und Arbeitnehmern«, in: Maria Funder/Hanns Peter Euler/Gerhard Reber (Hg.), *Entwicklungstrends der Unternehmensreorganisation – Internationalisierung Dezentralisierung Flexibilisierung*, Linz, S. 163–177.

Müller-Jentsch, Walther (2003), *Organisationssoziologie – Eine Einführung*, Frankfurt/New York.

Müller-Jentsch, Walther/Ittermann, Peter (2000), *Industrielle Beziehungen – Daten, Zeitreihen, Trends 1950–1999*, Frankfurt/New York.

Müller-Jentsch, Walther/Sperling, Hans-Joachim/Weyrather, Irmgard (1997), *Neue Technologien in der Verhandlungsarena – Schweden, Großbritannien und Deutschland im Vergleich*, München und Mering.

Naschold, Frieder (Hg.) (1985a), *Arbeit und Politik – Gesellschaftliche Regulierung der Arbeit und der sozialen Sicherung*, Frankfurt/New York.

Naschold, Frieder (1985b), »Zum Zusammenhang von Arbeit, sozialer Sicherung und Politik. Einführende Anmerkungen zur Arbeitspolitik«, in: Frieder Naschold (Hg.): *Arbeit und Politik – Gesellschaftliche Regulierung der Arbeit und der sozialen Sicherung*, Frankfurt/New York, S. 9–46.

Naschold, Frieder (1992), *Den Wandel organisieren – Erfahrungen des schwedischen Entwicklungsprogramms ›Leitung, Organisation, Mitbestimmung‹ (LOM) im internationalen Wettbewerb*, Berlin.

Naschold, Frieder (1997), »Focus Produktion – Industriesoziologie in Perspektive«, *SOFI-Mitteilungen* Nr. 25, Göttingen, S. 13–23.

Niewerth, Claudia (2002), »›Das brauchen wir nicht!‹. Mitbestimmung in der New Economy«, in: Anja Hartmann/Hans Mathieu (Hg.), *Dienstleistungen in der Neuen Ökonomie – Struktur, Wachstum und Beschäftigung*, Bonn, S. 117–130.

Notz, Petra (2001), *Frauen, Manager, Paare. Wer managt die Familie?*, München und Mering.

Oberbeck, Herber/Neubert, Jürgen (1992), »Dienstleistungsarbeit zu Beginn der 90er Jahre – vor einem neuen Rationalisierungsschub?«, in: ISF, INIFES, IfS, SOFI (Hg.), *Jahrbuch sozialwissenschaftliche Technikberichterstattung 1992 – Schwerpunkt: Dienstleistungsarbeit*, Berlin, S. 15–102.

Offe, Claus (1970), *Leistungsprinzip und industrielle Arbeit – Mechanismen der Statusverteilung in Arbeitsorganisationen der industriellen ›Leistungsgesellschaft‹*, Frankfurt.

Offe, Claus (1983), »Arbeit als soziologische Schlüsselkategorie?«, in: Joachim Matthes (Hg.), *Krise der Arbeitsgesellschaft? Verhandlungen des 21. Deutschen Soziologentages in Bamberg 1982*, Frankfurt/New York, S. 38–65.

Olsen, Ole Jonny (2001), »Erosion der Facharbeit? Fragen und Einwände zu einer deutschen Debatte«, *Soziale Welt*, Jg. 52, H. 2, S. 151–179.

Ortmann, Günther (1988), »Macht, Spiel, Konsens«, in: Willi Küpper/Günter Ortmann (Hg.), *Mikropolitik – Rationalität, Macht und Spiele in Organisationen*, Opladen, S. 13–26.

Ortmann, Günther (1994), »Dark Stars – Institutionelles Vergessen in der Industriesoziologie«, in: Niels Beckenbach/Werner van Treeck (Hg.), *Umbrüche gesellschaftlicher Arbeit*, Soziale Welt Sonderband 9, Göttingen, S. 85–118.

Ortmann, Günther (1995), *Formen der Produktion – Organisation und Rekursivität*, Opladen.

Ortmann, Günther/Sydow, Jörg/Windeler, Arnold (1997), »Organisation als reflexive Strukturation«, in: Günther Ortmann/Jörg Sydow/Klaus Türk (Hg.), *Theorien der Organisation – Die Rückkehr der Gesellschaft*, Opladen, S. 315–354.

Ortmann, Günther/Windeler, Arnold/Becker, Albrecht/Schulz, Hans-Joachim (1990), *Computer und Macht in Organisationen – Mikropolitische Analysen*, Opladen.

Osterloh, Margit (1987), »Industriesoziologische Vision ohne Bezug zur Managementlehre?«, in: Thomas Malsch/Rüdiger Seltz (Hg.), *Die neuen Produktionskonzepte auf dem Prüfstand – Beiträge zur Entwicklung der Industriearbeit*, Berlin, S. 125–153.

Pekruhl, Ulrich (2001), *Partizipatives Management – Konzepte und Kulturen*, München und Mering.

Piore, Michael J./Sabel, Charles F. (1985), *Das Ende der Massenproduktion – Studie über die Requalifizierung der Arbeit und die Rückkehr der Ökonomie in die Gesellschaft*, Berlin.

Pirker, Theo/Braun, Siegfried/Lutz, Burkart/Hammelrath, Fro (1955), *Arbeiter Management Mitbestimmung*, Stuttgart und Düsseldorf.

Pöhler, Willi (Hg.) (1979),*...damit die Arbeit menschlicher wird – Fünf Jahre Aktionsprogramm Humanisierung des Arbeitslebens*, Bonn.

Pöhler, Willi/Peter, Gerd (1982), *Erfahrungen mit dem Humanisierungsprogramm – Von den Möglichkeiten und Grenzen einer sozial orientierten Technologiepolitik*, Köln.

Pohlmann, Markus C. (2002), »Management, Organisation und Sozialstruktur – Zu neuen Fragestellungen und Konturen der Managementsoziologie«, in: Rudi Schmidt/Hans-Joachim Gergs/Markus Pohlmann (Hg.), *Managementsoziologie – Themen, Desiderate, Perspektiven*, München und Mering, S. 227–244.

Pongratz, Hans J./Voß, G. Günter (2000), »Vom Arbeitnehmer zum Arbeitskraftunternehmer – Zur Entgrenzung der Ware Arbeitskraft«, in: Heiner Minssen (Hg.), *Begrenzte Entgrenzungen – Wandlungen von Organisation und Arbeit*, Berlin, S. 225–247.

Pongratz, Hans J./Voß, G. Günter (2003), *Arbeitskraftunternehmer – Erwerbsorientierungen in entgrenzten Arbeitsformen*, Berlin.

Popitz, Heinrich/Bahrdt, Hans Paul/Jüres, Ernst August/Kesting, Hanno (1957a), *Technik und Industriearbeit – Soziologische Untersuchungen in der Hüttenindustrie*, zitiert nach der 3., unveränderten Auflage, Tübingen 1976.

Popitz, Heinrich/Bahrdt, Hans Paul/Jüres, Ernst August/Kesting, Hanno (1957b), *Das Gesellschaftsbild des Arbeiters – Soziologische Untersuchungen in der Hüttenindustrie*, zitiert nach der 5., unveränderten Auflage, Tübingen 1977.

Pries, Ludger (1991), *Betrieblicher Wandel in der Risikogesellschaft – Empirische Befunde und konzeptionelle Überlegungen*, Opladen.

Pries, Ludger/Schmidt, Rudi/Trinczek, Rainer (1990), *Entwicklungspfade von Industriearbeit – Chancen und Risiken betrieblicher Produktionsmodernisierung*, Opladen.

Roethlisberger, Fritz J./Dickson, William J. (1939), *Management and the Worker*, Cambridge/Mass.

Sauer, Dieter (2005), *Arbeit im Übergang – Zeitdiagnosen*, Hamburg.

Sauer, Dieter (1992), »Auf dem Weg in die flexible Massenproduktion«, in: Manfred Deiß/Volker Döhl (Hg.), *Vernetzte Produktion – Automobilzulieferer zwischen Kontrolle und Autonomie*, Frankfurt/New York, S. 49–79.

Sauer, Dieter/Döhl, Volker (1994), »Arbeit an der Kette. Systemische Rationalisierung unternehmensübergreifender Produktion«, *Soziale Welt*, Jg. 45, H. 2, S. 197–215.

Sauer, Dieter/Döhl, Volker (1997), »Die Auflösung des Unternehmens? – Entwicklungstendenzen der Unternehmensreorganisation in den 90er Jahren«, in: IfS, INIFES, ISF, SOFI (Hg.), *Jahrbuch sozialwissenschaftliche Technikberichterstattung 1996 – Schwerpunkt: Reorganisation*, Berlin, S. 19–76.

Saurwein, Rainer G. (2000), »Zur Diffusion von Gruppenarbeit im Maschinenbau – Gestaltung und Dynamik«, in: Ulrich Widmaier (Hg.), *Der deutsche Maschinenbau in den neunziger Jahren – Kontinuität und Wandel einer Branche*, Frankfurt/New York, S. 147–176.

Schienstock, Gerd (1991), »Managementsoziologie – ein Desiderat der Industriesoziologie? Theoretische Perspektiven einer Soziologie des Managements«, *Soziale Welt*, Jg. 42, H. 3, S. 349–370.

Schienstock, Gerd/Flecker, Jörg/Rainer, Gregor (1987), »Kontrolle, Konsens und Ideologie«, in: Thomas Malsch/Rüdiger Seltz (Hg.), *Die neuen Produktionskonzepte auf dem Prüfstand – Beiträge zur Entwicklung von Industriearbeit*, Berlin, S. 293–322.

Schimank, Uwe/Volkmann, Ute (Hg.) (2000), *Soziologische Gegenwartsdiagnosen, Band I: Eine Bestandsaufnahme*, Opladen.

Schmidt, Gert (1981), »Der Soziologe als Apotheker oder Funktionär? Probleme anwendungsbezogener Forschung in der Industriesoziologie«, in: Heine von Alemann/Hans Peter Thurn (Hg.), *Soziologie in weltbürgerlicher Absicht – Festschrift für René König zum 75. Geburtstag*, Opladen, S. 217–228.

Schmidt, Gert (1986), »Einverständnishandeln – ein Konzept zur ›handlungsnahen‹ Untersuchung betrieblicher Entscheidungsprozesse«, in: Rüdiger Seltz/Ulrich Mill/Eckart Hildebrandt (Hg.), *Organisation als soziales System*, Berlin, S. 57–68.

Schmidt, Gert/Trinczek, Rainer (Hg.) (1999a), *Globalisierung – Ökonomische und soziale Herausforderungen am Ende des zwanzigsten Jahrhunderts*, Baden-Baden.

Schmidt, Rudi/Trinczek, Rainer (1999b), »Der Betriebsrat als Akteur der industriellen Beziehungen«, in: Walther Müller-Jentsch (Hg.), *Konfliktpartnerschaft – Akteure und Institutionen der industriellen Beziehungen*, 3. Auflage, München und Mering, S. 103–128.

Schmiede, Rudi (1983), »Abstrakte Arbeit und Automation. Zum Verhältnis von Industriesoziologie und Gesellschaftstheorie«, *Leviathan*, Jg. 11, H. 1, S. 55–78.

Schmiede, Rudi/Schudlich, Edwin (1981), »Die Entwicklung von Zeitökonomie und Lohnsystem im deutschen Kapitalismus«, in: Institut für Sozialforschung (Hg.), *Gesellschaftliche Arbeit und Rationalisierung*, Leviathan Sonderheft 4/1981, Opladen, S. 57–99.

Schmierl, Klaus (2001), »Hybridisierung der industriellen Beziehungen in der Bundesrepublik – Übergangsphänomen oder neuer Regulationsmodus«, *Soziale Welt*, Jg. 52, H. 4, S. 427–448.

Schreyögg, Georg (1999), *Organisation – Grundlagen moderner Organisationsgestaltung*, 3. Auflage, Wiesbaden.

Schultz-Wild, Rainer/Nuber, Christoph/Rehberg, Frank/Schmierl, Klaus (1989), *An der Schwelle zu CIM – Strategien, Verbreitung, Auswirkungen*, Köln.

Schumann, Michael (1997), »Die deutsche Automobilindustrie im Umbruch«, *WSI-Mitteilungen*, Jg. 50, H. 4, S. 217–227.

Schumann, Michael (2002), »Das Ende der kritischen Industriesoziologie?«, *SOFI-Mitteilungen* Nr. 30, Göttingen, S. 11–25.

Schumann, Michael (2003), »Struktureller Wandel und Entwicklung der Qualifikationsanforderungen«, *SOFI-Mitteilungen* Nr. 31, S. 105–112.

Schumann, Michael/Baethge-Kinsky, Volker/Kuhlmann, Martin/Kurz, Constanze/Neumann, Uwe (1994), *Trendreport Rationalisierung – Automobilindustrie Werkzeugmaschinenbau Chemische Industrie*, 2. Auflage, Berlin.

Schumann, Michael/Einemann, Edgar/Siebel-Rebell, Christa/Wittemann, Klaus (1982), *Rationalisierung, Krise, Arbeiter – Eine empirische Untersuchung der Industrialisierung auf der Werft*, Frankfurt.

Schumann, Michael/Gerst, Detlef (1997), »Produktionsarbeit – Bleiben die Entwicklungstrends stabil?«, in: IfS, INIFES, ISF, SOFI (Hg.), *Jahrbuch sozialwissenschaftliche Technikberichterstattung 1996 – Schwerpunkt: Reorganisation*, Berlin, S. 131–167.

Schwarzbach, Freya (2005), *Entscheidungsfindung in Projektteams. Zum Umgang mit unterschiedlichen Perspektiven und Rationalitäten*, München und Mering.

Seifert, Hartmut (2001), »Zeitkonten: Von der Normalarbeitszeit zu kontrollierter Flexibilität«, *WSI-Mitteilungen*, Jg. 54, H. 2, S. 84–91.

Sengenberger, Werner (1987), *Struktur und Funktionsweise von Arbeitsmärkten: die Bundesrepublik Deutschland im internationalen Vergleich*, Frankfurt/New York.

Springer, Roland (1997), »Reflexivitätssteigerung durch Organisationsberatung? Zur Aufgabe und Rolle der Industriesoziologie im industriellen Transformationsprozeß«, *Arbeit – Zeitschrift für Arbeitsforschung, Arbeitsgestaltung und Arbeitspolitik*, Jg. 6, H. 1, S. 33–49.

Springer, Roland (1999), *Rückkehr zum Taylorismus? Arbeitspolitik in der Automobilindustrie am Scheideweg*, Frankfurt/New York.

Staehle, Wolfgang. H. (1999), *Management – Eine verhaltenswissenschaftliche Perspektive*, 8. Auflage, überarbeitet von Prof. Dr. Peter Conrad und Prof. Dr. Jörg Sydow, München.

Tacke, Veronika (1997), *Rationalitätsverlust im Organisationswandel – Von den Waschküchen der Farbenfabriken zur informatisierten Chemieindustrie*, Frankfurt/New York.

Taylor, Frederick Winslow (1913), *Die Grundsätze wissenschaftlicher Betriebsführung, Oldenbourg 1913* – zitiert nach dem Reprint der autorisierten Ausgabe, neu herausgegeben und eingeleitet von Walter Bungard und Walter Volpert, Weinheim 1995.

Töpsch, Karin/Menez, Raphael/Malanowski, Norbert (2001), »Ist Wissensarbeit regulierbar? Arbeitsregulation und Arbeitsbeziehungen in der IT-Branche«, *Industrielle Beziehungen – Zeitschrift für Arbeit, Organisation und Management*, Jg. 8, H. 3, S. 306–332.

Trautwein-Kalms, Gudrun (1995), *Ein Kollektiv von Individualisten? Interessenvertretung neuer Beschäftigtengruppen*, Berlin.

Trautwein-Kalms, Gudrun/Ahlers, Elke (2003), »High Potentials unter Druck – Gestaltung der Arbeits- und Leistungsbedingungen von Software-Experten und IT-Dienstleistern«, in: Markus Pohlmann/Dieter Sauer/Gudrun Trautwein-Kalms/Alexandra Wagner (Hg.), *Dienstleistungsarbeit – Auf dem Boden der Tatsachen*, Berlin, S. 243–294.

Trinczek, Rainer (2000), »Flexibilisierung als neue Herausforderung für Management und Betriebsrat«, in: Maria Funder/Hanns Peter Euler/Gerhard Reber (Hg.), *Entwicklungstrends der Unternehmensreorganisation – Internationalisierung Dezentralisierung Flexibilisierung*, Linz, S. 247–267.

Tullius, Knut (2004), *Vertrackte Kontrakte – Formwandel des betrieblichen Steuerungsregimes und die neue Rolle der Meister*, Berlin.

Ulich, Eberhard (1992), *Arbeitspsychologie*, 2., verbesserte Auflage, Zürich/Stuttgart.

Volmerg, Birgit/Senghaas-Knobloch, Eva/Leithäuser, Thomas (1986), *Betriebliche Lebenswelt – Eine Sozialpsychologie industrieller Arbeitsverhältnisse*, Opladen.

Voß, G. Günter/Pongratz, Hans J. (1998), »Der Arbeitskraftunternehmer – Eine neue Form der Grundform Arbeitskraft? «, *Kölner Zeitschrift für Soziologie und Sozialpsychologie*, Jg. 50, H. 1, S. 131–158.

Voß, G. Günter (1984), *Bewußtsein ohne Subjekt? Eine Kritik des industriesoziologischen Bewußtseinsbegriffs*, Großhesselohe.

Voss-Dahm, Dorothea (2003), »Zwischen Kunden und Kennziffern – Leistungspolitik in der Verkaufsarbeit des Einzelhandels«, in: Markus Pohlmann/Dieter Sauer/Gudrun Trautwein-Kalms/Alexandra Wagner (Hg.), *Dienstleistungsarbeit – Auf dem Boden der Tatsachen*, Berlin, S. 67–111.

Voswinkel, Stephan (2000), »Das mcdonaldistische Produktionsmodell – Schnittstellenmanagement interaktiver Dienstleistungsarbeit«, in: Heiner Minssen (Hg.), *Begrenzte Entgrenzungen – Wandlungen von Organisation und Arbeit*, Berlin, S. 177–201.

Voswinkel, Stephan (2001), *Anerkennung und Reputation – Die Dramaturgie industrieller Beziehungen. Mit einer Fallstudie zum ›Bündnis für Arbeit‹*, Konstanz.

Voswinkel, Stephan (2003), »Leistung und Anerkennung – Sind Zielvereinbarungen eine Lösung?«, in: Uta-Maria Hangebrauck/Klaus Kock/Edelgard Kutzner/Gabriele Muesmann (Hg.), *Handbuch Betriebsklima*, München und Mering, S. 179–196.

Voswinkel, Stephan (2005) (unter Mitarbeit von Korzekewa, Anna), *Welche Kundenorientierung? Anerkennung in der Dienstleistungsarbeit*, Berlin.

Wagner, Alexandra (2003), »Dienstleistungsbeschäftigung im europäischen Vergleich«, in: Markus Pohlmann/Dieter Sauer/Gudrun Trautwein-Kalms, Gudrun/Alexandra Wagner (Hg.), *Dienstleistungsarbeit – Auf dem Boden der Tatsachen*, Berlin, S. 27–65.

Weber, Max (1921), *Wirtschaft und Gesellschaft – Grundriß der verstehenden Soziologie, mit textkritischen Erläuterungen. herausgegeben von Johannes Winckelmann*, 1. Halbband, zitiert nach der 5., revidierten Auflage, Tübingen 1976.

Wehling, Pamela (2004), *Telearbeit an der Ruhr-Universität Bochum – eine Arbeitsform mit Perspektive?*, Bochumer Beiträge zur Arbeitswissenschaft, Bochum.

Wehrsig, Christoph/Tacke, Veronika (1992), »Funktionen und Folgen informatisierter Organisationen«, in: Thomas Malsch/Ulrich Mill (Hg.), *ArBYTE – Modernisierung der Industriesoziologie?*, Berlin, S. 219–239.

Weltz, Friedrich (1991), »Der Traum von der absoluten Ordnung und die doppelte Wirklichkeit der Unternehmen«, in: Eckart Hildebrandt (Hg.), *Betriebliche Sozialverfassung unter Veränderungsdruck – Konzepte, Varianten, Entwicklungstendenzen*, Berlin, S. 85–97.

Weltz, Friedrich/Lullies, Veronika (1982), »Die Einführung der Textverarbeitung und ihr Stellenwert in der Verwaltungsrationalisierung«, in: Gert Schmidt/Hans-Joachim Braczyk/Jost v. dem Knesebeck (Hg.), *Materialien zur Industriesoziologie*, Kölner Zeitschrift für Soziologie und Sozialpsychologie – Sonderheft 24, Opladen, S. 157–165.

Weltz, Friedrich/Lullies, Veronika (1983), *Innovation im Büro – Das Beispiel Textverarbeitung*, Bd. 38 der vom Bundesminister für Forschung und Technologie herausgegebenen Schriftenreihe ›Humanisierung des Arbeitslebens‹, Frankfurt/New York.

Widmaier, Ulrich (Hg.) (2000), *Der deutsche Maschinenbau in den neunziger Jahren – Kontinuität und Wandel einer Branche*, Frankfurt/New York.

Wilkesmann, Uwe (2005), »Die Organisation von Wissensarbeit – die Dysfunktionalität von Kontrolle und Anreiz bei Wissensarbeit«, in: Manfred Moldaschl/Nico Stehr (Hg.): *Wissen und Innovation – Beiträge zur Ökonomie der Wissensgesellschaft* (im Erscheinen).

Wilkesmann, Uwe/Rascher, Ingolf (2004), *Wissensmanagement – Theorie und Praxis der motivationalen und strukturellen Voraussetzungen*, München und Mering.

Willke, Helmut (1987), »Strategien der Intervention in autonome Systeme«, in: Dirk Baecker/Jürgen Markowitz/Rudolf Stichweh/Hartmann Tyrell/Helmut Willke (Hg.), *Theorie als Passion. Niklas Luhmann zum 60. Geburtstag*, Frankfurt, S. 333–361.

Willke, Helmut (1992), »Beobachtung, Beratung und Steuerung von Organisationen in systemtheoretischer Sicht«, in: Rudolf Wimmer (Hg.), *Organisationsberatung – Neue Wege und Konzepte*, Wiesbaden, S. 17–42.

Willke, Helmut (1995), *Systemtheorie III: Steuerungstheorie*, Stuttgart/Jena.

Willke, Helmut (1996), *Systemtheorie II: Interventionstheorie*, 2., bearbeitete Auflage, Stuttgart.

Willke, Helmut (1998), *Systemisches Wissensmanagement*, Stuttgart.

Wimmer, Rudolf (1999), »Wider den Veränderungsoptimismus. Zu den Möglichkeiten und Grenzen einer radikalen Transformation von Organisationen«, *Soziale Systeme Jg. 5*, H. 1, S. 159–180.

Windeler, Arnold (1992), »Mikropolitik – Zur Bedeutung sozialer Praxis in wirtschaftlichen Organisationen«, in: Franz Lehner/Josef Schmid (Hg.), *Technik – Arbeit – Betrieb – Gesellschaft*, Opladen, S. 85–107.

Windeler, Arnold (2001), *Unternehmungsnetzwerke: Konstitution und Strukturation*, Wiesbaden.

Wittke, Volker (1993), »Qualifizierte Produktionsarbeit neuen Typs: Einsatzfelder, Aufgabenzuschnitte, Qualifikationsprofile«, in: IfS, INIFES, ISF, SOFI (Hg.), *Jahrbuch sozialwissenschaftliche Technikberichterstattung 1993 – Schwerpunkt: Produktionsarbeit*, Berlin, S. 27–66.

Wittke, Volker (1995), »Das ›deutsche Produktionsmodell‹ am Scheideweg – Problemlagen industrieller Restrukturierung in der 90er Jahren«, *WSI-Mitteilungen*, Jg. 48, H. 11, S. 723–732.

Wolf, Harald (1994), »Rationalisierung und Partizipation«, *Leviathan*, Jg. 22, H. 2, S. 243–259.

Wolf, Harald (1997), »Das dezentrale Unternehmen als imaginäre Institution«, *Soziale Welt*, Jg. 48, H. 2, S. 207–224.

Womack, James P./Jones, Daniel T./Roos, Daniel (1991), *Die zweite Revolution in der Automobilindustrie*, Frankfurt/New York.

Zimolong, Bernhard/Windel, Armin (1996), »Mit Gruppenarbeit zu höherer Leistung und humaneren Arbeitstätigkeiten?«, in: Bernhard Zimolong (Hg.), *Kooperationsnetze, flexible Fertigungsstrukturen und Gruppenarbeit*, Opladen, S. 142–171.

Zündorf, Lutz (1982), »Machtprozesse in Industrieunternehmen«, in: Gert Schmidt/Hans-Joachim Braczyk/Jost von dem Knesebeck (Hg.), *Materialien zur Industriesoziologie*, Kölner Zeitschrift für Soziologie und Sozialpsychologie – Sonderheft 24, Opladen, S. 166–184.

Sach- und Personenregister